SUPER
J-Book Series

科目別 過去問題集

# 2024高卒認定

## スーパー実戦過去問題集

# 公共

旧現代社会 収録

編集 ● J-出版編集部　　　制作 ● J-Web School

JN113424

最新過去問題
&詳細解説
**6回分**
2021〜2023年

J-出版

# もくじ

## 本書について

本書は、新高等学校学習指導要領における「公共」の学習内容が旧課程における「現代社会」の学習内容と大部分が重複することに基づき、「現代社会」の高卒認定試験の過去問題を掲載しています。

## 高卒認定情報ほか

## 問題／解答・解説

# 高卒認定試験の概要

## 1. 高等学校卒業程度認定試験とは

　高等学校卒業程度認定試験（高卒認定試験）は、高等学校を卒業していないなどのため、大学等の受験資格がない方に対し、高等学校卒業者と同等以上の学力があるかどうかを認定する試験です。合格者には大学・短大・専門学校や看護学校などの受験資格が与えられるだけでなく、高等学校卒業者と同等以上の学力がある者として認定され、就職、転職、資格試験等に広く活用することができます。ただし、試験で合格要件を満たした者が満18歳に達していないときには、18歳の誕生日から合格者となります。

## 2. 受験資格

　受験年度末の3月31日までに満16歳以上になる方。現在、高等学校等に在籍されている方も受験が可能です。ただし、すでに大学入学資格を持っている方は受験できません。

## 3. 実施日程

　試験は8月と11月の年2回実施されます。8月試験と11月試験の受験案内（願書）配布開始日、出願期間、試験日、結果通知送付日は以下のとおりです（令和6年度の実施日程を基に作成しています。最新の実施日程については文部科学省のホームページを確認してください）。

| | 第1回（8月試験） | 第2回（11月試験） |
|---|---|---|
| 配布開始日 | 4月1日(月)〜 | 7月16日(火)〜 |
| 出願期間 | 4月1日(月)〜5月7日(火) | 7月16日(火)〜9月6日(金) |
| 試験日 | 8月1日(木)・2日(金) | 11月2日(土)・3日(日) |
| 結果通知送付日 | 8月27日(火)発送 | 12月3日(火)発送 |

## 4. 試験科目と合格要件

　試験の合格者となるためには、合格要件に沿って8科目もしくは9科目の試験科目に合格することが必要です（「理科」の選択科目によって科目数が異なります）。

| 教科 | 試験科目 | 科目数 | 合格要件 |
|---|---|---|---|
| 国語 | 国語 | 1 | 必修 |
| 地理歴史 | 地理 | 1 | 必修 |
| | 歴史 | 1 | 必修 |
| 公民 | 公共 | 1 | 必修 |
| 数学 | 数学 | 1 | 必修 |
| 理科 | 科学と人間生活 | 2または3 | 以下の①、②のいずれかが必修<br>①「科学と人間生活」の1科目と「物理基礎」、「化学基礎」、「生物基礎」、「地学基礎」のうち1科目（合計2科目）<br>②「物理基礎」、「化学基礎」、「生物基礎」、「地学基礎」のうち3科目（合計3科目） |
| | 物理基礎 | | |
| | 化学基礎 | | |
| | 生物基礎 | | |
| | 地学基礎 | | |
| 外国語 | 英語 | 1 | 必修 |

## 5. 試験科目の出題範囲

| 試験科目 | 出題範囲（対応する教科書名） | |
|---|---|---|
| 国語 | 「現代の国語」「言語文化」 | |
| 地理 | 「地理総合」 | |
| 歴史 | 「歴史総合」 | |
| 公共 | 「公共」 | |
| 数学 | 「数学Ⅰ」 | |
| 科学と人間生活 | 「科学と人間生活」 | 令和4年4月以降の高等学校入学者が使用している教科書 |
| 物理基礎 | 「物理基礎」 | |
| 化学基礎 | 「化学基礎」 | |
| 生物基礎 | 「生物基礎」 | |
| 地学基礎 | 「地学基礎」 | |
| 英語 | 「英語コミュニケーションⅠ」 | |

# 出願から合格まで

## 1. 受験案内（願書）の入手

　受験案内（願書）は、文部科学省や各都道府県教育委員会、各都道府県の配布場所などで配布されます。ただし、配布期間は年度毎に異なりますので、文部科学省のホームページなどで事前に確認してください。なお、直接取りに行くことができない方はパソコンやスマートフォンで受験案内（願書）を請求することが可能です。

　〈パソコンもしくはスマートフォンで請求する場合〉

　　次のURLにアクセスし、画面の案内に従って申し込んでください。　　https://telemail.jp/shingaku/pc/gakkou/kousotsu/

　○受験案内（願書）は、配布開始時期のおよそ1か月前から出願締切のおよそ1週間前まで請求できます。

　○請求後、受験案内（願書）は発送日から通常3〜5日程度で届きます。ただし、配布開始日以前に請求した場合は予約扱いとなり、配布開始日に発送されます。

　○受験案内（願書）に同封されている支払方法に従って送料を払います。

　○不明な点はテレメールカスタマーセンター（TEL：050-8601-0102　受付時間：9:30〜18:00）までお問い合わせください。

## 2. 出願書類の準備

　受験案内（願書）を入手したら、出願に必要な次の書類を用意します（令和5年度の受験案内を基に作成しています。内容が変更になる場合もあるため、最新の受験案内を必ず確認してください）。

　①受験願書・履歴書
　②受験料（収入印紙）
　③写真2枚（縦4cm×横3cm）　※同じ写真を2枚用意
　④住民票または戸籍抄本
　⑤科目合格通知書　※一部科目合格者のみ
　⑥試験科目の免除に必要な書類（単位修得証明書、技能審査の合格証明書）　※試験科目の免除を申請する者のみ
　⑦氏名、本籍の変更の経緯がわかる公的書類（戸籍抄本等）　※必要な者のみ
　⑧個人情報の提供にかかる同意書　※該当者のみ
　⑨特別措置申請書および医師の診断・意見書　※必要な者のみ
　⑩出願用の封筒

①受験願書・履歴書

受験願書・履歴書の用紙は受験案内に添付されています。

②受験料（収入印紙）

受験科目が7科目以上の場合は 8,500 円、4科目以上6科目以下の場合は 6,500 円、3科目以下の場合は 4,500 円です。受験料分の金額の日本政府発行の収入印紙（都道府県発行の収入証紙等は不可）を郵便局等で購入し、受験願書の所定欄に貼り付けてください。

③写真2枚（縦4cm×横3cm）

出願前6か月以内に撮影した、無帽・背景無地・正面上半身の写真を2枚（同一のもの）用意し、裏面に受験地と氏名を記入して受験願書の所定欄に貼り付けてください。写真は白黒・カラーいずれも可です。

④住民票または戸籍抄本（原本）

出願前6か月以内に交付され、かつ「本籍地（外国籍の方は国籍等）」が記載されたものを用意してください。マイナンバーの記載は不要です。海外在住の外国籍の方で提出が困難な場合は、必ず事前に文部科学省総合教育政策局生涯学習推進課認定試験第二係まで問い合わせてください。　TEL：03-5253-4111（代表）（内線 2590・2591）

⑤科目合格通知書（原本）

過去に高等学校卒業程度認定試験または大学入学資格検定において、一部科目に合格している方は提出してください。なお、紛失した場合は受験案内にある「科目合格通知書再交付願」で出願前に再交付を受けてください。結婚等により、科目合格通知書に記載された氏名または本籍に変更がある場合は、「⑦氏名、本籍の変更の経緯がわかる公的書類（戸籍抄本等）」をあわせて提出してください。

⑥試験科目の免除に必要な書類（単位修得証明書、技能審査の合格証明書）（原本）

試験科目の免除を申請する方は受験案内を確認し、必要書類を提出してください。なお、「単位修得証明書」が発行元で厳封されていない場合は受理されません。結婚等により、試験科目の免除に必要な書類の氏名に変更がある場合は、「⑦氏名、本籍の変更の経緯がわかる公的書類（戸籍抄本等）」をあわせて提出してください。

⑦氏名、本籍の変更の経緯がわかる公的書類（戸籍抄本等）（原本）

結婚等により、「⑤科目合格通知書」や「⑥試験科目の免除に必要な書類」に記載された氏名または本籍が変更となっている場合に提出してください。

⑧個人情報の提供にかかる同意書

外国籍の方で、過去に高等学校卒業程度認定試験または大学入学資格検定で合格した科目があり、「⑤科目合格通知書」の氏名（本名）または国籍に変更がある場合は、受験案内を確認して提出してください。

⑨特別措置申請書および医師の診断・意見書

身体上の障がい等により、受験の際に特別措置を希望する方は、受験案内を確認し、必要書類を提出してください。

⑩出願用の封筒

出願用の封筒は受験案内に添付されています。封筒の裏面に氏名、住所、電話番号、受験地を明記し、「出願書類確認欄」を用いて必要書類が揃っているかを再度チェックし、不備がなければ郵便局の窓口で「簡易書留扱い」にして文部科学省宛に送付してください。

## 3. 受験票

受験票等（受験科目決定通知書、試験会場案内図および注意事項を含む）は文部科学省から受験願書に記入された住所に届きます。受験案内に記載されている期日を過ぎても到着しない場合や記載内容に誤りがある場合は、文部科学省総合教育政策局生涯学習推進課認定試験第二係に連絡してください。　TEL：03-5253-4111（代表）①試験実施に関すること（内線 2024・2643）②証明書に関すること（内線 2590・2591）

## 4. 合格発表・結果通知

試験の結果に応じて、文部科学省から次のいずれかの書類が届きます。全科目合格者には「**合格証書**」、一部科目合格者には「**科目合格通知書**」、その他の者には「**受験結果通知**」が届きます。「**合格証書**」が届いた方は、大学入学資格（高等学校卒業程度認定資格）が与えられます。ただし、試験で合格要件を満たした方が満 18 歳に達していないときには、18 歳の誕生日から合格者となります。そのため、大学入学共通テスト、大学の入学試験等については、原則として満 18 歳になる年度から受験が可能となります。大学入学共通テストについては、独立行政法人大学入試センター　事業第一課（TEL：03-3465-8600）にお問い合わせください。「**科目合格通知書**」が届いた方は、高等学校卒業程度認定試験において1科目以上の科目を合格した証明になりますので、次回の受験まで大切に保管するようにしてください。なお、一部科目合格者の方は「**科目履修制度**」を利用して、合格に必要な残りの科目について単位を修得することによって、高等学校卒業程度認定試験合格者となることができます（「**科目履修制度**」については次のページもあわせて参照してください）。

## 1. 科目履修制度とは

科目履修制度とは、通信制などの高等学校の科目履修生として未合格科目（合格に必要な残りの科目）を履修し、レポートの提出とスクーリングの出席、単位認定試験の受験をすることで履修科目の単位を修得する制度となります。この制度を利用して単位を修得した科目は、免除科目として文部科学省に申請することができます。高等学校卒業程度認定試験（高卒認定試験）の合格科目と科目履修による単位修得を合わせることにより、高等学校卒業程度認定試験の合格者となることができるのです。

## 2. 科目履修の学習内容

レポートの提出と指定会場にて指定回数のスクーリングに出席し、単位認定試験で一定以上の点数をとる必要があります。

## 3. 科目履修制度の利用

❶ すでに高卒認定試験で合格した一部科目と科目履修を合わせることにより高卒認定試験合格者となる。

| 高卒認定試験 既合格科目 | + | 科目履修 （残り科目を履修） | = | 合わせて 8科目以上 | 高卒認定試験 合格 |
|---|---|---|---|---|---|

※最低1科目の既合格科目または合格見込科目が必要

① 苦手科目がどうしても合格できない方　② 合格見込成績証明書を入手し、受験手続をしたい方
③ 残り科目を確実な方法で合格したい方　④ 大学・短大・専門学校への進路が決まっている方

❷ 苦手科目等を先に科目履修で免除科目にして、残りの得意科目は高卒認定試験で合格することで高卒認定試験合格者となる。

| 科目履修 （苦手科目等を履修） | + | 高卒認定試験 科目受験 | = | 合わせて 8科目以上 | 高卒認定試験 合格 |
|---|---|---|---|---|---|

※最低1科目の既合格科目または合格見込科目が必要

① 得意科目だけで高卒認定試験の受験に臨みたい方　② できるだけ受験科目数を減らしたい方
③ どうしても試験で合格する自信のない科目がある方　④ 確実な方法で高卒認定試験の合格を目指したい方

## 4. 免除を受けることができる試験科目と免除に必要な修得単位数

| 免除が受けられる試験科目 | 高等学校の科目 | 免除に必要な修得単位数 |
|---|---|---|
| 国語 | 「現代の国語」 | 2 |
| | 「言語文化」 | 2 |
| 地理 | 「地理総合」 | 2 |
| 歴史 | 「歴史総合」 | 2 |
| 公共 | 「公共」 | 2 |
| 数学 | 「数学Ⅰ」 | 3 |
| 科学と人間生活 | 「科学と人間生活」 | 2 |
| 物理基礎 | 「物理基礎」 | 2 |
| 化学基礎 | 「化学基礎」 | 2 |
| 生物基礎 | 「生物基礎」 | 2 |
| 地学基礎 | 「地学基礎」 | 2 |
| 英語 | 「英語コミュニケーションⅠ」 | 3 |

（注）上記に記載されている免除に必要な修得単位数はあくまで標準的な修得単位数であり、学校によっては科目毎の設定単位数が異なる場合があります。

■科目履修制度についてより詳しく知りたい方は、J‐出版編集部にお問い合わせください。
TEL：03-5800-0552
Mail：info@j-publish.net

## 1. 出題傾向

　下表は、過去3年間の8月試験および11月試験の出題傾向です。幅広い分野から出題される傾向がありますが、出題回数が多い「現代の国家と民主政治」「現代の経済と国民の福祉」を優先して学習することで、効率良く得点獲得につなげることができます。

| 出題内容 | 令和3年度第1回 | 令和3年度第2回 | 令和4年度第1回 | 令和4年度第2回 | 令和5年度第1回 | 令和5年度第2回 |
|---|---|---|---|---|---|---|
| **現代の人間と文化** | | | | | | |
| 現代社会の特質 | | | ● | ● | | |
| 青年期の課題 | ● | ● | | | ● | |
| 世界の文化と宗教 | | | ● | ● | | |
| 人口・エネルギー問題 | | | | | | |
| 環境問題とその対策 | ● | | | ● | | ● |
| 倫理・哲学 | | ● | | | ● | ● |
| **現代の国家と民主政治** | | | | | | |
| 民主政治の基本原理 | ● | | | | ● | ● |
| 日本国憲法の制定と基本原理 | ● | | | | | |
| 日本国憲法と基本的人権の尊重 | | ● | ● | ● | | ● |
| 国民主権と議会政治 | | ● | ● | ● | | |
| 現代日本の政治と課題 | | | | ● | ● | |
| 地方自治と住民自治 | | | | ● | | |
| **現代の経済と国民の福祉** | | | | | | |
| 市場のしくみ | ● | ● | | ● | ● | |
| 経済の変動 | | | ● | ● | ● | |
| 企業からみた経済 | | ● | | ● | | ● |
| 金融と財政 | | | ● | | | |
| 国民生活と労働 | ● | | | | | ● |
| **現代の世界と人類の課題** | | | | | | |
| 国際政治と国際連合 | ● | ● | ● | ● | ● | ● |
| 新たな対立と紛争 | ● | | | | ● | |
| 核兵器削減と軍縮 | ● | | ● | | | |
| 国際経済のしくみ | | | | ● | | |
| 南北問題と経済の新しい動き | | ● | | | | |
| 経済の地域主義と新たな動き | ● | | | | | |
| | | | | | | |
| 現代社会に関する資料問題 | ● | ● | ● | ● | ● | ● |

## 2. 出題内容と対策

### 1 現代社会の人間と文化

青年期の課題は頻出です。確実に押さえておきましょう。

### 2 現代の国家と民主政治

政治分野は、選挙制度・憲法・日本の政治機構（国会・内閣・裁判所）に関する内容が重要です。それぞれの政治機関の役割や違いを押さえながら学ぶようにしましょう。

### 3 現代の経済と国民の福祉

経済分野は、雇用や労働に関する内容が重要です。各種法律を学習することに加えて、日々ニュースなどを通じて国民生活に関わる動向をチェックしておきましょう。経済のモノ・お金に関する価格の上下や金融政策については難解な問題が多いです。学習の際には、「どうして供給が増えると価格が下がるのか」など具体的に考えるようにして、さまざまな問題に対応できるようにしましょう。

### 4 現代の世界と人類の課題

国際の分野は、国際連合機関が重要です。国際機関の略称や国連の活動なども押さえておくようにしましょう。

### 5 現代社会に関する資料問題

資料問題は全体の約半分を占めていますので、得意分野にすることで合格に大きく近づくことができます。資料問題は正確に読み取ることができれば正解できますので、過去問演習に取り組み、さまざまなパターンの問題に慣れておきましょう。グラフを読む時には、「グラフのタイトル」「縦軸と横軸の項目」「単位（％や円など）」を確認しましょう。選択肢の説明のなかに出てくるはずです。また、試験会場で配られる問題用紙には書き込みができますので、問題を解きながら書き込みを行うと解きやすくなりますし、ミスを防ぐことにも役立ちます。


### 時間配分に注意！

公共は全体的に文章量が多いため、時間切れになりやすい科目といえます。試験が近づいてきたら、過去問演習は時間を計って取り組み、時間を短縮するコツをつかんでおきましょう。

### 【コツ1】本文は傍線部や空欄の前後を読む

知識を問われる問題は、本文中の傍線部や空欄の前後2行を読むだけで解ける問題がほとんどです。本文すべてを読むのではなく、ポイントを押さえて読むようにしましょう。

### 【コツ2】消去法を活用する

消去法を活用することで、判断しなければいけない選択肢の量を減らすことができます。消去法を使う際には、正解ではない選択肢に斜線などを引いてわかるようにしておき、ミスを防ぐようにしましょう。

### 【コツ3】分かる問題から解く

時間がかかりそうな問題や苦手な問題は飛ばし、解ける問題から解いていくことで、時間を有効に使うことができます。問題を飛ばす際には解答番号を必ず確認し、マークシートの塗る位置がずれてしまわないように注意してください。

### ニュースや新聞を見る習慣をつけよう！

現代社会は今の世の中について学ぶ分野です。ニュースにはさまざまな現代社会の情報が含まれていますので、試験問題を解く際にも役立ちます。

# 令和５年度 第２回
# 高卒認定試験

## 公共

# 解答時間　50分

# 現 代 社 会

(解答番号 ┃ 1 ┃ ～ ┃ 24 ┃)

┃1┃ 次の生徒の会話文を読んで，問1～問3に答えよ。

せいな：『火星の人』っていう小説知ってる？　昨日読み終わったんだけど，すごく面白かった。

たいが：知ってるよ。僕も最近読んだんだ。不慮の事故で火星に一人取り残された宇宙飛行士
　　　　が，地球に生還するために奮闘するSF小説だよね。何があってもあきらめない，主人
　　　　公の姿勢が良いよね。

せいな：そうそう。絶望的な状況に置かれた上に次々とアクシデントに襲われるけど，主人公は
　　　　とにかくポジティブで，自らの知識と技術で乗り越えていく。たとえば，食料を確保す
　　　　るために植物学の知識を生かして，基地の中でジャガイモの栽培を成功させるよね。自
　　　　分の排泄物を堆肥に使ったり，農業用水を確保するために，水再生器を使って排水や尿
　　　　　　　　　　　　　　　　(a)
　　　　から水を作ったり。

たいが：そうだね。火星の土には養分やバクテリアが存在しないから，地球から持ってきた土と
　　　　排泄物を混ぜて，火星の「死んだ土」を「生きた土」に変える。水も火星では貴重品だか
　　　　ら，一滴も無駄にせずリサイクルする。これって究極のエコシステムじゃないかな。主
　　　　　　　　　　　　　　　　　　　　　　　　　　　　　(b)
　　　　人公の努力が実って，種イモが発芽した場面は，僕も自分のことみたいに嬉しかった。

せいな：主人公が持てる知識をフルに活用して絶対に生き抜こうとあがく姿が，かっこ悪いけど
　　　　かっこいい，等身大の人間という感じで，勇気をもらえるよね。それにしても，火星の
　　　　環境の過酷さにはただただ驚いたなあ。もともと大気が薄いうえに，その約95％は二
　　　　酸化炭素だし，平均気温はマイナス60℃以下。お隣の惑星なのに，地球とは違いすぎ
　　　　るよね。

たいが：裏返せば，僕たち人類や地球上の生物すべてが，いかに地球の環境に守られて生きてい
　　　　　　　　　　　　　　　　　　　　　　　　　　　　　(c)
　　　　るかを教えてくれる物語でもあるよね。

問 1　下線部分農業用水に関連して，次の文章中の　A　，　B　にあてはまる語句の組合
(a)
せとして適切なものを，下の①～④のうちから一つ選べ。解答番号は　1　。

　　次の図1，図2は，地球観測衛星による2003年と2021年のアラル海の観測画像です。ア
ラル海は中央アジアのカザフスタンとウズベキスタンにまたがって位置し，かつては琵琶湖
のおよそ100倍の面積をもつ世界で4番目に大きな湖として，乾燥地帯に豊富な水を供給し
ていました。しかし，1960年代以降年々水位が低下し，いくつかの湖に分裂して，面積も
縮小し続けています。その原因は，周辺地域における大規模な　A　の用水として取水さ
れたためと言われています。

　　南アラル海の縮小は特に　B　の部分で著しく，図1と図2の観測画像を比較すると，
北アラル海は2021年も2003年時点の面積をかろうじて維持していますが，南アラル海の
　B　は2021年の画像上ではほぼ消滅してしまっています。

　　この急速なアラル海の縮小は，周辺住民の生活に大きな影響をもたらしています。現在湖
に残っている水は塩分濃度が非常に高く魚介類を死滅させてしまうため，漁業を営むことが
不可能になりました。またこの地域の乾燥気候を和らげていた水がなくなったことで気候も
変化し，農作物の生育条件なども悪化しています。さらに，干上がった湖底から塩分や砂，
農薬が巻き上げられ，住民の健康にも大きな被害を与えています。

図1　アラル海（2003年10月）

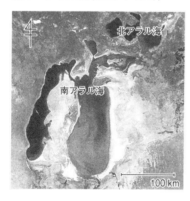

図2　アラル海（2021年9月）

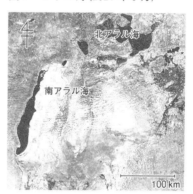

（JAXA 地球観測衛星データサイトにより作成）

|  | A | B |
|---|---|---|
| ① | 灌漑農業 | 東側 |
| ② | 灌漑農業 | 西側 |
| ③ | 焼畑農業 | 西側 |
| ④ | 焼畑農業 | 東側 |

問2　下線部分エコシステムに関連して，次の図3と説明文から読み取れる内容として適切でないものを，下の①～④のうちから一つ選べ。解答番号は　2　。

図3　クリア湖における DDD（有機塩素系殺虫剤）の水生生物への濃縮

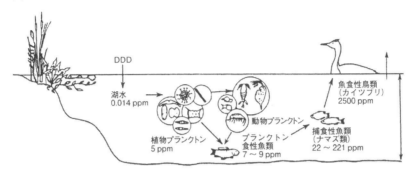

（注）　PPM は 100 万分の 1 を表す単位で，DDD の濃度を示す。

説明文

　生態系のなかには，動物に取り込まれると分解や排泄されにくい反面，脂肪に溶けやすく酵素やたんぱく質などにも結びつきやすい物質が存在しています。その物質は，食物連鎖の段階を上がるごとに次第に濃縮が進みます。これが生物濃縮です。これが進めば，ヒトの健康にも影響が現れるおそれがあります。

　アメリカの海洋学者レイチェル・カーソンは著書『沈黙の春』(1962 年)のなかで，生物濃縮についてカリフォルニア州のクリア湖の事例をあげて説明しています。この湖は夏場に害虫のブユが大量に発生し，釣り人や湖畔の別荘地の人々を悩ませていました。そこで DDD（有機塩素系殺虫剤）が何度かにわたり湖水に流し込まれました。その結果ブユは減ったものの，クリア湖の名物だった水鳥のカイツブリが大量死してしまったのです。死んだカイツブリの脂肪組織を調べたところ，湖水中の濃度の約 178,500 倍もの DDD が検出されました。
（中略）

　「ブユをうるさがった人たちの言いなりになったために，鳥たちを犠牲にした。そして，また何一つ知らないまま，湖の魚を食べたり，湖の水を使っているものすべてにおそらく危険は及んだのだ」とカーソンは指摘しています。

（原強『『沈黙の春』の世界』により作成）

① 生物濃縮とは，脂肪に溶けやすく酵素やたんぱく質などにも結びつきやすい物質が動物に取り込まれ，食物連鎖の段階を上がるごとに物質の濃縮が進むことである。

② クリア湖ではブユの駆除のために DDD が湖水に流し込まれ，プランクトンやナマズなどの水生生物やカイツブリなどの水鳥に生物濃縮がみられた。

③ カイツブリが大量死した原因は，湖水に DDD が流し込まれ，ブユが増加して湖水が汚染され，カイツブリの食料となるプランクトンやナマズが減少したからである。

④ カーソンは，カイツブリだけでなく，クリア湖の魚を食べたり，湖の水を使っているものすべてが健康被害を受ける危険があったと指摘している。

問3 下線部分地球の環境に関連して，次の表1の下線部分【ア】～【ウ】の条約に関するレポート
を生徒が作成する場合に使用する資料1～資料4の適切な組合せを，次のページの①～④の
うちから一つ選べ。解答番号は　3　。

表1　地球環境保全へのおもな国際的な取組み

| 年 | 地球環境保全へのおもな国際的な条約 |
|---|---|
| 1971年 | 【ア】ラムサール条約 |
| 1973年 | 【イ】ワシントン条約 |
| 1987年 | 【ウ】モントリオール議定書 |

資料1　地球大気全体における二酸化炭素濃度の月別平均値と推定経年平均濃度

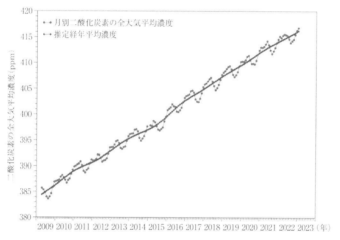

(温室効果ガス観測人工衛星「いぶき」ホームページにより作成)

資料2　南極オゾンホールの年最大面積の経年変化

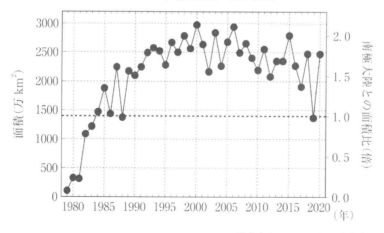

(気象庁ホームページにより作成)

資料3　日本の税関で差し止められた規制対象動物（生体，2014-2019年）

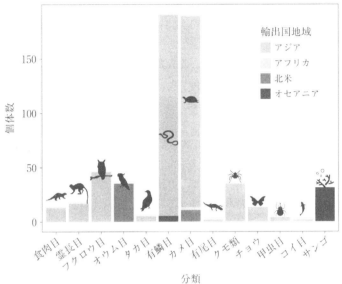

（野生生物保全論研究会ホームページにより作成）

資料4　日本のおもな湿地

（環境省ホームページにより作成）

| | 【ア】 | 【イ】 | 【ウ】 |
|---|---|---|---|
| ① | 資料3 | 資料4 | 資料2 |
| ② | 資料4 | 資料3 | 資料1 |
| ③ | 資料4 | 資料3 | 資料2 |
| ④ | 資料3 | 資料4 | 資料1 |

■II

2　次の「生き方について考えよう」という課題についての生徒の**プレゼンテーション**原稿を読んで，問1～問3に答えよ。

**プレゼンテーション原稿**

スライド1を見てください。これは，
　　A　　が死刑の判決を受け，嘆く友人たちに囲まれているなかで，毒杯を手にする場面です。彼は，人間はただ生きるのではなく，善く生きることが大切だと説きました。

スライド1

　彼は，問答法と呼ばれる他者との対話を通して，人々に無知を自覚させたうえで真理の探究に向かわせる，という実践を行いました。しかし，その活動が，人々に有害な影響を与えたなどとして罪に問われ，裁判で死刑判決を受けました。

　判決に納得がいかない彼の友人たちは脱獄をすすめますが，彼はそれを拒みます。なぜなら，脱獄という法に背く行為は不正であり，それをすることは，善く生きるという彼の考えに合わないからです。たとえ命を失うことになっても，自らの信念を貫いた彼の生き方は，これから大人として社会で生きていく私たちへのひとつのメッセージとして伝わってくるも
(a)
のだと思いました。

　スライド2を見てください。これは，古代の哲学者たちが一堂に会した場面を想像して描いた作品である「アテネの学堂」の一部です。中央に描かれている2人の人物のうち，左が　　B　　です。彼は，唯一完全な実在をイデアと名づけ，人間が生きる不完全な現実の世界と分けて考えました。

スライド2

　一方，その右に描かれている，手のひらを地へ向けているのが　　C　　です。彼は，人間が生きる目的は幸福であり，それが最高善だと考えました。そして，人々が生きる社会において正義にもとづいて平等を実現すれば，社会をより幸福にすることができると言いました。幸福な社会において，理性を働かせて真理を探究する生活が，人間にとって最も幸福であるということです。

　一人一人の人間が幸福に生きていくためには，社会全体が幸福でなければならない，とい
(b)
うことなのだと思いました。

問１　プレゼンテーション原稿中の　　A　，　　B　，　　C　にあてはまる人物の組合せとして適切なものを，次の①～④のうちから一つ選べ。解答番号は　　4　。

| A | B | C |
| --- | --- | --- |
| ① ソクラテス | プラトン | アリストテレス |
| ② プラトン | アリストテレス | ソクラテス |
| ③ ソクラテス | アリストテレス | プラトン |
| ④ アリストテレス | ソクラテス | プラトン |

問２　下線部分大人としてに関連して，次のルソーの著書『エミール』の下線部分(c)～(f)と，生徒
　　　(a)
の発言の中で，現代社会の課題を適切に表現しているものを，下の①～④のうちから一つ選べ。解答番号は　　5　。

> 　わたしたちは，いわば，２回この世に生まれる。１回目は存在するために，２回目は生きるために。はじめは人間に生まれ，つぎには男性か女性に生まれる。……自然に
> 　　　　　　　　　　　　　　　　　　　　　　　　(c)
> よって定められた時期にそこからぬけだす。そして，この危機の時代は，かなり短いと
> 　　　　　　　　　　　　　　　　　　　　　　(d)
> はいえ，長く将来に影響をおよぼす。……気分の変化，たびたびの興奮，たえまない精神の動揺が子どもをほとんど手におえなくする。まえには素直に従っていた人の声も子
> 　　　　　　　　　　　　　　　　　　　　　　　　(e)
> どもには聞こえなくなる。……かれは，子どもでも大人でもなく……。これがわたしの
> 　　　　　　　　　　　　　　　　　(f)
> いう第二の誕生である。ここで人間はほんとうに人生に生まれてきて，人間的ななにものもかれにとって無縁なものではなくなる。　　　（今野一雄訳，ルソー『エミール』により作成）

博之：私は「男性か女性に生まれる」というのは，思春期に現れる，男性，女性それぞれにお
　　　　　(c)
　　　ける身体的な変化のことだと考えます。そして，現代社会ではこのことをきっかけに，社会的な性差とその役割もはっきりと分かれ，男女別に教育されていくことになります。

絢音：私は「この危機の時代」とは青年期のことだと思います。現代社会においては，教育が
　　　　　(d)
　　　一層充実してきたことで，社会人になるまでの期間を延長されているため，この青年期が長くなる傾向があります。

悠輔：私は「まえには素直に従っていた人の声も子どもには聞こえなくなる」とは，青年が自
　　　　　(e)
　　　立する過程で大人に対して反抗的な態度をとることだと思います。青年は，周囲に反発をしながら自らの価値観をつくりあげていきますが，現代社会ではそのようなことはなくなりました。

優月：私は「子どもでも大人でもなく」というのは，そのどちらにも所属していない過渡期に
　　　　　(f)
　　　ある青年のことだと考えます。現代社会では，学校の入学や卒業，成人式や就職という人生の節目が明確になっているため，そのような青年はほとんど見られなくなりました。

①　博之　　　②　絢音　　　③　悠輔　　　④　優月

問3 下線部分幸福に生きていくに関連する次のグラフ1，グラフ2を見て，次のページの会話
 文中の ├─D─┤．├─E─┤ にあてはまるものの組合せとして適切なものを，次のページの①
 ～④のうちから一つ選べ。解答番号は ├─6─┤ 。

### グラフ1 現在の生活に対する満足度

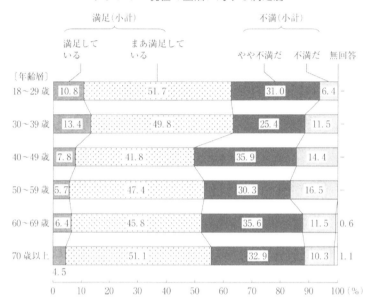

### グラフ2 時間のゆとりの有無

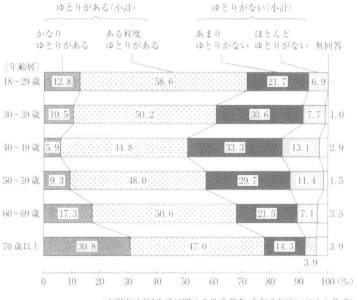

(内閣府「国民生活に関する世論調査(令和3年度)」により作成)

**会話文**

先生：「現在の生活に対する満足度」と「時間のゆとりの有無」との間には，何か関係がありそうでしょうか。

太郎：そうですね。まず，**グラフ1**を見ると，「不満（小計）」の割合が最も大きいのは，40〜49歳の年齢層だということが読み取れます。

杏奈：その理由は，家庭や仕事においての責任が大きくなることで，なかなか自分だけの時間をとることができないからなのではないでしょうか。

太郎：確かに，**グラフ2**においてその年齢層は他の年齢層と比較して　D　ことから，その通りなのかもしれませんね。

先生：では，他の年齢層については，何か読み取れることがあるでしょうか。

杏奈：さっきの話とは少し異なってしまうのですが，　E　のは，どういうことなのでしょうか。

太郎：うーん。生活に対する満足度に影響するのは，時間のゆとりの有無だけではなく，その他にもいろいろな要素があるということなのでしょうね。

先生：では，私たちの生活の満足度に影響を与えそうなことについて，もう少し調べてみましょう。


　D　にあてはまる選択肢

ア　「ゆとりがない（小計）」の割合が最も小さくなっている

イ　「ゆとりがない（小計）」の割合も最も大きくなっている


　E　にあてはまる選択肢

ウ　70歳以上は，**グラフ2**では「かなりゆとりがある」と回答した割合が最も大きくなっているにもかかわらず，**グラフ1**では「満足している」と回答した割合が最も小さくなっている

エ　18〜29歳は，**グラフ2**では「ゆとりがある（小計）」の割合が最も大きくなっているにもかかわらず，**グラフ1**では「満足（小計）」の割合が最も小さくなっている


| | D | E |
|---|---|---|
| ① | ア | ウ |
| ② | ア | エ |
| ③ | イ | ウ |
| ④ | イ | エ |

3 次の文章を読んで，問1～問3に答えよ。

　そもそも人間は，どのような時代に生まれるか，どのような国のどのような家庭に生まれるか
を選ぶことはできません。国や地方自治体などの政治のまとまりに所属することは，いわば人間
にとって選択の及ばないことです。そして，自分たちよりも上の世代が決めたルールのなかで生
きていくことも，ある面では与えられた前提，自分の意志で選択できないことです。

　しかし，民主主義というしくみで世の中を形作るということは，人間が「与えられた前提」の奴
隷(れい)にならないということなのです。かつては，性別や人種によって人間を差別するという秩序が
「当然」であり，「与えられた前提」であるような時代が存在しました。差別される側にとって理不
尽(じん)な秩序を変えてきたのは，民主主義という武器です。理不尽な秩序をおかしいと思う人が多数
になれば，民主主義というしくみを使ってそれを作りかえることができるのです。

　民主主義の理念と現実の間には，もう一つの大きなズレがあります。それは，「私たちが決め
る」という理念と，「私たちが選んだ代表者が決める」という実際とのズレです。小規模な地方自
治体であれば，住民自身の会合によって地域の政策を決めることも不可能ではありません。日本
の地方自治法では，議会と並んで住民総会が意思決定機関として規定されています。しかし，人
口が数万人を超えれば，直接民主主義は困難になります。政治のまとまりにおけるルール作り
は，代表者にゆだねられざるをえません。

　現実の政治では，代表者が国民の意思とは無関係に，勝手に物事を決めることもめずらしくあ
りません。選挙の際に，政治家や政党は一応公約を示しますが，それをすべて実現するとはかぎ
りませんし，選挙の時に約束していないことを決定することもあります。そうしたズレは，代表
民主主義の宿命です。

　だからこそ，選挙が重要な意味をもつのです。選挙の際には，政治家がそれまでの任期中にお
こなった事柄について，厳しく吟味(ぎんみ)し，代表としてふさわしいかどうかを考えなければなりませ
ん。国民が選挙に真剣に取り組めば，政治家もつねに国民の視線を意識して，行動するでしょ
う。つねに国民が政治家に対して何々をせよと具体的に指示することは不可能です。けれども，
政治家が自分の判断や選択に関して，国民がどう考えるか，どう評価するかにつねに思いを致(いた)す
ように仕向けることこそ，代表民主主義を機能させるカギとなります。

(山口二郎『政治のしくみがわかる本』により作成)

問 1　下線部分民主主義に関連して，次のメモはある生徒が民主主義について記したものである。このメモの内容を踏まえた民主的意思決定の手続きについての事例として**適切でないも**のを，下の①～④のうちから一つ選べ。解答番号は　7　。

メモ

> 　政治の役割は，私たちの社会生活を支えるルールやしくみをつくる決定を行うことであり，多くの国々で民主主義を採用している。民主主義とは，「自分たちのことは自分たちで決める」ことにその本質がある。
> 　「人民の人民による人民のための政治」という言葉は，国民主権に基づく民主政治の特質をよく表している。国民の総意に基づいて政治が行われるのが国民主権の原則であるが，一人一人の意見は異なるため，全員一致は容易ではない。そこで，多数者の意見を全体の意思とすることが現実的な方法となる。
> 　しかし，多数者の意見がいつも正しいとは限らない。多数決は数の力で決めるので，決定したことが間違っていたり，少数派の意見が軽視されたりする可能性もある。
> 　そこで，「熟議」つまり十分な討論によって合意をつくる努力や少数意見の尊重などがあってはじめて多数決は民主的意思決定と言えるのである。

① ある学校のホームルームで，文化祭の出し物を決めることになった。そこで，投票を行ったところ，合唱16票，演劇14票，ダンス10票であった。過半数が同意しているほうが楽しい文化祭になるのではないかという意見が多数あったため，決選投票を行うことにした。その結果，合唱18票，演劇22票となったので，演劇をすることに決定した。

② ある学校では，靴下の色が白と校則で決められていたが，黒を認めて欲しいという声が意見箱にあった。そこで，生徒総会の際に，靴下の色を白または黒とすることを議題として提案した。審議の後，出席生徒の過半数が賛成し可決となったので，生徒総会の規定により，職員会議で検討してもらうことになった。

③ ある学校では，生徒会長（定数1）の選出は，全校生徒による投票を行い校長が認証すると，生徒会規約で定められていた。立候補者が1名しかいなかった場合の規定がなかったため，規約に従い臨時の生徒総会を開いて話し合った。その結果，規約を改正し，このような場合には信任投票を行うことが賛成多数で可決された。

④ ある学校の図書館で，期限内に貸出図書が返却されない状況が問題となった。そこで，数名の図書委員が，延滞した日数分については貸出できないペナルティを科すことを立ち話で決めた。多数の図書委員がその決め方に異議を唱えたため，図書委員長は緊急の図書委員会を開こうとしたが，数名の図書委員はそのままそのやり方を取り入れた。

問 2 　下線部分選挙に関連して，公職選挙法では，選挙の公正を確保するため選挙運動のルール
　　　(b)
　　　を定めているが，選挙運動について述べた文として適切なものを，次の①〜④のうちから一
　　　つ選べ。解答番号は　　8　　。

① 　インターネットを利用した選挙運動は，不正アクセスなどの問題が考えられるため，全
　　て認められていない。

② 　選挙運動に関して，有権者の自宅を訪ねる戸別訪問は，有権者が平穏に生活する権利を
　　保障する観点から，訪問時間が規制されている。

③ 　選挙運動の責任者や候補者の親族などが選挙違反で有罪となった場合，候補者本人の当
　　選を無効とすることで，不正な選挙運動が起きないようにしている。

④ 　選挙運動期間中の政党マニフェストの配布は，無所属の候補者が不利になるため，認め
　　られていない。

問3 下線部分国民が選挙に真剣に取り組めば，政治家もつねに国民の視線を意識して，行動するでしょうに関連して，次のグラフ1～グラフ3から読み取った内容ア～エの組合せとして適切なものを，次のページの①～④のうちから一つ選べ。解答番号は 9 。

グラフ1 将来の国や地域の担い手として積極的に政策決定に参加したい

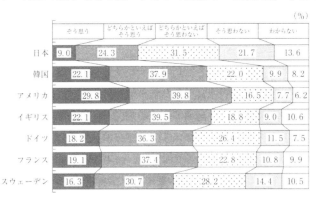

グラフ2 私の参加により変えてほしい社会現象が少し変えられるかもしれない

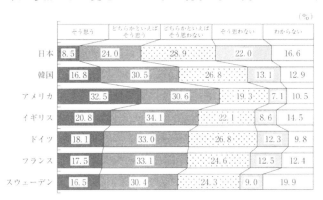

グラフ3 私個人の力では政府の決定に影響を与えられない

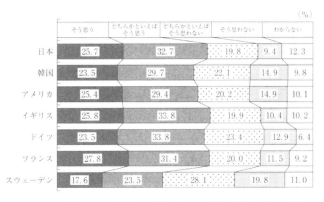

(内閣府「我が国と諸外国の若者の意識に関する調査(平成30年度)」により作成)

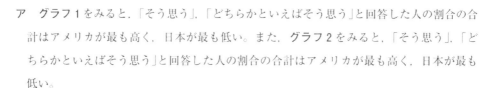

ア　グラフ1をみると,「そう思う」,「どちらかといえばそう思う」と回答した人の割合の合計はアメリカが最も高く,日本が最も低い。また,**グラフ2**をみると,「そう思う」,「どちらかといえばそう思う」と回答した人の割合の合計はアメリカが最も高く,日本が最も低い。

イ　グラフ2をみると,「そう思う」,「どちらかといえばそう思う」と回答した人の割合の合計が50%を超えているのはアメリカのみである。また,**グラフ3**をみると,「そう思う」,「どちらかといえばそう思う」と回答した人の割合の合計は日本が最も高く,スウェーデンが最も低い。

ウ　グラフ1をみると,「どちらかといえばそう思わない」,「そう思わない」と回答した人の割合が,「そう思う」,「どちらかといえばそう思う」と回答した人の割合の合計を上回るのは日本のみである。また,**グラフ3**をみると,「そう思う」,「どちらかといえばそう思う」と回答した人の割合が,「どちらかといえばそう思わない」,「そう思わない」と回答した人の割合の合計を上回るのは日本のみである。

エ　グラフ2をみると,「どちらかといえばそう思わない」,「そう思わない」と回答した人の割合の合計が50%を超えているのは日本のみである。また,**グラフ3**をみると,「どちらかといえばそう思わない」,「そう思わない」と回答した人の割合の合計が,「そう思う」,「どちらかといえばそう思う」と回答した人の割合を上回るのはスウェーデンのみである。

① アとウ

② アとエ

③ イとウ

④ イとエ

**4** 生徒が作成した次の**レポート1**～**レポート3**を読んで，**問1**～**問3**に答えよ。

**レポート1**

17～18世紀，欧米の市民階級の人々は，市民革命で君主を倒すことによって，自由や平等，政治参加などの権利を獲得することになりました。そしてこれらの権利は，国家や政府も侵すことのできないものだという考え方が確立されていきました。そのことを明文化した文書の1つに，1776年に出された　A　があります。以下に　A　の一部分を抜き出します。

「われわれは，自明の真理として，すべての人は平等に作られ，創造主によって，一定の奪いがたい天賦の権利を付与され，そのなかに生命，自由及び幸福追求の権利が含まれることを信ずる。」

この抜き出しの部分には，「平等」，「自由」などの単語が見られます。「平等」や「自由」は，日本国憲法でも「平等権」，「自由権」という基本的人権として保障されていることは，言うまでもありません。

**レポート2**

近代市民革命以降，民主主義国家の憲法は，立憲主義という考え方に基づいて制定されています。立憲主義とは，国家権力の専制を防ぎ国民の権利を守るために，憲法を制定し，憲法に基づいて政治を行う，という考え方のことです。つまり，国家権力は憲法によって縛られていると考えるのです。

法には必ず名宛人があります。名宛人とは，基本的にその法が誰に向けられていて，誰が守るべき義務を負っているかを示すものです。もちろん憲法にも名宛人があります。民主主義国家の憲法の名宛人を考えると，他の法律とは異なる憲法の性格に気づくことができます。

日本国憲法を見てみましょう。日本国憲法は第99条に，憲法を尊重し擁護する義務がある対象を記しています。これにより，国家機関に従事する公務員などに対し，憲法の目的が十分に達成されるよう，政治的，道徳的な義務を課していると考えられます。

レポート3

私たちは日常において，さまざまな契約を結んで生活しています。

契約とは，2人以上の当事者の「申込み」と「承諾」によって成立する，法的な拘束力のある約束のことです。

契約は，成立したらどちらかが一方的に解消することはできません。また，国家は原則として契約の内容に干渉したり介入したりすることはできません。これは，契約は当事者が対等な立場で自由に結ぶことを原則としているため，その内容を尊重しているのです。

しかし現実の社会に目を向けると，すべての契約が対等な立場で自由に結ばれたものばかりとは限りません。一般の消費者と事業者の間には，商品に対する情報量や交渉力などに差があるのは明らかです。そこで，実質的な平等を図り，社会的・経済的弱者を保護するために，例外的に契約の効力を解消できる，また契約に法的拘束力を認めない場合などが取り決められています。
　　(b)

その例としては，

・契約が公の秩序または善良の風俗に反する場合

・判断能力が不十分な者と結んだ契約の場合

・申込みと承諾が不一致の場合

・契約自体が存在しなかった場合

などが挙げられます。

問1　レポート1中の　　A　　にあてはまる語句として適切なものを，次の①〜④のうちから一つ選べ。解答番号は　10　。

① フランス人権宣言

② アメリカ独立宣言

③ マグナ・カルタ（大憲章）

④ 権利章典

問2　下線部分憲法を尊重し擁護する義務に関連して，日本国憲法第99条の条文中で「この憲法
　　　　(a)
を尊重し擁護する義務を負ふ」とされているものとして適切でないものを，次の①〜④のうちから一つ選べ。解答番号は　11　。

① 国民

② 天皇

③ 国会議員

④ 裁判官

問3 下線部分例外的に契約の効力を解消できる，また契約に法的拘束力を認めない場合などに
　　(b)
関連して，次の**プレゼン原稿**中の　　B　　にあてはまる例として適切なものを，下の①～④
のうちから一つ選べ。解答番号は　　12　　。

**プレゼン原稿**

> 　私は，**レポート3**で調べた，例外的に契約の効力を解消できる，また契約に法的拘束
> 力を認めない場合などについて，具体的な例を挙げて考えてみることにしました。
> 　次に挙げる**ア～エ**には，契約が対等な立場で自由に結ばれたものではなく，解消でき
> ると考えられる例があります。中でも，不当な方法によって締結させられたので，後か
> ら取り消すことができる例は　　B　　の場合だと考えられます。

ア　未成年者が家電販売店で，保護者など法定代理人の承諾なしに20万円のパソコンを購
　　入する契約をした。
イ　成年者が駅前でエステサロンの店員に「お試し」と言われ店に行ったところ，2時間以上
　　勧誘を受け，帰りたいと言ったが帰してもらえず，仕方なく20万円のコースを契約した。
ウ　成年者が衣料品販売店で5万円のスーツを試着した上で購入したが，家に帰って着てみ
　　たら，サイズはよかったものの，色やデザインが気に入らなかった。
エ　成年者がおもちゃ屋で，発売予定の5万円のゲーム機を購入するために予約注文の契約
　　をして代金を支払ったが，後日届いた商品はプラモデルであった。

① ア
② イ
③ ウ
④ エ

⑤ 次の会話文を読んで，問1～問5に答えよ。

先　生：今回のレポートのテーマは「わたしたちが安心して働くために大切なことは何か」ですが，皆さんレポート作成は順調に進んでいますか。

みずき：はい。途中まで書けたのですが，見てもらってもいいですか。あとは，根拠となる資料を探すつもりです。

みずきのレポート

> 「日本経済と労働環境の変化について」
>
> 　第二次世界大戦後，日本においても産業構造が変化していきました。また，高度経済成長期には年平均10％を超える高い経済成長率を実現し，政府の　A　を超える高成長となりました。この頃の労働環境は多くの企業が，「終身雇用制」，「年功序列型賃金」，「　B　」などの慣行により，高い企業競争力と安定した雇用を保っていました。
>
> 　しかし，バブル経済の崩壊後長い不況に入りました。労働環境は，高度経済成長期の雇用慣行が崩れ，代わりに成果主義，能力主義を取り入れる企業がでてきました。2000年代に入ると，小泉内閣によって構造改革が行われ2004年に　C　が改正されました。雇用形態の流動化が始まり非正規雇用も増加しました。非正規雇用はライフスタイルに合う働き方を選びやすくするというメリットがある反面，雇用や収入が不安定で，将来への展望を描きにくいというデメリットがあります。
>
> 　2012年に成立した安倍内閣は，成長戦略の「三本の矢」をうたって，各種の景気回復策を行いました。この他にも安倍内閣は，「一億総活躍社会」の実現のために「働き方改革」に取り組み，2018年に働き方改革関連法が成立しました。
>
> 　2020年に入り，世界で新型コロナウイルス感染症が広がり，テレワークが広がるなど働き方も大きく変化しています。
>
> 　どの時代の働き方にもメリット・デメリットがありますが，その時代に合った労働環境で私たちが安心して働ける最善の方法で働けたらいいと思いました。

先　生：みずきさん，日本経済と労働環境の変化についてよく調べましたね。資料も活用しながら，引き続きレポートの作成を頑張ってくださいね。他の人はどのような感じで進めていますか。

めぐむ：私は労働者の権利と法制度について調べています。先程みずきさんのレポートにあるように，日本特有の雇用慣行によって安定した労働環境が保たれていたとありましたが，それだけではなく，私は法制度も安定した労働環境を保つのに必要なものだと思います。例えば，もし労働紛争が深刻になり，労使間では問題を解決できないときには，　D　が間に入り斡旋，調停，仲裁をする仕組みが法律で定められていますよね。

けいと：私は，女性の労働と子育てについて調べています。昔に比べて女性が社会に進出してい
　　　　(c)
　　　　るとは聞きますが，まだ女性の労働環境が整っているとは言い難いと思います。

なつき：私は，外国人労働者問題について調べています。日本の人口が減少する中で，労働力が
　　　　(d)
　　　　不足しており，これからの時代は外国人労働者の方とも共生していくことが確実だから
　　　　です。

先　　生：皆さんそれぞれ課題が見つかりましたね。レポートの完成を楽しみにしています。

問1　会話文中の　A　，　B　，　C　，　D　にあてはまるものの組合せとして適
　　　切なものを，次の①～④のうちから一つ選べ。解答番号は　13　。

| | A | B | C | D |
|---|---|---|---|---|
| ① | 所得倍増計画 | 企業別労働組合 | 労働者派遣法 | 労働委員会 |
| ② | ドッジ・ライン | 産業別労働組合 | 労働者派遣法 | 労働委員会 |
| ③ | 所得倍増計画 | 産業別労働組合 | 会社法 | ハローワーク |
| ④ | ドッジ・ライン | 企業別労働組合 | 会社法 | ハローワーク |

問2　下線部分産業構造が変化に関して，第二次世界大戦後の日本の産業構造の変化に関する説
　　　　　　(a)
　　　明として適切なものを，次の①～④のうちから一つ選べ。解答番号は　14　。

①　戦後の農地改革の影響により，高度経済成長期に農林水産業の割合が急速に増加した。

②　高度経済成長期に，重化学工業から軽工業へ急速に転換し太平洋ベルト地帯への集積が
　　進んだ。

③　オイルショックをきっかけに，省資源・省エネルギー化が進み，産業の軽薄短小化が進
　　んだ。

④　日米貿易摩擦をきっかけに，情報関連サービスが広がり労働集約産業が急成長した。

問3 下線部分バブル経済に関して,図1はバブル経済前後の経済関係を表したものである。
E , F , G にあてはまるものの組合せとして適切なものを,下の①~④
のうちから一つ選べ。解答番号は 15 。

図1 バブル経済前後の経済関係

プラザ合意後, E 。

⬇

F ため,増加した資産が株式や土地へ投機的に投資され,株価や地価が急騰した。

⬇

G ことをきっかけに,株価や地価が暴落した。

⬇

バブル経済が崩壊した。

ア 急速に円高が進み不況となった

イ 急速に円安が進み好況となった

ウ 日本銀行が金融引き締め策を行った

エ 日本銀行が金融緩和策を行った

|   | E | F | G |
|---|---|---|---|
| ① | ア | エ | イ |
| ② | イ | ウ | ア |
| ③ | イ | ウ | エ |
| ④ | ア | エ | ウ |

問 4 　下線部分女性の労働と子育てに関して，生徒の**会話文**中の 　H 　，　I 　，　J
　　　　　　　　(c)
にあてはまるものの組合せとして適切なものを，次のページの**①**～**④**のうちから一つ選べ。
解答番号は 　16 　。

**会話文**

けいと：私は，「女性の労働と子育て」をテーマにしようと思っていて調べてみたら，こんな
　　　　グラフを見つけたんだ。

グラフ1　第1子出生年齢別にみた，第1子出産前後の妻の就業変化

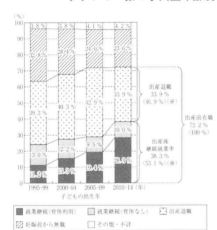

（※）（　）内は出産前有職者を100として，出産後の
　　　　継続就業者の割合を算出

（注1）就業変化は，妻の妊娠判明時と子ども1歳時
　　　　の従業上の地位の変化をみたもの。

（注2）左記グラフは，対象期間(例：2010-14)中に出
　　　　産した女性の就業変化を表している。

みずき：**グラフ1**を見ると，妊娠前から仕事をしていない妻の割合は年々減っていることが
　　　　わかるね。また，2010-14年は 　H 　 ことがわかるね。

けいと：でもこのような結果になる理由はなんだろう。

めぐむ：何かいい資料ないかな・・・。あっ，こんな資料が見つかったけど，どうだろう。

グラフ2　男性育児休業取得率の推移

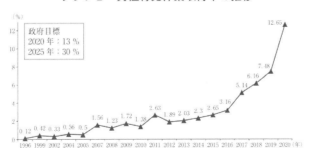

（厚生労働省ホームページにより作成）

けいと：なるほど。男性育児休業取得率の推移のグラフか。

みずき：この資料いいね。**グラフ1とグラフ2**の資料から，　I　ということがわかる
ね。

けいと：そうかあ。男性の育児休業の取得率が影響しているかもしれないね。

なつき：このような変化があるのも，　J　が改正されたことが大きいね。2022年の10
月にも法改正がされて，産後パパ育休という妻の産休期間に夫が育休を取得できる
制度も始まったね。政府は2025年には男性育児休業取得率を30％までに高めた
いらしいよ。

みずき：そうだね。男女問わず安心して働ける世の中になるといいね。


　H　**にあてはまる選択肢**

ア　第1子を出産した妻全体の中で，出産後継続就業率は53.1％である

イ　第1子を出産した妻のうち出産前有職者の中で，出産後継続就業率は53.1％である


　I　**にあてはまる選択肢**

ウ　グラフ1を見ると，1995-99年と2010-14年を比較すると，就業継続（育休利用）をした
人が約17ポイント増えている。**グラフ2**を見ると，2010年と2020年を比較すると男性
育児休業取得率が9倍以上増加している

エ　グラフ1を見ると，1995-99年と2010-14年を比較すると，出産退職をした人が約10
ポイント減っており，**グラフ2**を見ると，2010年と2020年を比較すると，男性育児休業
取得率が約5倍に増加している


　J　**にあてはまる選択肢**

オ　育児・介護休業法

カ　男女雇用機会均等法


| | H | I | J |
|---|---|---|---|
| ① | ア | ウ | オ |
| ② | ア | エ | カ |
| ③ | イ | エ | カ |
| ④ | イ | ウ | オ |

問5 下線部分外国人労働者問題に関して，次の**なつきのレポート**中の　K　，　L　，
M　にあてはまるものとの組合せとして適切なものを，次のページの**①**～**④**のうちから
一つ選べ。解答番号は　17　。

**なつきのレポート**

「外国人労働者の問題」

　出入国在留管理庁によれば，国籍・地域別の在留外国人数の総数は**グラフ3**のように，平
成24年から令和元年まで　K　。また，**グラフ4**によると，平成24年から令和3年の間
に　L　ということがわかりました。特に，平成2年施行の改正出入国管理法では日系人
などを対象にした在留資格「定住者」が創設され，平成5年には　M　目的で，技能実習制
度を設けたこともまた在留外国人が増えた理由の一つといえるでしょう。また，厚生労働省
によると，平成5年に不法就労を含め約60万人と推計されていた外国人労働者は，令和2
年には約172万人まで膨らんだそうです。

　現在，日本は人口が減少する中で労働力が不足しているといわれています。確かに，
M　目的で設けられた技能実習制度ですが，一方で，ただ労働力不足を補完しているだ
けではという声も聞きます。これからの時代は外国人労働者の方とも共生していくようにな
る中で，外国人労働者の人権の保障についても気になりました。

グラフ3　国籍・地域別在留外国人数の推移（総数）

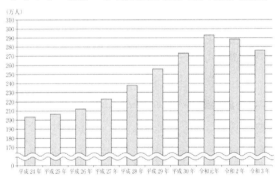

グラフ4　国籍・地域別在留外国人数の推移（上位5カ国・地域）

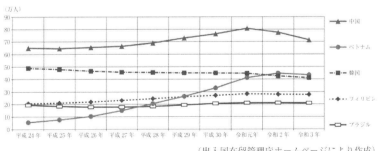

（出入国在留管理庁ホームページにより作成）

K にあてはまる選択肢

ア　毎年増加し，290万人を超えるようになりました

イ　毎年10万人以上増加しつづけています


L にあてはまる選択肢

ウ　ベトナムからの在留外国人数は，10万人以下から40万人を超えるようになった

エ　中国からの在留外国人数は，どの年も70万人を下回っている


M にあてはまる選択肢

オ　日本で学んだ技能・技術を発展途上国の発展につなげてもらう

カ　日本で学んだ技能・技術を日本の産業発展につなげてもらう


| | K | L | M |
|---|---|---|---|
| ① | ア | ウ | オ |
| ② | ア | エ | オ |
| ③ | イ | エ | カ |
| ④ | イ | ウ | カ |

6 次の生徒の会話文を読んで，問1〜問5に答えよ。

裕美：現代社会の授業で出された国際問題に関するレポート，みんな完成した？

信治：僕は江戸時代の商業取引について調べてみたよ。
　　　(a)

裕美：ちょっと待って。科目は現代社会よ。

信治：それが江戸時代にはすでに現在の国際金融に近い形の取り引きが行われていたようなんだ。

公男：僕は国際貿易の原理について調べたよ。
　　　(b)

弘子：私も貿易について，特に運送コストを引き下げた戦後のコンテナ輸送の発達について調べ
　　　　　　　　　　　　　　　　　　　　(c)
　　てみたわ。

大介：僕は戦争を防ぐ仕組みについて考えてみたよ。
　　　(d)

裕美：私も今一番考えなければいけないのは，平和についてだと思ったの。だから私も戦争につ
　　　　　　　　　　　　　　　　　　(e)
　　いて考えてみたわ。


問1 下線部分江戸時代の商業取引に関連して，次の信治のレポート中の ┃ A ┃，┃ B ┃，
　　　　　　　(a)
　　　┃ C ┃ にあてはまるものの組合せとして適切なものを，次のページの①〜④のうちから一
　　つ選べ。解答番号は ┃ 18 ┃ 。


信治のレポート

---

　私は江戸時代の商業について調べてみたところ，現在の国際金融の仕組みに近いものが行われ
ていたと感じました。江戸時代には「大坂の銀遣い，江戸の金遣い」と言われ，江戸（現在の東京）
と上方（大阪や京都）では一部の通貨が異なっていたそうです。一方，経済の中心地だった上方か
らは，多くの財物が江戸に送られました。その代金の支払い方法として使われていたのが「手形」
です。手形とは，定められた期日までに代金を支払うことを約束した証書のことです。

　重くかさばる江戸の金貨を苦労して上方に運んでも，上方の通貨とは異なるので意味がありま
せん。そこで紙の手形を使った下の図のような取り引きが行われていたのです。

図

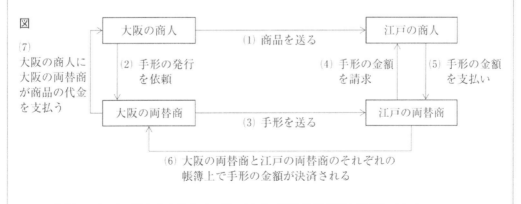

なお大阪から江戸に送金する場合は，逆に江戸の両替商が手形を発行しました。

---

　私はこの仕組みを現在の国際金融にあてはめて考えてみました。日本がアメリカに輸出した商品の代金をアメリカの消費者はドル紙幣で払います。ドルを日本で使う機会は多くありません。そこで代金の支払い手段に使われるのが，いわゆる　A　です。そして江戸時代の両替商の役割を現在の国際取引の場で担っているのが，　B　になります。

　現在の円とドルの交換レートは変動相場制になっています。江戸の金貨と大阪の銀貨の取り引きも同じように変動相場制で行われていたそうです。すると，次のことが言えます。

　大阪を日本，江戸をアメリカとしましょう。もし大阪(日本)から江戸(アメリカ)に売られた商品の総額が増え，その他の取り引きが変化しないとすると，江戸の金貨(アメリカのドル)を売って大阪の銀貨(日本の円)を買う量が　C　。

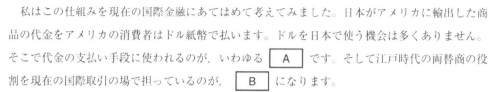

|  | A | B | C |
|---|---|---|---|
| ① | 外国為替 | 商社 | 減り，大阪の銀貨(日本の円)の価値が低くなる |
| ② | 外国為替 | 銀行 | 増え，大阪の銀貨(日本の円)の価値が高くなる |
| ③ | 当座預金 | 商社 | 増え，大阪の銀貨(日本の円)の価値が高くなる |
| ④ | 当座預金 | 銀行 | 減り，大阪の銀貨(日本の円)の価値が低くなる |

**問 2** 下線部分国際貿易の原理に関して，次の**公男のレポート**中の　D　，　E　，
(b)
　F　にあてはまるものの組合せとして適切なものを，次のページの①～④のうちから一
つ選べ。解答番号は　19　。

**公男のレポート**

　国際貿易に関する理論としては，イギリスの経済学者リカードの説が有名です。リ
カードの説に基づいて説明します。A国とB国の2国がワインと毛織物の2種類のみを
生産しているとします。

|  | ワイン1単位の生産に必要な労働力 | 毛織物1単位の生産に必要な労働力 | 生産量 |
|---|---|---|---|
| A国 | 100人 | 120人 | 2単位 |
| B国 | 90人 | 80人 | 2単位 |

　表の中の「単位」とは，ワイン「1樽」や毛織物「一巻き」のように，商品として扱われる
量をあらわします。その際，ワイン「1単位」と毛織物「1単位」は，同じ価値として扱わ
れます。なおリカードは生産に投入した労働力によって財の価値が決まると考えていま
した。

　この表によると，B国の方が，ワインも毛織物も少ない人数で効率よく生産できるこ
とがわかります。もしA国とB国で貿易が行われたらどうなるでしょうか。上の表から
は生産効率が高い（より少ない人数で生産できる）B国の毛織物とワインをA国が輸入す
ることになるように見えます。

　次にそれぞれの国内での生産効率を比べてみましょう。すると　D　がより少ない
労働力で生産できることがわかります。これを比較優位と言います。

　ではそれぞれの国が，比較優位の商品だけを生産したらどうなるでしょうか。なおこ
のようなことを　E　と言います。すると　E　後には，同じ労働力で，ワインは
0.2単位（＝2.2－2），毛織物が0.125単位（＝2.125－2）の増産が可能になります。
そして両国がワインと毛織物を貿易で交換すれば両国とも同じ労働力でより多くの生産
物を手に入れることができます。

　ちなみに経済学では，ある経済行為を選択することによって失われる費用のことを
　F　とよびます。　E　後には，A国は毛織物1単位の生産を，B国はワイン1
単位の生産を諦めることになります。これがこの場合の　F　にあたります。

|   | D | E | F |
|---|---|---|---|
| ① | A国はワイン，B国は毛織物 | 独占 | 生産費用 |
| ② | A国はワイン，B国は毛織物 | 特化 | 機会費用 |
| ③ | A国は毛織物，B国はワイン | 独占 | 機会費用 |
| ④ | A国は毛織物，B国はワイン | 特化 | 生産費用 |

問 3　下線部分コンテナ輸送について述べた次の**弘子のレポート**を読んで，その説明として適切
　　　　　　(c)
なものを次のページの**①**～**④**のうちから一つ選べ。解答番号は　20　。

**弘子のレポート**

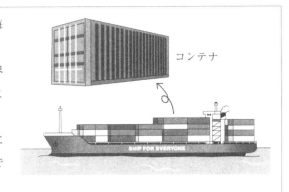

　右の図を見てください。これは現在の海運の中心を担っているコンテナ船です。

　コンテナが発明されたのは，第二次世界大戦後のアメリカ合衆国で，1956 年のことでした。

　それまでは，船に荷物を積み込むときには，人力で荷物を積み込むことが一般的でした。

コンテナ

　一つの貨物船に対して，多いときには 40 人以上の労働者が必要でした。これがコンテナ船の導入により，荷揚げにかかる費用は数か月のうちに 40 分の 1 になったと言われています。

　コンテナのサイズは世界共通のため，ガントリークレーンとよばれる巨大なクレーンさえあれば，短時間に低コストで雨などにも左右されずに荷物の積み替えをすることができます。

　当初は巨大な施設が必要なため，普及に時間がかかりました。ちなみに，日本で初めてコンテナ船が利用されたのは 1967 年 9 月のこと。東京港から 394 個のコンテナを積んで，サンフランシスコに向けて出港したのが最初です。その後は日本経済の発展に合わせて対応する港の施設も増え，増加をしていきました。

　しかし現在では次のような状況にあります。下の**グラフ**と図を見てください。

**グラフ　世界における日本の荷動き量の推移**

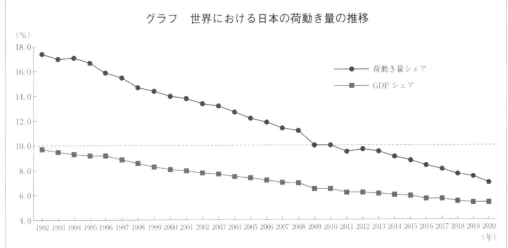

(注)　荷動き量シェアとは全世界の海上輸送量に占める日本発着貨物量の割合。
　　　GDP シェアとは全世界の GDP に占める日本の GDP の割合。

図　世界主要港コンテナ取扱量の推移（1980年，2001年，2020年経年比較）

**1980年**

| | 港 | 国と地域 | 取扱量 |
|---|---|---|---|
| 1 | ニューヨーク | アメリカ合衆国 | 1,947 |
| 2 | ロッテルダム | オランダ | 1,901 |
| 3 | 香港 | 香港 | 1,465 |
| 4 | 神戸 | 日本 | 1,456 |
| 5 | 高雄 | 台湾 | 979 |
| 6 | シンガポール | シンガポール | 917 |
| 7 | サン・ファン | アメリカ合衆国 | 852 |
| 8 | ロングビーチ | アメリカ合衆国 | 825 |
| 9 | ハンブルク | ドイツ | 783 |
| 10 | オークランド | アメリカ合衆国 | 782 |
| 12 | 横浜 | 日本 | 722 |
| 16 | 釜山 | 韓国 | 634 |
| 18 | 東京 | 日本 | 632 |

**2001年**

| | 港 | 国と地域 | 取扱量 |
|---|---|---|---|
| 1 | 香港 | 中国 | 18,000 |
| 2 | シンガポール | シンガポール | 15,520 |
| 3 | 釜山 | 韓国 | 7,906 |
| 4 | 高雄 | 台湾 | 7,540 |
| 5 | 上海 | 中国 | 6,331 |
| 6 | ロッテルダム | オランダ | 5,944 |
| 7 | ロサンゼルス | アメリカ合衆国 | 5,183 |
| 8 | 深圳 | 中国 | 5,076 |
| 9 | ハンブルク | ドイツ | 4,689 |
| 10 | ロングビーチ | アメリカ合衆国 | 4,462 |
| 18 | 東京 | 日本 | 2,770 |
| 21 | 横浜 | 日本 | 2,400 |
| 25 | 神戸 | 日本 | 2,100 |

**2020年**

| | 港 | 国と地域 | 取扱量 |
|---|---|---|---|
| 1 | 上海 | 中国 | 43,503 |
| 2 | シンガポール | シンガポール | 36,871 |
| 3 | 寧波 | 中国 | 28,720 |
| 4 | 深圳 | 中国 | 26,550 |
| 5 | 広州 | 中国 | 23,505 |
| 6 | 青島 | 中国 | 22,010 |
| 7 | 釜山 | 韓国 | 21,824 |
| 8 | 天津 | 中国 | 18,353 |
| 9 | 香港 | 中国 | 17,953 |
| 10 | ロッテルダム | オランダ | 14,349 |
| 44 | 東京 | 日本 | 4,262 |

（注）　取扱量の単位は 20 フィートコンテナ 1000 個分。

（日本海事広報協会『日本の海運 SHIPPING NOW 2022-2023』により作成）

① グラフによると 1990 年代には世界の 16 % 以上を占めていた日本の荷動き量シェアは，2000 年代には 10 % を切っている。図によると 1980 年，2001 年，2020 年のすべての年でベスト 10 に入っている港は，シンガポールのみである。

② グラフによると日本の GDP シェアは低下を続け，2000 年代には 5 % 以下になっている。図によると 2020 年 10 位のロッテルダムの取扱量は，2001 年の 3 倍以上になっており，また 2001 年 1 位の香港の取扱量よりも多いことがわかる。

③ 図によると 1980 年の取扱量のトップはアメリカ合衆国の港であったが，2001 年と 2020 年では，アメリカ合衆国の港はベスト 10 からは消えている。一方，1980 年に中国の港は一つも 10 位以内に入っていなかったが，2020 年には中国の港がベスト 10 のうち，5 港を占めている。

④ 図によると 1980 年では 4 位の神戸を筆頭に横浜と東京が取扱量の 20 位以内に入っていたが，2001 年になると，アジアの香港・シンガポール・釜山が世界のトップ 3 になり，日本の港は東京だけが 20 位以内であった。

問4 下線部分戦争を防ぐ仕組みに関連して，次の**大介のレポート**中の G ， H ，
$\underset{(d)}{}$ I ， J にあてはまるものの組合せとして適切なものを，次のページの①〜④の
うちから一つ選べ。解答番号は 21 。

**大介のレポート**

国際社会で平和を築くためには，自国のことだけでなく，他国がどのように行動する
かを考えるべきだと思います。その上で私は，どの国も自国の利益を最大化する戦略を
立てると仮定しました。そして，軍事に使用する資源を他の経済活動に使用した方が国
民の生活が豊かになるという前提で，考えてみようと思いました。

第二次世界大戦後のアメリカとソ連を例に考えました。それぞれの国の選択肢は二つ
です。第一は，相手を信用して軍拡をやめること。第二は，相手を信用せずに軍拡を続
けることです。先ほどの前提によると， G 。

時には深刻な対立が起きることもあります。第二次世界大戦後，瀬戸際外交とよばれ
る戦略がとられたこともありました。1962年，ソ連による H でのミサイル基地
建設に際して，アメリカは戦争も辞さない態度をとります。結果として，ソ連がミサイ
ルの配置を諦め，人類は破滅的な戦争を免れました。軍事力，特に核ミサイルによる抑
止は，このような危険と隣り合わせでもあるのです。

ここまではアメリカとソ連という巨大な軍事力を持つ国を例に考えました。ではそこ
までの軍事力を持たない国はどのような方法があるのでしょうか。一つは強大な軍事力
を持つ国々と軍事的な協力関係を組む方法があります。第二次世界大戦後にアメリカを
中心とする西側資本主義諸国によって結成された I はその例です。

それに対して世界のほとんどの国が加盟する国際組織によって戦争のない国際秩序を
求める方法もあると思います。例えば日本は戦後1957年に J を外交原則として
表明しています。

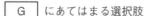

G にあてはまる選択肢

ア　理想的な戦略は，軍事費を節約し，その資源を経済的な成長に振り向けるために，相手を信用して軍拡を放棄することですが，冷戦期のアメリカとソ連は，核兵器をはじめとする軍拡競争によって軍事力の均衡をめざしました

イ　理想的な戦略は，相手がこちらを裏切って軍事費を拡大しても対応できるように，相手を信用せず，軍拡をつづけることですが，冷戦期のアメリカとソ連は軍縮交渉を続け，結果として両国とも軍事費の削減と経済成長を手にしましたが，両国の軍事力の均衡は崩れてしまいました

H にあてはまる選択肢

ウ　キューバ

エ　ベトナム

I にあてはまる選択肢

オ　EU

カ　NATO

J にあてはまる選択肢

キ　国連中心主義

ク　日米安全保障条約

| | G | H | I | J |
|---|---|---|---|---|
| ① | ア | ウ | カ | キ |
| ② | ア | エ | オ | ク |
| ③ | イ | ウ | カ | ク |
| ④ | イ | エ | オ | キ |

問 5 下線部分平和に関連して，次の**裕美のレポート**中の K ， L にあてはまるもの
の組合せとして適切なものを，下の①～④のうちから一つ選べ。解答番号は 22 。
(e)

**裕美のレポート**

　　私は，平和について考えるためにイマヌエル・カント(1724-1804)の『永遠平和のため
に』を読んでみました。カントは平和のために「常備軍の廃止」「共和的な政治の実現」
「平和のための連合創設」「軍事国債の禁止」「内政干渉の禁止」などを唱えます。これら
のうち K が平和につながるのは，戦争は多くの人の家族の命や生活を危険にさら
すため，多くの国民が戦争に反対すると考えられるからです。また L が平和につ
ながるのは，戦争は大量の資源を国家が消費するため，安易な資金調達を認めず，増税
など人々が経済的にも負担するルールを持てば，軍事費の増大に歯止めをかけられるか
らです。

|  | K | L |
|---|---|---|
| ① | 共和的な政治の実現 | 常備軍の廃止 |
| ② | 共和的な政治の実現 | 軍事国債の禁止 |
| ③ | 内政干渉の禁止 | 軍事国債の禁止 |
| ④ | 内政干渉の禁止 | 常備軍の廃止 |

7　次の会話文を読んで，問1～問2に答えよ。

先　生：来月には現代社会の授業でSDGs（エスディージーズ）に関する「課題探究」の発表をしてもらいます。それに向けて，先週は，SDGsにつながる取組みに，どんなものがあるか調べる課題を出しました。皆さん，考えてきましたか？　SDGsといえば，このマークですね。この地球で暮らし続けていくために，2030年までに達成すべき目標です。

ゆりこ：まずは，SDGsの「G」，どんなゴールがあるか整理しました。

さなえ：タブレットで調べると，「1 貧困をなくそう」に始まって，「7 エネルギーをみんなにそしてクリーンに」「16 平和と公正をすべての人に」などの目標が，そして，最後に「17 パートナーシップで目標を達成しよう」の全部で17の目標が定められているようです。

先　生：それでは，具体的にどんなことを調べようと思ったのか，教えてください。

ゆりこ：私の住んでいる地域ではプラスチックごみのうち，透明のプラスチックを分けておいて，スーパーマーケットの前にある箱に入れて資源リサイクルを行っています。どのようなリサイクルをしているか，もっと調べるといいと思いました。

先　生：それは，SDGsの目標だと「　　A　　」に関連していそうですね。

さなえ：私は，放課後に図書室に行ってみたのですが，こんな本を見つけました。今まさに求められる取組みだと思いました。

ゆりこ：海を越えるって，どこに行ったのかしら。

さなえ：このように紹介がされていました。

　「日本では，小学校に入学するときに当たり前に準備するランドセル。6年間苦楽を共にしてきたランドセルを，長い間戦場となって疲弊した国・アフガニスタンに文具と共に贈る活動があります。10年以上，アフガニスタンに通い，その活動も取材し続けているカメラマン・内堀タケシによる写真絵本。日本からやってきたランドセルは，学校に行くこともままならないアフガニスタンの子どもたちにとって，宝物。カバンとして使われることはもちろん，丈夫

なので机としても使われています。わたしたち，日本で生活する者にとっては，学校に行くことはごく普通の日常生活。でも，世界には学校へ行くことが難しかったり，学校そのものを造ることすら困難な国もあります。そんな状況の中で，子どもたちは何を想い，学校へ通っているのかを日常を優しく切り取った写真と共に伝えます。「学校」とは？　「学ぶ」とは？　そして，「幸せ」とは？　あらためて考えさせられる写真絵本。」

（内堀タケシ『ランドセルは海を越えて』により作成）

先　生：よく見つけましたね。この活動は，SDGsの目標だと，何の達成に関係するだろう？

ゆりこ：ランドセルを机に使うのは驚いたけど，勉強に関するから，間違いなく「　B　」ね。

さなえ：その通りだけど，支援者の考えについてのネットの記事があって，そこには，「寄付で集まったランドセルは男女平等に子どもたちに配付される。男の子も女の子も同じようにランドセルを背負って学校へ行く姿を地域の人々に見せることで，「女の子も学校に行っていいんだ」という意識を醸成することも狙いの一つだという。」とありました。だから，「　C　」に特に関連しているんじゃないかと思います。

先　生：その視点も，重要ですね。考え甲斐のあるテーマだから，なぜ，学校に行けないのか，そこからどのような影響が予想されるのか，付箋にたくさん書き出したらどうでしょう。

ゆりこ：わかりました！

さなえ：先生，付箋に教育を受けることのできない原因とその影響について書き出してみましたが，こんな感じでいいでしょうか？

先　生：そうですね。教育を受けられないことは「収入の安定した仕事につけない」や「十分な栄養がとれない」にもつながります。12個書き出せたけど，つなぎ合わせてみたら，どうなるだろう。
(a)

ゆりこ：付箋を矢印でつないでみました。教育だけの話だと思っていたけど，「3すべての人に健康と福祉を」にもつながっていそうです。世代を超えて貧困がくり返されているとしたら，「1貧困をなくそう」と強く関係し，一つの活動をはじまりに，その地域に住む人の未来をつくっているといえます。

先　生：貧困の再生産に気づいたようですね。「負の連鎖」ともいわれることがあります。

さなえ：発表は，私たちの活動と離れた地域の子どもたちや将来世代の関係を結論にしたいと思います。SDGsの目標それぞれが，他の目標達成とも連動しているとともに，現在の取組みが将来に大きな意味をもつことについて，まとめるのはどうでしょうか。また，輸送費は寄付者が負担するなど，具体的なランドセル寄付の仕方の話もできそうです。

先　生：それでは，発表に向けて，計画的に準備していってください。

問1 会話文中の A ， B ， C にあてはまる「目標」の組合せとして適切なものを，下の①～④のうちから一つ選べ。解答番号は 23 。

A にあてはまる選択肢

ア　2飢餓をゼロに

イ　12つくる責任　つかう責任

B にあてはまる選択肢

ウ　4質の高い教育をみんなに

エ　6安全な水とトイレを世界中に

C にあてはまる選択肢

オ　5ジェンダー平等を実現しよう

カ　13気候変動に具体的な対策を

| | A | B | C |
|---|---|---|---|
| ① | ア | ウ | カ |
| ② | ア | エ | オ |
| ③ | イ | エ | カ |
| ④ | イ | ウ | オ |

問 2 下線部分12個書き出せたけど，つなぎ合わせてみたら，どうなるだろうに関連して，次
(a)
の付箋は，ゆりこ，さなえが作成したものの一部である。付箋を用いて，教育が受けられな
いことで起きる「負の連鎖」のしくみ（図１）をまとめたが，付箋の入っていない箇所がある。
図１中の D ， E ， F にあてはまるものの組合せとして最も適切なもの
を，次のページの①〜④のうちから一つ選べ。解答番号は 24 。

付箋

図１ 教育が受けられないことで起きる「負の連鎖」のしくみ（一部，空欄にしてある）

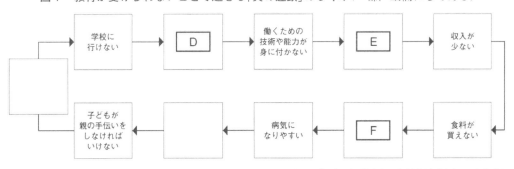

(JICA『国際理解教育実践資料集（初版）』により作成)

D にあてはまる選択肢

ア　自分の子どもも学校に行けない

イ　読み書きができない

E にあてはまる選択肢

ウ　収入の安定した仕事につけない

エ　学校に行く時間がない

F にあてはまる選択肢

オ　仕事ができない

カ　十分な栄養がとれない

| | D | E | F |
|---|---|---|---|
| ① | ア | ウ | オ |
| ② | ア | エ | カ |
| ③ | イ | ウ | カ |
| ④ | イ | エ | オ |

# 令和5年度 第2回
# 解答・解説

**【重要度の表記】**

A：重要度が高く確実に正答したい設問。しっかり
　　復習する必要のある問題です。

B：重要度はＡレベルよりすこし下で、やや難易度
　　が高い設問または内容を読み取る設問。高得点
　　を狙う人は復習しましょう！

C：重要度が低い、または難解な設問。軽く復習す
　　る程度でよいでしょう！

## 令和5年度　第2回　高卒認定試験

―――――――――――――――― 【　解　答　】 ――――――――――――――――

| 1 | 解答番号 | 正答 | 配点 | 2 | 解答番号 | 正答 | 配点 | 3 | 解答番号 | 正答 | 配点 | 4 | 解答番号 | 正答 | 配点 |
|---|---|---|---|---|---|---|---|---|---|---|---|---|---|---|---|
| 問1 | 1 | ① | 4 | 問1 | 4 | ① | 4 | 問1 | 7 | ④ | 5 | 問1 | 10 | ② | 4 |
| 問2 | 2 | ③ | 4 | 問2 | 5 | ② | 5 | 問2 | 8 | ③ | 4 | 問2 | 11 | ① | 4 |
| 問3 | 3 | ③ | 4 | 問3 | 6 | ③ | 4 | 問3 | 9 | ② | 4 | 問3 | 12 | ② | 4 |

| 5 | 解答番号 | 正答 | 配点 | 6 | 解答番号 | 正答 | 配点 | 7 | 解答番号 | 正答 | 配点 |
|---|---|---|---|---|---|---|---|---|---|---|---|
| 問1 | 13 | ① | 4 | 問1 | 18 | ② | 4 | 問1 | 23 | ④ | 4 |
| 問2 | 14 | ③ | 4 | 問2 | 19 | ② | 4 | 問2 | 24 | ③ | 4 |
| 問3 | 15 | ④ | 4 | 問3 | 20 | ④ | 5 | - | - | - | - |
| 問4 | 16 | ④ | 4 | 問4 | 21 | ① | 4 | - | - | - | - |
| 問5 | 17 | ① | 5 | 問5 | 22 | ② | 4 | - | - | - | - |

―――――――――――――――― 【　解　説　】 ――――――――――――――――

## 1

問1　空欄Aには、「灌漑農業」が当てはまります。灌漑とは、川や湖などから人工的に水を引くことです。過度な灌漑が行われると、地下水の枯渇や塩害などが発生する恐れがあります。空欄Bについて、図1と図2を比較すると、南アラル海の縮小は特に「東側」で著しいことがわかります。したがって、正解は①となります。なお、「焼畑農業」とは森林や土地の草木を焼き払い、灰を肥料として作物を栽培する農業で、おもに熱帯地域で行われています。

**解答番号【1】：①**　　⇒ 重要度B

問2　適切でないものを選びます。③にはカイツブリの死因について「食料となるプランクトンやナマズが減少した」とありますが、説明文9行目から10行目にかけて、「死んだカイツブリの脂肪組織を調べたところ、湖水中の濃度の約178,500倍ものDDDが検出されました」とあります。また、図3を見ると、カイツブリは湖水に流し込まれたDDDを取り込んだ捕食性魚類を食べていることがわかります。よって、③は誤りです。したがって、正解は③となります。

**解答番号【2】：③**　　⇒ 重要度A

問3　【ア】のラムサール条約は、水鳥の生息地として重要な湿地の保護について定めた条約です。よって、該当する資料は「資料4」です。【イ】のワシントン条約は、絶滅危惧種

の国際取引に関する条約です。よって、該当する資料は「資料3」です。【ウ】のモントリオール議定書は、オゾン層破壊の原因となるフロンを規制する協定です。よって、該当する資料は「資料2」です。したがって、正解は③となります。

**解答番号【3】：③**　　⇒ 重要度A

---

2

問1　空欄Aについて、「善く生きること」を重視し、問答法によって相手に無知を自覚させ、真理を発見することを促した人物は「ソクラテス」です。空欄Bについて、唯一完全な実在を「イデア」と名付けた人物は「プラトン」です。空欄Cについて、プラトンのイデア論に対し、真実は現実に実在すると説いた人物は「アリストテレス」です。彼は他にも、人間は「ポリス（社会的）な動物」と表現しました。したがって、正解は①となります。

**解答番号【4】：①**　　⇒ 重要度B

問2　博之さんの発言について、現代社会では教育や就業機会などをはじめとする男女平等の社会がめざされています。よって、博之さんの発言は誤りです。悠輔さんの発言について、現代は就学期間の延びにより青年期が長くなる傾向があり、この間に青年は自らの価値観をつくりあげ、自我を確立していきます。よって、悠輔さんの発言は誤りです。優月さんの発言について、青年期の始まりと終わりは成人式や就職などによって明確に区切られているわけではありません。よって、優月さんの発言は誤りです。したがって、正解は②となります。

**解答番号【5】：②**　　⇒ 重要度A

問3　空欄Dについて、会話文3行目から4行目にかけて「グラフ1を見ると、「不満（小計）」の割合が最も大きいのは40～49歳の年齢層だ」とあります。この年齢層について、「ア」には、他の年齢層と比較して「『ゆとりがない（小計）』の割合が最も小さくなっている」とありますが、グラフ2を見ると46.4％であり、他の年齢層と比較して最も大きくなっています。よって、「ア」は誤りです。空欄Eについて、「エ」には「18～29歳は、グラフ2では『ゆとりがある（小計）』の割合が最も大きくなっている」（71.4％）とありますが、グラフ2を見ると、最も数値が大きいのは70歳以上（77.8％）です。よって、「エ」は誤りです。したがって、正解は③となります。

**解答番号【6】：③**　　⇒ 重要度A

## 3

問1　適切でないものを選びます。メモ10行目から11行目にあるとおり、民主的な意思決定を行う際には、十分な討論によって合意をつくる努力が大切です。④は、貸出図書の返却延滞に対しペナルティを科すことについて、十分な話し合いが行われないまま決定に至っています。よって、④は誤りです。したがって、正解は④となります。

**解答番号【7】：④**　　⇒ ■重要度A

問2　①について、インターネットによる投票は認められていませんが、SNSやウェブページを通じた選挙運動は禁止されていません。よって、①は誤りです。②について、戸別訪問は公職選挙法によって禁止されています。よって、②は誤りです。④について、立候補者が当選後に実行する政策をまとめたマニフェストの配布は禁止されていません。よって、④は誤りです。したがって、正解は③となります。

**解答番号【8】：③**　　⇒ ■重要度B

問3　「イ」は、グラフ2について「『そう思う』、『どちらかといえばそう思う』と回答した割合の合計が50％を超えているのはアメリカのみである」とありますが、グラフ2を見ると、イギリス・ドイツ・フランスも50％を超えています。よって、「イ」は誤りです。「ウ」はグラフ3について「『そう思う』、『どちらかといえばそう思う』と回答した人の割合が、『どちらかといえばそう思わない』、『そう思わない』と回答した人の割合の合計を上回るのは日本のみである」とありますが、グラフ3を見ると、スウェーデン以外の国々も上回っています。よって、「ウ」は誤りです。したがって、正解は②となります。

**解答番号【9】：②**　　⇒ ■重要度A

## 4

問1　空欄Aには、1776年に出された「アメリカ独立宣言」が当てはまります。アメリカ独立宣言は、その文章の中に、人々の権利は「天賦の権利」として与えられたとする特徴があります。したがって、正解は②となります。なお、フランス人権宣言はフランス革命のなかで1789年に宣言されました。マグナ・カルタは1215年に王の権力の濫用禁止を求めて表明されました。権利章典は1689年に王の圧政に対して出された文章で、議会の承認なしに法律の制定や課税ができないことが定められています。

**解答番号【10】：②**　　⇒ ■重要度C

問2　適切でないものを選びます。日本国憲法第99条には「天皇又は摂政及び国務大臣・国会議員・裁判官その他の公務員は、この憲法を尊重し擁護する義務を負ふ」とあります。ここに国民は含まれていません。したがって、正解は①となります。

**解答番号【11】：①**　　⇒ ■重要度B

問3　消費者契約法では、不当な方法によって締結された契約については取り消しができることを定めています。「イ」は不退去・妨害によって契約されたものであり、契約の取り消しを求めることができます。したがって、正解は②となります。

**解答番号【12】：②**　　⇒ ■重要度B

5

問1　空欄Aについて、「所得倍増計画」は高度経済成長期にあたる 1960 年に、池田内閣によって出された政策であり、1961 ～ 70 年の間に一人あたりの所得を 2 倍にすることがめざされました。空欄Bについて、日本は企業ごとに労働組合が組織されてきました。空欄Cについて、小泉内閣が改正したのは「労働者派遣法」です。これは、労働者を一定期間企業に派遣する派遣労働に関する法律であり、小泉内閣の改正では、特定の業種に限られていた派遣労働の緩和が行われました。空欄Dについて、労働紛争の調停や仲裁を行うのは「労働委員会」です。したがって、正解は①となります。なお、「ドッジ・ライン」とは戦後の日本で出された経済復興対策のひとつで、1 ドル＝ 360 円の為替ルートの設定や、インフレ収束のための緊縮財政が行われました。「ハローワーク」とは求職者に向けた求人紹介や職業訓練を行う組織です。

**解答番号【13】：①**　　⇒ **重要度B**

問2　①について、高度経済成長期は第二次産業と第三次産業が成長し、一次産業（農林水産業）の割合は徐々に減少していきました。よって、①は誤りです。②について、高度経済成長期は軽工業から重工業へと産業が転換していきました。よって、②は誤りです。④について、日米貿易摩擦は、高度経済成長期にあたる 1960 ～ 70 年代におこりました。情報関連サービスの広がりは、インターネットが世界に解禁された後の 1990 年代であり、高度経済成長期よりも後となります。よって、④は誤りです。したがって、正解は③となります。

**解答番号【14】：③**　　⇒ **重要度C**

問3　プラザ合意は、ドル安を促すために各国が結んだ取り決めです。この影響により、日本では円高不況がおこりました。不況対策として、日本銀行は金融緩和策を行うことで企業や個人が資金を借りやすくなるよう取り計らいましたが、余剰資金が投資に向かったことにより、土地や株の価格が大幅に上昇し、バブル経済がおこりました。バブル経済は日本銀行が金融引き締め策を行ったことで終わり、その後は長い不況（平成不況）へと入っていきました。したがって、正解は④となります。

**解答番号【15】：④**　　⇒ **重要度A**

問4　空欄Hについて、「ア」にはグラフ 1 の 2010-14 年の項目について「第一子を出産した妻全体の中で、出産後継続就業率は 53.1％である」とありますが、53.1％の数値は「出産前有職者」に占める出産後継続就業率です。よって、「ア」は誤りです。空欄Iについて、グラフ 1 を見ると、出産退職をした人は 2010-14 年は 33.9％であり、1995-99 年の 39.3％ と比較すると、5.4 ポイント減少しています。「エ」はこの項目について「10 ポイント減っており」とありますので、誤りです。空欄Jについて、男性の育児休業の取得率の変化は「育児・介護休業法」の改正によるものと考えられます。したがって、正解は④となります。なお、「男女雇用機会均等法」は、雇用の上で男女差別を禁じる法律で、1985 年に制定されました。

**解答番号【16】：④**　　⇒ **重要度A**

問5　空欄Kについて、「イ」にはグラフ 3 の平成 24 年から令和元年の数値について、「毎年10 万人以上増加しつづけています」とありますが、平成 24 年から平成 26 年の増加人数

は前年と比較して10万人未満となっています。よって、「イ」は誤りです。空欄Lについて、「エ」にはグラフ4の平成24年から令和3年の数値について「中国からの在留外国人数は、どの年も70万人を下回っている」とありますが、平成29年から令和3年は70万人を上回っています。よって、「エ」は誤りです。空欄Mについて、技能実習制度は日本の産業発展を目的とするものではなく、発展途上国の経済発展を目的とされた制度です。よって、「カ」は誤りです。したがって、正解は①となります。

**解答番号【17】：①**　　⇒ 重要度A

# 6

問1　空欄AとBについて、現金での取引ではなく、振込や手形、小切手などによって決済する方法を為替といいます。そのうち外国との取引は「外国為替」といい、取引は「銀行」を介して行われます。空欄Cには、レポート14行目から15行目より「大阪（日本）から江戸（アメリカ）に売られた商品の総額が増え」たときについて考えます。江戸は大阪に対して支払いをするために、大阪での支払い手段である銀を買う量を増やします。すると、大阪の銀貨の需要が高まりますので、銀貨の価値はモノやサービスと同様に高くなります。したがって、正解は②となります。

**解答番号【18】：②**　　⇒ 重要度B

問2　空欄Dについて、1単位の生産に必要な労働力を比較すると、A国はワイン100人、毛織物は120人必要であり、ワインの方が少ない労働力で生産できるとわかります。同様に、B国はワイン90人、毛織物は80人必要であり、毛織物の方が少ない労働力で生産できるとわかります。空欄Eは、得意な商品の生産に集中することである「特化」が当てはまります。空欄Fには、ある経済行為を選択することによって失われる費用である「機会費用」が当てはまります。したがって、正解は②となります。なお、「独占」とは市場を少数の大企業が支配している状態です。「生産費用」とは、あるものを作る際にかかった材料費や人件費などの費用です。

**解答番号【19】：②**　　⇒ 重要度A

問3　①には、「1980年、2001年、2020年のすべての年でベスト10に入っている港は、シンガポールのみである」とありますが、図を見ると、他にもロッテルダムと香港がベスト10に入っています。よって、①は誤りです。②について、2020年のロッテルダムの数値は14,349、2001年の数値は5,944です。②には、2001年の数値に対して2020年の数値は「3倍以上になっており」とありますが、3倍以下です。よって、②は誤りです。③には「2001年と2020年では、アメリカ合衆国の港はベスト10からは消えている」とありますが、図の2001年を見ると、ロサンゼルスとロングビーチ（アメリカ合衆国）がランクインしています。よって、③は誤りです。したがって、正解は④となります。

**解答番号【20】：④**　　⇒ 重要度A

問4　空欄Gの手前の文章に「先ほどの前提によると」とあります。空欄からさかのぼってレポートを見ると、2行目から4行目にかけて「どの国も自国の利益を最大化する戦略を立てる」「軍事に使用する資源を他の経済活動に使用した方が国民の生活が豊かになる」と

いう前提を確認できます。「イ」は、「軍拡をつづける」とありますので誤りです。空欄H
について、1962年にソ連が「キューバ」にミサイル基地を建設したことにより、キュー
バ危機が起こりました。キューバ危機では米ソ核戦争の恐れがありましたが、ソ連がミサ
イル基地を撤去したことにより、衝突は回避されました。空欄Ⅰには、第二次世界大戦後
に西側資本主義諸国によって結成された「NATO」が当てはまります。空欄Jには「国
連中心主義」が当てはまります。この他に、日米同盟の堅持、アジア重視を合わせた3つ
が戦後日本の外交基本原則です。したがって、正解は①となります。なお、「EU」とは欧
州連合のことで、ヨーロッパの経済的・政治的協力を促す地域連合です。

**解答番号【21】：①**　　⇒ **重要度B**

問5　空欄Kについて、レポート5行目に「多くの国民が戦争に反対すると考えられる」とあ
ります。これは、多くの国民が政治に参加することで実現される平和に関する内容である
ため、「共和的な政治の実現」と合致します。空欄Lについて、レポート6行目から8行
目にかけて、戦争により資源が消費されることと、それを抑止することの大切さが説かれ
ています。よって、空欄Lには「軍事国債の禁止」が当てはまります。したがって、正解
は②となります。

**解答番号【22】：②**　　⇒ **重要度A**

## 7

問1　空欄Aについて、空欄Aの2行前を見ると、資源のリサイクルについて書かれています。
よって、空欄Aには「12 つくる責任　つかう責任」が当てはまります。空欄Bは、空欄
B前後の文章より勉強に関する開発目標が当てはまることがわかります。よって、「4 質
の高い教育をみんなに」が当てはまります。空欄Cについて、空欄Cの前後の文章より、
女の子も男の子と同じように学校に行くことの大切さが書かれていることから、「5 ジェ
ンダー平等を実現しよう」が当てはまります。したがって、正解は④となります。

**解答番号【23】：④**　　⇒ **重要度A**

問2　空欄Dについて、学校に行けないことによって、学校で習うことができるはずである「読
み書きができない」問題が生じます。空欄Eについて、働くための技術や能力が身に付か
ないことで、特別な技術や能力を必要としない低収入の仕事につかざるをえない問題が生
じます。よって、空欄Eには「収入の安定した仕事につけない」が当てはまります。空欄
Fについて、食料が買えないと満足な食事ができず、「十分な栄養がとれない」問題が生じ、
栄養不足は病気につながります。したがって、正解は③となります。

**解答番号【24】：③**　　⇒ **重要度A**

# 令和5年度 第1回
# 高卒認定試験

## 公共

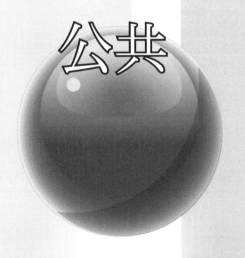

# 解答時間　50分

# 現 代 社 会

$$\left(解答番号\ \boxed{1}\ \sim\ \boxed{24}\ \right)$$

[1] 次の会話文を読んで，問1〜問3に答えよ。

はるか：ペットを飼える家に引っ越したから，猫を飼おうと思っているの。猫をもらおうか，ペットショップで購入するか考え中なんだ。優一さんが猫を飼うきっかけは何だったのかな。

優　一：うちの猫は保護猫といって，引き取り手のない猫を譲渡会という集まりでもらい受けたんだ。ちょうどこんな統計があるから見てくれるかな。

グラフ1　全国の犬・猫の返還・譲渡数の推移

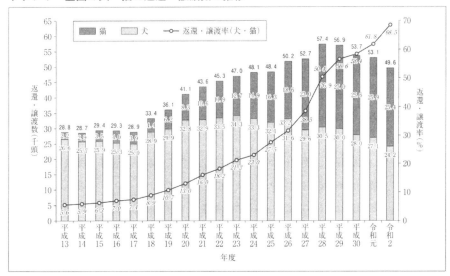

グラフ2　全国の犬・猫の殺処分数の推移

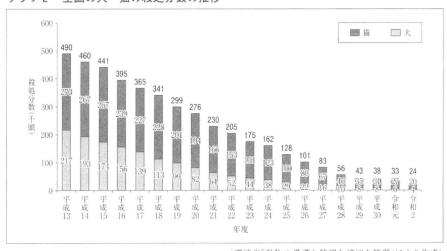

（環境省「動物の愛護と管理と適切な管理」により作成）

令和5年度第1回試験

優　一：**グラフ1**にある「返還・譲渡率」の「返還」は逃げ出した犬や猫が飼い主のもとに戻ること
　　　　をいうよ。「譲渡」は保護された犬や猫が新しい飼い主にもらわれることだね。**グラフ1**
　　　　を見ると，　　A　　ということがわかると思うんだ。

はるか：**グラフ2**を見るとここ最近の傾向は　　B　　ようね。飼いたいと思う動物と譲渡会を通
　　　　じて出会うのもペットとの出会いのチャンスだと思う。本気で調べてみるね。

優　一：そうするといいと思うよ。ところで我が家の猫なんだけど，かなりの高齢で入退院を繰
　　　　り返しているんだ。

はるか：ペットも高齢になると体の問題が多くなってくるね。ペットを飼うことは，彼らの命の
　　　　問題も一緒に考えていくということだよね。うちの近所にはペットロス（ペットを失っ
　　　　た後の心理的喪失感）で苦しむ人もいて，毎日思い出すと話しているよ。

優　一：インターネットでこんな記事を見つけたけど，読んでみてくれるかな。

---

**ペットのクローン販売が拡大　犬580万円，猫380万円依頼続々**

　世界では(a)バイオテクノロジーを駆使したクローン動物が売買されているケースが増えて
いる。

　広がりを見せるクローン動物だが，課題も少なくない。その一つが成功率の低さだ。代理
母は流産する割合が高いとされ，ある国の販売企業は「無事に生まれるのは3割」と認める。
失敗に備えて複数の代理母を用意するのが一般的だ。クローン1匹作るのに，多くの雌に負
担を強いているのが実態だ。

　各国はクローン人間の作製を法律などで禁じているが，クローン動物には明確な規定がな
い。国際的なルールの必要性が指摘されるが，動物の命や人との関わり方については，文
化・宗教面から各国で考え方が異なり，議論は進んでいない。

　クローン犬2匹を購入した顧客が「将来に備えて自分の細胞を残そうという気持ちは全く
ない。人間の寿命は自然なものだ」と笑い飛ばした。しかし，愛犬については考えが異な
る。もし今回の2匹が死んだら，また新たなクローンを依頼するか。そう尋ねると言葉を濁
した。「その時になったら考える。」

　クローンの広がりが命との向き合い方を問いただしている。

（「西日本新聞」2020年4月20日により作成）

---

はるか：世界ではこんなことが起こっているんだね。びっくりしたよ。

優　一：この記事によると，(b)クローン遺伝子を持ったペットを育てることができることはペッ
　　　　トロスから立ち直る希望が持てるとはいえ，自分の気持ちやお金次第で，多くの命がそ
　　　　の感情に巻き込まれてしまうことになるね。

はるか：保護猫を譲渡会でもらうとか近所から譲り受けるとか，自然に生まれた命と暮らすこと
　　　　を考えようかな。

優　一：僕はもう少し詳しくペットのクローンについて考えてみようと思うよ。

問1 会話文中の A ， B にあてはまるものの組合せとして適切なものを，下の①～④のうちから一つ選べ。解答番号は 1 。

A にあてはまる選択肢

ア 平成28年度以降，犬・猫を合わせた返還・譲渡数は減少しているが，返還・譲渡率が増加しているので，保護されたまま飼い主のいない犬・猫の数は減少した

イ 平成18年度以降，犬・猫ともに返還・譲渡数は増加し続け，それとともに返還・譲渡率も増加しているので，保護されたまま飼い主のいない犬・猫の数は増加した

B にあてはまる選択肢

ウ 平成13年度からの20年間で犬・猫を合わせた殺処分数は10分の1以下に減ってきている

エ 平成13年度から犬の殺処分数は半分以下に減ったが，猫の殺処分数は20年間変化がない

|   | A | B |
|---|---|---|
| ① | ア | ウ |
| ② | ア | エ |
| ③ | イ | ウ |
| ④ | イ | エ |

問2 下線部分(a)バイオテクノロジーについて述べた文として適切でないものを，次の①～④のうちから一つ選べ。解答番号は 2 。

① クローン技術で生まれた「個体」は「親」と同じ遺伝情報を持っている。

② クローン技術は安全面や倫理面で問題がないので，人間だけでなく多くの生物に応用されている。

③ 遺伝子組み換え技術は，病気に強い作物への改良や難病・遺伝病治療など，多くの可能性が期待されている。

④ 「人間の設計図」とよばれ，遺伝情報のすべてが含まれるヒトゲノムの解読作業は既に完了している。

問 3　下線部(b)クローン遺伝子を持ったペットに関連した，次の優一さんのメモ中の　C　，
　　　　D　にあてはまるものの組合せとして適切なものを，下の①～④のうちから一つ選べ。
　　　解答番号は　3　。

優一さんのメモ

> 　自分の猫が年老いてきて，もしもの時のことを考えるようになり，ペットロスで心に
> ダメージを受ける人の気持ちもよく理解できる。そして，記事の内容からペットロスの
> 解消のためにクローンを依頼する飼い主は身近にはいないが，世界には存在することが
> わかった。
> 　体細胞を利用した　C　による再生医療の実用化に向けて開発が進むなど，人間の
> 健康や生命に関わる医療が進展し，難病治療に役立つ技術が今後も増えることが期待さ
> れる。失ったペットのクローンが誕生し，ペットロスの悲しみを和らげることができる
> ようになり，飼い主の欲求はある程度満たされるが，その技術を可能にするためには代
> 理母となる動物の命だけでなく，クローンとして生まれてくる新しい命が失われること
> もある。もしクローンの子供が手に入っても，死んだペットが生き返るわけではない。
> 「また命をつくることができる」という感覚が，将来　D　の観点から大きな社会問題
> に発展する可能性があるのではないか，と感じた。

　　　C　にあてはまる選択肢

ア　ES 細胞

イ　iPS 細胞

　　　D　にあてはまる選択肢

ウ　インフォームド・コンセント

エ　生命倫理

|  | C | D |
|---|---|---|
| ① | ア | ウ |
| ② | ア | エ |
| ③ | イ | ウ |
| ④ | イ | エ |

2 　次の会話文を読んで，問1〜問3に答えよ。

直：このあいだ，「現代社会」の授業で哲学対話というのをやったんだ。面白かったよ。

純：どんなことをやったのかな。

直：参加者各自が自分をどう呼んでほしいかを決めて，名乗るの。どんな呼び方でもいいんだよ。それは，自分が今，属している世界からも自由になって，発言できるように，という意味があるんだって。その通り，みんなが予想もつかない呼び名を名乗るから，楽しくなって，「普段のその人」とでは話せないようなことも素直に言えた気がするよ。一緒に対話の輪の中にいた先生とも，対等に話せた気がするよ。

稜：面白そうだね。誰もが対等な立場で自由に討議して合意に至ることができるということは，ハーバーマスが主張していた 　A 　のようだね。どんなことを話したのかな。

直：その日は「役に立たないとはどういうことか」というテーマだったの。私は，ぼーっとする時間が無駄な時間に思えるけれど，自分にとっては気持ちを落ち着かせる大切な時間だ，という意見を話したよ。

稜：そうだね。例えば，芸術作品は実用的ではないかもしれないけれど心を豊かにしてくれるよね。そう考えると，「役に立つかどうか」だけを基準として考えていると，大切なものを見失うかもしれないね。

直：ある人は，役に立たないことを無駄なこととする考え方が，過去には命の選別を合法化することに結びついたこともあるのでは，と話していたよ。有用かどうかを追求して人権侵害を許容した過ちから学ぶべきだと思った。

純：いろんなことを話したんだね。対等な立場で話せる場を想像すると，自分が普段の立場に縛られて言えないでいる意見があるかもしれないと気づいたよ。自由に意見を述べるために，対等であるということは大切なんだね。私もやってみたいな。

稜：面白そうな授業だったんだね。役に立たないということはどういうことか…。確かに，自分がやっていることがどこにつながるのか，その時はわからなくても，後になって役立っていたということはあるよね。そう考えると役に立たないことなんてないのかもね。もっと考えてみたいな。

問1　会話文中の 　A 　にあてはまる内容として適切なものを，次の①〜④のうちから一つ選べ。解答番号は 　4 　。

① 古代ギリシアのポリスをモデルとしたもので，人間が言葉を交わして公共性（公共空間）を築くという人間にとって本質的なことを行うこと

② 直接民主制というもので，主権は代表も分割もされ得ないので，主権の行使に関わる話し合いは人民が直接参加するべきだというもの

③ 目的の国と呼ばれるもので，人々が互いの自律した存在としての人間である人格を目的として尊重する理想的な社会のこと

④ コミュニケーション的行為のことで，それによって制度に支配されるのではなく制度をより良いものに作り替え，生活世界を守ることができるというもの

令和5年度第1回試験

問 2　稜さんは会話から考えたことを探究しようと，会話内容をメモした。会話された内容とし
て**適切でないもの**を，下の①～④のうちから一つ選べ。解答番号は　　5　　。

メモ1

> ぼーっとする時間は無駄なように思えるが，気持ちを落ち着かせる上で大切なひとときなので，適度にあるとよい。

メモ2

> 役に立たないことを無駄なこととして，何かができるかできないかで人間の価値を決めてしまうことは，過去には命の選別につながったことがあり，危険である。

メモ3

> 芸術は実用的ではないかもしれないが，人間の心を豊かにするものであり大切なものである。そのため役に立つかどうかだけを基準とすると，見落とすことがあるかもしれない。

メモ4

> どのような状況においても誰もが自分の状況に縛られず発言できるので，自由に意見を言うために対等である必要はない。

①　メモ1　　②　メモ2　　③　メモ3　　④　メモ4

問3 稜さんは会話内容から考えたことをもとに探究を進め，次のレポートを作成した。稜さんのレポート中の　B　と，レポートについての会話文中の　C　にあてはまるものの組合せとして適切なものを，次のページの①〜④のうちから一つ選べ。解答番号は　6　。

**レポート**

私は「役に立たない」という評価基準を人間に用いるのはとても危険なことだと思います。その考え方がいかに危険かについて，またそのような考え方がなぜ生まれるのか，どうやったらそのようなことを繰り返さないか，人類は歴史から既に学んできたと思います。

例えば，ハンナ・アーレントというドイツ出身の思想家は，人が有用か無用かで判断され人権がないがしろにされた例であるナチスによるユダヤ人迫害について，どうして起きたのかを解き明かし，ユダヤ人を社会的に孤立させた状況を説明しました。そして，人権がないがしろにされることを繰り返さないために，考える自由とそれを伝える自由の大切さを説きました。アーレントの「伝える」相手には自分自身も含まれます。自分との対話を諦めることは自分を見棄てて孤立させることなので，考えることを諦めてはいけないと彼女は述べました。彼女の言葉から，人が孤独を感じ孤立することを防ぐことの大切さを感じたので，私は現代の日本で子供や若者が，孤独・孤立をどれくらい感じているのかについて調べ，次の資料を見つけました。

**孤独・孤立に関する実態把握調査結果**

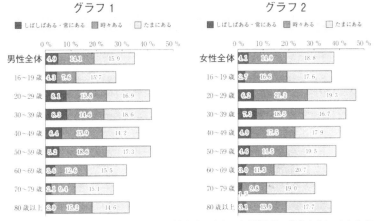

（内閣府　令和4年版「子供・若者白書」により作成）

上の**グラフ1**と**グラフ2**は「あなたはどの程度，孤独であると感じることがありますか」という問いに対する調査結果です。二つの**グラフ**からは，　B　ということがわかります。

人の生き方は様々です。価値観が違っても自分の人生を否定されることなく，誰もが尊重され，対等に対話ができる社会であってほしいと思います。私たちは，社会人ともなれば公共の場でどう行動するかが問われることとなります。私は，アーレントの言葉を胸に刻み，自分との対話にも他者との対話にも丁寧に臨もうと思います。

直：稜さんが言う通り，自分との対話にも他者との対話にも丁寧に臨みながら，自分が一体
何者なのか，何をなすべきかを考えていきたいよ。アーレントが言っていたこととは，
どんな境遇にいても自分と対話し続け，理想の自分を追求することを諦めてはいけない
ということだね。

純：そうだね。私も若いうちに様々な生き方に触れて考えながら，自分のやりたいことがで
きるための能力を身につけて，その能力が最大限に実現される理想の自分を追求してい
きたいよ。

稜：本当の自己を見出し，自分の能力を最大限実現しようとすることを，マズローは
　　　　 C 　　　と呼んだ，ということも「現代社会」の授業で学んだよ。アーレントやマズロー
など授業で触れた様々な人たちの生き方や考え方には，深く考えさせられたなあ。それ
らを参考に，理想の自分や自分の生き方について，これからも考えていきたいよ。


　　 B 　　にあてはまる選択肢

ア　孤独を感じることが「しばしばある・常にある」と答えた人の割合は30～39歳男性が最
　も高いが，「時々ある」までを含めた場合の割合は20～29歳女性が最も高い

イ　孤独を感じることが「しばしばある・常にある」と答えた人の割合は30～39歳女性が最
　も高いが，「時々ある」までを含めた場合の割合は50～59歳男性が最も高い


　　 C 　　にあてはまる選択肢

ウ　葛藤

エ　自己実現の欲求


|  | B | C |
|---|---|---|
| ① | ア | ウ |
| ② | イ | ウ |
| ③ | ア | エ |
| ④ | イ | エ |

3　次の会話文を読んで，問1〜問3に答えよ。

修治：先日，誕生日でついに18歳になったんだ。そして昨日，市長選挙があったので投票に行ってきたよ。

絢子：おめでとう。ついに有権者デビューだね。で，どうだったの。

修治：少し緊張したけれど，それよりも，自分も政治に関わっているんだという気がして喜びのほうが大きかったかな。ニュースで見たんだけど，投票率が話題になっていたよ。

絢子：民主政治は民意に基づく政治だというから，皆がきちんと投票に行くことが大事なんだよね。

修治：昨年の参議院議員通常選挙でも投票率は52％くらいだったし。(a)国政選挙でこれじゃあ。

絢子：確かに投票率が低いのは問題だと思うよ。ところで，現代の民主政治では政党政治が発達しているけど，日本では近年，無党派層が増えていると言われているよね。

修治：無党派層って何。

絢子：無党派層とは　A　よ。

修治：社会が多様化・複雑化して，人々の考えや要求も様々になっていて，広く人々の支持を得ようとする各政党が掲げる政策に，違いが見出しにくくなっているのかもしれないね。

絢子：自分の投票行動で実際に社会がどう変わっているかということが実感できにくくなっていることなどから，政党や政治に対する信頼が低下しているということがあるのかもよ。次のグラフ1とグラフ2を見ると，　B　ということが分かるね。

### グラフ1　国の政策に民意がどの程度反映されているか（%）

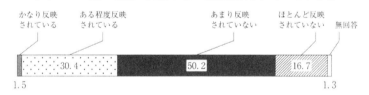

かなり反映されている／ある程度反映されている　30.4／あまり反映されていない　50.2／ほとんど反映されていない　16.7／無回答
1.5　　　　　　　　　　　　　　　　　　　　　　　　　　　　　1.3

### グラフ2　どうすれば民意がよりよく反映されるか（%）

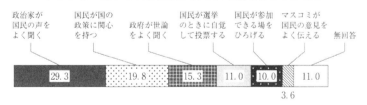

政治家が国民の声をよく聞く　29.3／国民が国の政策に関心を持つ　19.8／政府が世論をよく聞く　15.3／国民が選挙のときに自覚して投票する　11.0／国民が参加できる場をひろげる　10.0／マスコミが国民の意見をよく伝える　11.0／無回答
3.6

（注）　グラフの数値は四捨五入しているため，合計が100％にならないことがある。
（内閣府「社会意識に関する世論調査」（令和4年）により作成）

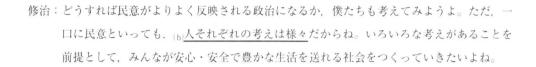

修治：どうすれば民意がよりよく反映される政治になるか，僕たちも考えてみようよ。ただ，一口に民意といっても，<sub>(b)</sub>人それぞれの考えは様々だからね。いろいろな考えがあることを前提として，みんなが安心・安全で豊かな生活を送れる社会をつくっていきたいよね。

問1　会話文中の　A　，　B　にあてはまるものの組合せとして適切なものを，下の①～④のうちから一つ選べ。解答番号は　7　。

　　　A　にあてはまる選択肢
ア　政党とか政治に関心のない人々のことで，政治的無関心と同じ意味
イ　特定の支持政党を持たない人々のことで，政治的無関心とは限らない

　　　B　にあてはまる選択肢
ウ　グラフ1から「かなり反映されている」と「ある程度反映されている」と答えた人の割合の合計は全体の3分の1に満たない。また，グラフ2からは「政治家が国民の声をよく聞く」と答えた人の割合が最も高い
エ　グラフ1から「あまり反映されていない」と「ほとんど反映されていない」と答えた人の割合の合計が全体の70％を超えている。また，グラフ2からは「国民が国の政策に関心を持つ」と答えた人の割合が最も高い

| | A | B |
|---|---|---|
| ① | ア | ウ |
| ② | ア | エ |
| ③ | イ | ウ |
| ④ | イ | エ |

問2　下線部分(a)国政選挙に関連して，次の**会話文**中の　C　，　D　，　E　，　F

にあてはまるものの組合せとして適切なものを，次のページの①~④のうちから一つ選べ。
解答番号は　8　。

**会話文**

先生：衆議院議員総選挙ではどのような選挙制度が採用されているか知っていますか。

絢子：小選挙区比例代表並立制ですね。

先生：その通りです。小選挙区制という制度と比例代表制という制度を組み合わせて選挙を
　　　行います。小選挙区制とは，1つの選挙区から最も得票数の多い1人が当選する制度
　　　です。一方，比例代表制は，政党の得票数に比例して議席を配分する制度です。

修治：なぜわざわざ2つの制度を組み合わせるのですか。

先生：いいところに目をつけましたね。その疑問に答えるために，小選挙区制と比例代表制
　　　がそれぞれどのような制度なのか，モデルを使って考えましょう。仮に，60人の有
　　　権者がいる国があるとします。議員の定数は6です。まず，この国で6つの小選挙区
　　　に分けた小選挙区制で選挙を行うとしましょう。各小選挙区には，X党，Y党，Z党
　　　がそれぞれ1人ずつ候補者を立てるとし，有権者は皆，いずれかの政党を支持してい
　　　て，その政党の候補者に投票するとします。その選挙結果が**表1**です。各党の獲得議
　　　席数はどうなりますか。

**表1**

| 1区 | | 2区 | | 3区 | |
|---|---|---|---|---|---|
| X党候補者 | 5票 | X党候補者 | 6票 | X党候補者 | 2票 |
| Y党候補者 | 3票 | Y党候補者 | 2票 | Y党候補者 | 5票 |
| Z党候補者 | 2票 | Z党候補者 | 2票 | Z党候補者 | 3票 |
| 4区 | | 5区 | | 6区 | |
| X党候補者 | 1票 | X党候補者 | 6票 | X党候補者 | 4票 |
| Y党候補者 | 6票 | Y党候補者 | 3票 | Y党候補者 | 3票 |
| Z党候補者 | 3票 | Z党候補者 | 1票 | Z党候補者 | 3票 |

絢子：　C　となりますね。

先生：その通りです。では次に，同じ国で，全国を1区として比例代表選挙を行うとしま
　　　す。有権者の支持政党は先ほどと同じなので，選挙の結果，各党の得票数は**表2**のよ
　　　うになります。この結果からドント式で全6議席を配分すると，各党の獲得議席数は
　　　どうなるでしょうか。

**表2**

| X党 | 24票 |
|---|---|
| Y党 | 22票 |
| Z党 | 14票 |

修治： D となりますね。選挙制度が違うと，選挙が違う結果になるんですね。

先生：そうです。では，それぞれの選挙制度はなぜ，このような結果になるようにするので しょうか。各党の得票数の差を民意の差とすると，小選挙区制と比例代表制とでは， 議席の差がどうなっていますか。

絢子：民意が議席にどのように反映されるかが異なっているということですね。 E の が小選挙区制ということですね。

修治：そして， F のが比例代表制ということですね。

先生：その通りです。

C ， D にあてはまる選択肢

ア　X党4議席，Y党2議席，Z党0議席

イ　X党3議席，Y党2議席，Z党1議席

E ， F にあてはまる選択肢

ウ　たとえわずかな差でも，最も支持をされている政党が多数の議席を獲得して，政権を安 定的に運営しやすくする

エ　民意の差を，できるだけそのまま議席の差に反映させて，小政党でも議席を獲得できる ようにして多様な民意を反映しようとする

| | C | D | E | F |
|---|---|---|---|---|
| ① | ア | イ | ウ | エ |
| ② | ア | イ | エ | ウ |
| ③ | イ | ア | ウ | エ |
| ④ | イ | ア | エ | ウ |

問3 下線部分(b)人それぞれの考えは様々に関連して，次の**会話文**中の　G　，　H　，

　I　にあてはまるものの組合せとして適切なものを，73ページの①～④のうちから一

つ選べ。解答番号は　9　。

**会話文**

先生：選択的夫婦別姓の導入を求める動きについて知っていますか。

修治：はい，現在の民法では，結婚後の夫婦の姓は，夫または妻のいずれかの姓にすること
が定められていますが，多くの場合は，女性が男性の姓に改める場合が多いのが実情
です。そこで，結婚後も夫婦のそれぞれが結婚前の姓を名乗ることを認める選択的夫
婦別姓制度を求める主張があります。

絢子：現在の夫婦同姓の制度は，憲法に違反しているのではないかという訴訟が起こされて
いて，この裁判で最高裁判所は，夫婦同姓制度は憲法には違反していないという判決
を出しています。

先生：よく知っていますね。**資料1**と**資料2**は，その判決についての意見が書かれた新聞の
社説の一部抜粋です。この2つを読み比べるとどうですか。

**資料1**

> **夫婦同姓合憲　最高裁は議論を国会に委ねた**
>
> 　夫と妻が同じ姓を選ぶことを定めた夫婦同姓制度は，不合理とはいえない。そう結論づけた
> 司法判断は妥当である。
>
> 　「婚姻に際し，夫婦が夫か妻の姓を名乗る」ことを義務づけた民法などの規定について，最高
> 裁大法廷が合憲とする決定を出した。別姓を求める婚姻届を受理されなかった男女3組が
> 2018年，不服を申し立てていた。
>
> 　憲法は，個人の尊厳と夫婦の平等を婚姻の基本としている。この点に関連して，大法廷は
> 2015年，民法の規定に「男女間の不平等が存在するわけではない」として合憲だという判断を
> 示していた。
>
> 　今回の決定は，2015年判決を踏襲(とうしゅう)したものと言える。前回判決から時間がさほど経過して
> おらず，判決を変更するほど社会情勢が変化していないと考えたのだろう。
>
> 　大法廷は，どのような制度が望ましいかという問題と，現在の制度が合憲か違憲かという問
> 題は，次元が違うとも述べた。制度のあり方は「国会で論じられるべき事柄に他ならない」と指
> 摘した。
>
> 　大法廷の裁判官15人のうち4人は，夫婦同姓の規定を違憲とした。現状では婚姻の際，妻
> が夫の姓に変わるケースが9割を超える。
>
> 　女性が結婚を機に姓の変更を迫られる状況に，納得できない気持ちを持つ人がいるのは理解
> できる。ただ，夫婦が別々の姓になった場合，子供の姓をどうするのかといった問題も残る。
>
> 　国会は，広く国民の声に耳を傾け，夫婦の姓の問題はどうあるべきか，議論を深めてほしい。
>
> （「読売新聞」2021年6月24日により作成）

資料2

**同姓は「合憲」　国会が背負う重い責任**

　司法による救済を一日千秋の思いで待つ人たちにとって，承服できない決定だ。

　夫婦は同じ姓を名乗ると定めている民法や戸籍法の規定が，結婚の自由などを保障した憲法に違反するかどうかが争われた裁判で，最高裁大法廷は合憲とする判断を示した。

　訴えていたのは，2018年2～3月に別姓での婚姻届を役所に提出し，不受理の処分を受けた3組のカップルだ。

　大法廷は2015年12月に同姓の強制を合憲とする判決を言い渡している。きのうの決定は，この間の社会や国民意識の変化などを踏まえても判断を変更すべきだとは認められないとし，「処分の時点において規定は違憲とはいえない」と結論づけた。疑問は尽きない。

　審理した15裁判官のうち4人は，逆に違憲とする見解を明らかにした。働く女性が一層増えていること，旧姓使用が拡大しているのは現行法が抱える不合理さの表れであることなどを挙げ，別姓を認めないのは「不当な国家介入」「個人の尊厳をないがしろにしている」などと批判している。現実を的確にとらえ，はるかに説得力がある。

　合憲とした11人も手放しで容認しているわけではない。

　夫婦の姓についてどんな制度を採るのがふさわしいかという問題と，憲法に適合するか司法が判断することとは「次元を異にする」と指摘し，制度のあり方は「国会で論じ，判断すべき事柄」とした。うち3人は補足意見で，状況によっては「規定が違憲と評価されることもあり得る」と述べ，国会に対し，社会や意識の変化に不断に目を配り，対応するよう求めた。

（「朝日新聞」2021年6月24日により作成）

修治：**資料1**と**資料2**を読み比べると，どちらも，この問題については国会で議論すべきと主張していると言えますが，一部の裁判官が，「別姓を認めないのは「不当な国家介入」「個人の尊厳をないがしろにしている」などと批判している」ことに対して，「はるかに説得力がある」と述べていることから，　G　のほうは選択的夫婦別姓の導入に肯定的な立場であると判断できます。

絢子：一方，「夫婦が別々の姓になった場合，子供の姓をどうするのかといった問題も残る」と述べていることから，　H　のほうは選択的夫婦別姓の導入に慎重な立場であると判断できます。

先生：そうですね。あなたたちの考えはどうですか。

修治：わたしは選択的夫婦別姓制度の導入に賛成です。結婚後の姓をどうするかは自己決定権の問題だと思うので，法律で強制されるべきではないと考えます。

絢子：わたしは今の夫婦同姓制度を維持すべきだと思います。結婚して同じ姓にすることで家族になったという実感が持てるし，子供の姓が，両親のどちらかとは姓が違うというのも違和感があります。

先生：ここでも立場が分かれましたね。ある世論調査では，次のページの**グラフ3**のような結果が出ています。これを見るとどのようなことが分かるでしょうか。

修治：　I　ということが分かります。

絢子：それぞれ，いろいろな考えがありますね。夫婦の姓についてはどのような制度であるのが望ましいかは，やはり皆で議論していくべき課題ですね。

グラフ3　選択的夫婦別姓制度を導入した方がよいか

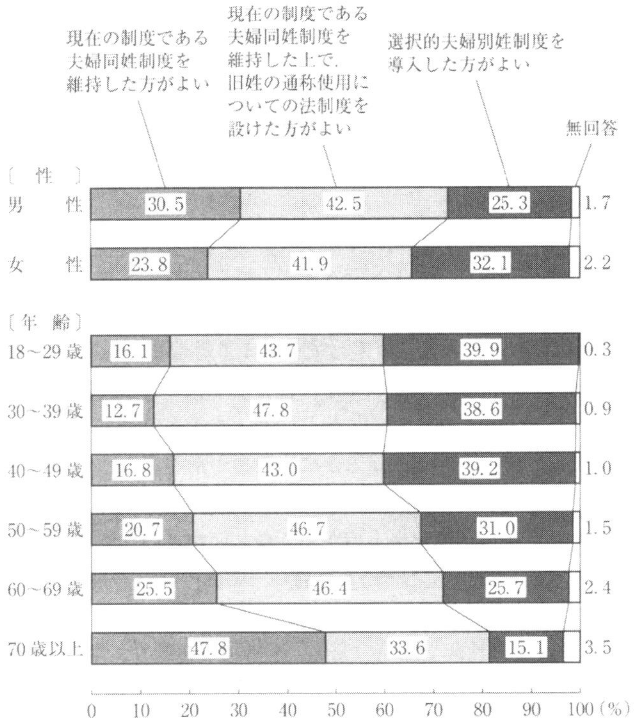

現在の制度である
夫婦同姓制度を
維持した方がよい

現在の制度である
夫婦同姓制度を
維持した上で，
旧姓の通称使用に
ついての法制度を
設けた方がよい

選択的夫婦別姓制度を
導入した方がよい

無回答

〔　性　〕

| | 現在の制度である夫婦同姓制度を維持した方がよい | 現在の制度である夫婦同姓制度を維持した上で，旧姓の通称使用についての法制度を設けた方がよい | 選択的夫婦別姓制度を導入した方がよい | 無回答 |
|---|---|---|---|---|
| 男　性 | 30.5 | 42.5 | 25.3 | 1.7 |
| 女　性 | 23.8 | 41.9 | 32.1 | 2.2 |

〔年　齢〕

| | | | | |
|---|---|---|---|---|
| 18〜29歳 | 16.1 | 43.7 | 39.9 | 0.3 |
| 30〜39歳 | 12.7 | 47.8 | 38.6 | 0.9 |
| 40〜49歳 | 16.8 | 43.0 | 39.2 | 1.0 |
| 50〜59歳 | 20.7 | 46.7 | 31.0 | 1.5 |
| 60〜69歳 | 25.5 | 46.4 | 25.7 | 2.4 |
| 70歳以上 | 47.8 | 33.6 | 15.1 | 3.5 |

0　10　20　30　40　50　60　70　80　90　100（％）

(注)　四捨五入しているため，合計が100％にならないことがある。
(内閣府「家族の法制に関する世論調査」(令和4年)により作成)

| G |，| H | にあてはまる選択肢

ア　資料1

イ　資料2

| I | にあてはまる選択肢

ウ　男女別に見ると，女性は男性よりも「選択的夫婦別姓制度を導入した方がよい」と答えた
　　人の割合は5ポイント以上高く，「現在の制度である夫婦同姓制度を維持した方がよい」と
　　答えた人の割合は5ポイント以上低い

エ　年齢層別に見ると，「選択的夫婦別姓制度を導入した方がよい」と答えた人の割合は，18
　　〜59歳までのいずれの年齢層でも全体の3分の1を超えている一方，60〜69歳と70歳以
　　上では「現在の制度である夫婦同姓制度を維持した方がよい」と答えた人の割合よりも低い

| | G | H | I |
|---|---|---|---|
| ① | ア | イ | ウ |
| ② | ア | イ | エ |
| ③ | イ | ア | ウ |
| ④ | イ | ア | エ |

**4** 昨年のイギリスにおける新国王誕生のニュースから国家の在り方に関心を持ったひろみの次の
レポートを読んで，**問1〜問3**に答えよ。

レポート

「近代国家は歴史的にどう発展したのか」

①民主政治の誕生

　民主政治は，17世紀以降にみられた市民革命によって，　 A 　とする考えを根拠の一
つにした絶対王政や，領主が土地と人民を支配する封建制を打破することによって誕生し
た。代表的な市民革命としては，次のものが挙げられる。

　1642〜49年　　ピューリタン(清教徒)革命(イギリス)

　1688〜89年　　名誉革命(イギリス)

　1775〜83年　　アメリカ独立革命

　1789〜99年　　フランス革命

　この四つの市民革命は，政治のしくみを大きく転換し，近代国家の在り方や基本的人権の
基礎を形成した大きな変革であった。では，近代国家とはどのような特徴をもつのか，次に
述べていくことにする。

②近代国家の変貌

　まず，政治の営みをおこなう国家とは，一定の領域を有し，そこに住む人々を国民とし
て，独立かつ最高の支配力を意味する主権によって秩序づける団体のことを指す。近代国家
において，17〜18世紀に民主政治の実現を支えた思想が社会契約説である。社会契約説と
は，人間は生来，自由で平等な状態(自然状態)であり，こうした生活を送る権利(自然権)を
守るために，人々が相互に契約を交わして国家をつくり，その統治に従う思想である。その
中でも，ロックは，執行(行政)権をもつ政府が統治者として人々の自然権を守るため統治
し，人々は自らの自然権を政府が侵害した場合は，その政府を改廃できる権限をもつという
社会契約説を主張した。彼の社会契約思想は，現在，日本など多くの国家の(a)政治体制とし
て採用されている　 B 　に該当する。

　18〜19世紀の国家の役割は，市民革命期に宣言された基本的人権が自由権的な性格をも
つものだったことから，　 C 　ものであった。その後，自由主義に基づく経済体制の中
で，資本主義経済が発達し，資本家と労働者の間において貧富の差といった社会問題が生み
出され，(b)自由権とは異なる社会権と呼ばれる新たな人権思想が生まれ，20世紀以降，国
家の役割は変貌していった。

問1　レポート中の　A　，　B　，　C　にあてはまるものの組合せとして適切なもの

を，下の①〜④のうちから一つ選べ。解答番号は　10　。

　　　A　にあてはまる選択肢

ア　王といえども神と法の下にある

イ　王の権力は神から付与されたものである


　　　B　にあてはまる選択肢

ウ　直接民主制

エ　間接民主制


　　　C　にあてはまる選択肢

オ　国内の治安維持といった最小限の機能に限定する

カ　経済や国民の生活に積極的に介入する


|   | A | B | C |
|---|---|---|---|
| ① | ア | ウ | オ |
| ② | イ | ウ | カ |
| ③ | ア | エ | カ |
| ④ | イ | エ | オ |

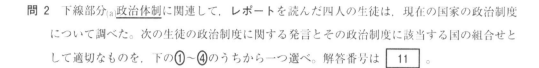

問 2　下線部分(a)政治体制に関連して，**レポートを読んだ四人の生徒**は，現在の国家の政治制度について調べた。次の生徒の政治制度に関する発言とその政治制度に該当する国の組合せとして適切なものを，下の①～④のうちから一つ選べ。解答番号は　11　。

悠人：この国の行政の長である大統領は，国民の選挙によって選ばれ，議会が可決した法案に拒否権を発動したり，議会に自身の政策などを示す教書を送ったりすることができるよ。

彩名：この国は，共産党による一党独裁体制がとられていて，立法機関である全国人民代表大会が国の最高機関として，元首である国家主席を選出しているよ。

健太：この国は，国民から選出される大統領が行政権の一部を行使するけれど，それと並んで行政の長である首相が大統領によって任命され，内閣を形成し，行政を担当するよ。

美紀：この国の行政の長である首相は，国民の選挙で選ばれた下院から選出され，首相を首班とする内閣が行政を担当するね。この組織は，議会に対して連帯して責任を負い，行政を司るよ。

① 悠人：アメリカ　　彩名：ロシア　　健太：イギリス　　美紀：中国
② 悠人：アメリカ　　彩名：中国　　　健太：ロシア　　　美紀：イギリス
③ 悠人：ロシア　　　彩名：中国　　　健太：アメリカ　　美紀：イギリス
④ 悠人：ロシア　　　彩名：イギリス　健太：アメリカ　　美紀：中国

問 3　下線部分(b)自由権に関連して，次の会話文中の　D　，　E　，　F　にあてはまるものの組合せとして適切なものを，次のページの①〜④のうちから一つ選べ。解答番号は　12　。

先　生：今回のレポートはよくできていましたね。

ひろみ：国家の在り方を調べていくうちに，私たちの国の憲法についても関心を持ちました。日本国憲法で保障されている自由権の一つである身体（人身）の自由ってどのような自由ですか。

先　生：身体の自由は，身体の不当な拘束を受けない自由であって，人間として生きるための基本的な自由といえます。

ひろみ：たとえば逮捕された時には，身体は拘束されますけど，それは違反ではないのですか。

先　生：犯罪による捜査や処罰の場合の身体の拘束は認められています。その場合でも，人権を最大限尊重した取り扱いをすることが保障されています。具体的にどんなことが憲法で定められているのか，知っていますか。

ひろみ：はい。警察・検察による捜査や裁判の際には，　D　ですよね。

先　生：その通りです。その他に，　E　となっています。

ひろみ：このように，犯罪による捜査や処罰の場合でも，人権を最大限尊重した様々な刑事手続きが定められているのに，現実には無実の罪である冤罪が発生していますよね。

先　生：そうです。たとえば，いわゆる松山事件や財田川事件，島田事件，　F　は，死刑判決が確定した後に，再審によって無罪判決となりました。

ひろみ：冤罪を発生させないためにも，憲法には，刑事手続きに関する多くの規定が明記されていますね。もっと国家の在り方や憲法の条文について調べてみたいと思います。

D にあてはまる選択肢

ア　自分に不利になることを話すように強要されない

イ　自分に不利になることでも，強要されたら話さなければならない


E にあてはまる選択肢

ウ　裁判で無罪判決が確定した後に新たな証拠が出てきた場合は，罪に問われ，処罰される
　　ことがある

エ　ある行為がなされた後に，その行為を犯罪と定める法律が制定された場合，過去の行為
　　はさかのぼって処罰されない


F にあてはまる選択肢

オ　大津事件

カ　免田事件


| | D | E | F |
|---|---|---|---|
| ① | ア | ウ | オ |
| ② | イ | ウ | カ |
| ③ | ア | エ | カ |
| ④ | イ | エ | オ |

令和5年度第1回試験

5　次の会話文を読んで，問1～問5に答えよ。

菜那：テレビや新聞などで，「景気が良い」「景気が悪い」という言い方をするけれど，景気が
　　　良いのか悪いのかは，どのような点から分かるのかな。

忠宏：その国の経済全体の活動水準は国内総生産（GDP）という数値を見れば分かるよ。

稔彦：確か国内総生産は，1年間に国内で生産された生産物の総額から，原材料費などの
　　　　　　A　　　の総額を差し引いて，新たに生み出された価値を合計したものだよね。

菜那：例えばある年の国内総生産を，その前年の国内総生産と比較すれば，景気が良かったのか
　　　悪かったのかが分かるかもしれないね。

先生：次の表1を見てください。この表は，2019年の名目国内総生産の世界第1位から第7位
　　　の国の，過去の数値を調べたものです。

表1　各国の名目国内総生産（単位：10億アメリカドル）

| 年 | 2008 | 2009 | 2010 | 2011 | 2012 | 2013 | 2014 | 2015 | 2016 | 2017 | 2018 | 2019 |
|---|---|---|---|---|---|---|---|---|---|---|---|---|
| アメリカ | 14,713 | 14,449 | 14,992 | 15,543 | 16,197 | 16,785 | 17,527 | 18,238 | 18,745 | 19,543 | 20,612 | 21,433 |
| 中国 | 4,594 | 5,102 | 6,087 | 7,552 | 8,532 | 9,570 | 10,476 | 11,062 | 11,233 | 12,310 | 13,895 | 14,343 |
| 日本 | 5,106 | 5,291 | 5,759 | 6,233 | 6,271 | 5,211 | 4,901 | 4,445 | 5,002 | 4,931 | 5,039 | 5,149 |
| ドイツ | 3,730 | 3,398 | 3,396 | 3,744 | 3,527 | 3,733 | 3,884 | 3,356 | 3,467 | 3,683 | 3,964 | 3,861 |
| インド | 1,267 | 1,315 | 1,670 | 1,872 | 1,861 | 1,917 | 2,043 | 2,147 | 2,291 | 2,626 | 2,774 | 2,892 |
| イギリス | 2,922 | 2,412 | 2,482 | 2,660 | 2,704 | 2,783 | 3,066 | 2,933 | 2,693 | 2,662 | 2,857 | 2,826 |
| フランス | 2,918 | 2,690 | 2,643 | 2,861 | 2,684 | 2,811 | 2,852 | 2,438 | 2,471 | 2,595 | 2,788 | 2,716 |

（政府統計の総合窓口（e-stat）ホームページにより作成）

忠宏：表1のタイトルには「各国の名目国内総生産」と書いてあるけれど，名目にはどんな意味が
　　　あるのかな。確か実質国内総生産という数値もあった気がするけど。

美帆：名目国内総生産から　　B　　の影響を取り除いたものが実質国内総生産になるよ。名目国
　　　内総生産はその時の市場価格が反映されるため国民の生活実感に近く，実質国内総生産は
　　　より正確にその国の経済活動の規模を把握するのに適していると言われています。

稔彦：この表1を見ると，(a)2008年から2019年までの12年間で様々な変化があったことが分
　　　かりますね。

菜那：2008年と2019年を比べてみると，大きく伸びている国がありますね。

忠宏：インドは約2.3倍になっています。確かインドは，中国などとともにBRICSと呼ばれて
　　　いたよね。(b)ブラジルや南アフリカはどんな推移なのか興味があるな。

菜那：そうだね。後で調べてみるね。

美帆：そう言えばどうしてこの表1は，2008年からになっているのかな。

先生：よい点に気付きましたね。各国の2008年の数値と2009年の数値を比べてみてください。

菜那：アメリカ，ドイツ，イギリス，フランスの4カ国で，2009年は2008年より名目国内総生
　　　産が減少しています。

先生：そうですね。欧米諸国で名目国内総生産が減少した理由は何だと思いますか。

美帆：2008 年に起こった世界金融危機の影響ではないでしょうか。

先生：その通りです。2008 年の世界金融危機は，アメリカで巨額の損失を抱えた証券会社リー
マン・ブラザーズが経営破綻したことがきっかけとなり，世界中の(c)金融機関・投資家が
損失を被り，株価も下落し，世界各国の景気に影響を与えたのですね。

忠宏：リーマン・ショックとか，世界同時不況とも言われていますね。

稔彦：国内総生産の数値を比較すると，(d)景気が良い年と悪い年が分かりそうです。

先生：そうですね。ただ，1 年という単位ではなくもっと短いスパンで景気の良し悪しを言う場
合もあります。もっと深く調べてみる必要がありそうですね。

問 1　会話文中の　A　，　B　にあてはまるものの組合せとして適切なものを，次の①～
④のうちから一つ選べ。解答番号は　13　。

|  | A | B |
| --- | --- | --- |
| ① | 中間生産物 | 補助金 |
| ② | 中間生産物 | 物価 |
| ③ | 固定資本減耗 | 補助金 |
| ④ | 固定資本減耗 | 物価 |

問 2　下線部分(a)2008 年から 2019 年までの 12 年間で様々な変化があったに関連して，前の
ページの表1について述べた生徒の発言として適切なものを，下の①～④のうちから一つ選
べ。解答番号は　14　。

菜那：アメリカの名目国内総生産は，12 年間の内全ての年で，表1の7カ国中，1番目と
なっている。また，2008 年と 2019 年の数値を比べてみると，2019 年の数値は，2008
年の数値の2倍以上になっている。

忠宏：中国の名目国内総生産は，表1の7カ国中，2008 年には4番目であったが，2019 年
には2番目となっている。また，2008 年と 2019 年の数値を比べてみると，2019 年の
数値は，2008 年の数値の5倍以上になっており，表1の7カ国中，最も高い伸び率
となっている。

美帆：日本の名目国内総生産は，表1の7カ国中，2008 年には2番目であったが，2019 年
には3番目となっている。また，12 年間の内，最も数値が大きいのは 2012 年であ
り，2008 年と 2019 年の数値を比べてみると，わずかな伸び率にとどまっている。

稔彦：ドイツの名目国内総生産は，表1の7カ国中，2008 年には3番目であったが，2019
年には4番目となっている。また，12 年間の内，最も数値が大きいのは 2011 年であ
り，2008 年と 2019 年の数値を比べてみると，2019 年の数値は，2008 年の数値の2
倍以上になっている。

① 菜那　　② 忠宏　　③ 美帆　　④ 稔彦

問3 下線部分(b)ブラジルに関連して，次の会話文中の C ， D ， E にあては

まるものの組合せとして適切なものを，次のページの①～④のうちから一つ選べ。

解答番号は 15 。

**会話文**

菜那：ブラジルの名目国内総生産の推移について表2を見つけました。

**表2 ブラジルの名目国内総生産（単位：10億アメリカドル）**

| 年 | 2008 | 2009 | 2010 | 2011 | 2012 | 2013 | 2014 | 2015 | 2016 | 2017 | 2018 | 2019 |
|---|---|---|---|---|---|---|---|---|---|---|---|---|
| ブラジル | 1,696 | 1,667 | 2,209 | 2,616 | 2,465 | 2,473 | 2,456 | 1,802 | 1,796 | 2,063 | 1,885 | 1,848 |

(政府統計の総合窓口(e-stat)ホームページにより作成)

美帆：この表2を見ると，ブラジルの名目国内総生産は， C ことが分かりますね。

菜那：ブラジルの経済は，この12年の間で様々な課題を抱えているようですね。

忠宏：私は，日本とブラジルとの貿易について調べて表3にまとめました。

**表3 日本とブラジルとの貿易（単位：億円）**

| 年 | 2017 | 2018 | 2019 | 2020 |
|---|---|---|---|---|
| 日本の輸出額（A） | 3,805 | 4,415 | 4,102 | 3,154 |
| 日本の輸入額（B） | 8,041 | 7,612 | 8,723 | 8,012 |
| 収支（A－B） | −4,236 | −3,197 | −4,621 | −4,858 |

(日本貿易振興機構ホームページにより作成)

稔彦：この表3を見ると，日本とブラジルとの貿易は，日本の貿易赤字が続き， D こ

とが分かりますね。

菜那：日本との貿易を見ると，ブラジルの経済は活発のように見えますね。

美帆：日本とブラジルとの主な貿易品目についてのグラフを見てください。このグラフ1，

グラフ2を見ると， E ことが分かります。ブラジル経済が抱える課題は，この

辺りにあるのではないかな。

グラフ1 日本からブラジルへの主な
輸出品目（2019年）

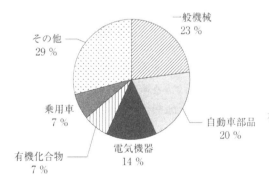

グラフ2 日本のブラジルからの主な
輸入品目（2019年）

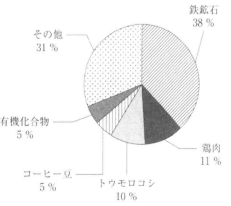

(二宮書店『データブックオブ・ザ・ワールド2021年版』により作成)

C　にあてはまる選択肢

ア　2008年と2019年の数値を比べてみると，2019年の数値は，2008年の数値の2倍以上となっている

イ　2008年と2019年の数値を比べてみると，2019年の数値は，2008年の数値から増えてはいるが2倍にはなっていない

　D　にあてはまる選択肢

ウ　日本の貿易赤字額が最も小さいのは2020年で，貿易赤字額が最も大きいのは2018年となっている

エ　日本の貿易赤字額が最も小さいのは2018年で，貿易赤字額が最も大きいのは2020年となっている

　E　にあてはまる選択肢

オ　日本からブラジルへの主な輸出品目は工業製品の割合が高く，日本のブラジルからの主な輸入品目は一次産品の割合が高い

カ　日本からブラジルへの主な輸出品目は一次産品の割合が高く，日本のブラジルからの主な輸入品目は工業製品の割合が高い

| | C | D | E |
|---|---|---|---|
| ① | ア | ウ | オ |
| ② | イ | ウ | カ |
| ③ | ア | エ | カ |
| ④ | イ | エ | オ |

問4　下線部分(c)金融機関に関連して，金融機関の種類や働きに関する記述として**適切でないも**のを，次の①〜④のうちから一つ選べ。解答番号は　16　。

①　金融機関は，金融市場において借り手に資金を融通しているが，銀行などの金融機関が企業に資金を貸し出すことを直接金融という。

②　金融機関には，日本銀行のような中央銀行，都市銀行や地方銀行，生命保険会社や証券会社などの民間金融機関，日本政策金融公庫などの公的金融機関がある。

③　金融機関は，資金が不足している人と資金に余裕がある人との間で資金を融通する役割を果たしており，金融システムの一翼を担っている。

④　金融機関である銀行が，受け入れた預金の一部を支払い準備のために残し，残りを貸し出すことを繰り返して当初の預金の何倍もの預金を作り出す仕組みを信用創造という。

問 5 下線部分(d)景気に関連して，次の図1を用いて景気について説明している生徒のレポート中の， F ， G ， H にあてはまるものの組合せとして適切なものを，次のページの①～④のうちから一つ選べ。解答番号は 17 。

図1

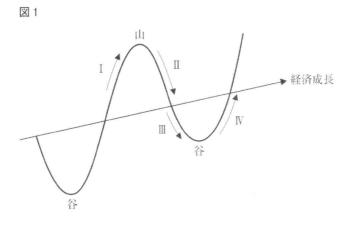

生徒のレポート

　景気変動は，教科書などでは上の図1のように，波の形の概念図で，Ⅰ，Ⅱ，Ⅲ，Ⅳの4つの期に分けて説明されることが多くなっています。一般的に経済は，好況と不況を繰り返しながら少しずつ成長していきます。よって図1では，左右方向で時間の経過が示され，上下方向で経済活動が活発であるかそうでないかが示されています。

　図1中で好況期を示しているのは，Ⅰです。好況期には，企業の生産が拡大し，商品が売れ，在庫が減少し，物価は F します。その後，生産が拡大しすぎて商品の供給が需要を上回るようになると在庫が増え始め，やがて生産が縮小し始めます。そうなると，失業者が増加し始め，不況期に突入することになるのです。図1中の G が不況期を示しています。

　こうした景気変動は，変動の主な要因の違いによって，変動の周期が変わると考えられています。例えば，約40か月で景気が循環するキチンの波と言われる景気変動は，企業の在庫変動が主な要因であると言われています。最も変動の周期が長い景気変動は H と言われており，その周期は約50～60年，その主な要因は大きな技術革新であると言われています。

F にあてはまる選択肢

ア　上昇

イ　下落

G にあてはまる選択肢

ウ　Ⅲ

エ　Ⅳ

H にあてはまる選択肢

オ　コンドラチェフの波

カ　ジュグラーの波

| | F | G | H |
|---|---|---|---|
| ① | ア | ウ | オ |
| ② | イ | ウ | カ |
| ③ | ア | エ | カ |
| ④ | イ | エ | オ |

6　次の会話文を読んで，**問1**〜**問5**に答えよ。

優吾：世界規模での新型コロナウイルス感染症拡大や，2022年のロシアによる　A　への軍事侵攻などで，ここ数年，国際社会は大きな影響を受けたよね。

楓花：私たちの生活も大きく変わったと思う。感染対策のために学校が休校になったり，中止になる行事もあったりしたよ。軍事侵攻に対する経済制裁の影響などで，物価が上昇しているというニュースも多かったしね。

晴也：世界的に困難な状況にある時こそ国際社会は一致団結しなければならないのに，なぜ，こんな時期に(a)紛争が起きてしまうのかな。

友香：国家と国家との間に不信感がある限り，国際紛争などの問題は解決しないと思う。人的な交流や経済的な結びつきを増やしていくことが信頼関係を作り出していく第一歩になるはずだよ。

優吾：その意味でも，世界的な感染拡大の影響により人的な交流の機会が減ってしまっていることは大きな問題だと思う。交流の機会が減ることで紛争や対立が増えなければいいのだけど。

楓花：世界で行われている(b)国際会議が，以前のような対面形式で行うことが難しくなっているとも聞いたよ。オンライン会議という手段もあるけど，意思疎通という面では限界があるよね。

晴也：かつてのように人的な交流をもっと増やしていくことで，信頼関係がより深まり，国際的な協調関係が築かれていくといいよね。

友香：ただ，このような状況であっても，(c)国境を越えて大量にモノや情報が行きかうことに変わりはなく，経済面での結びつきが緊密であることは間違いないよ。

優吾：だからこそ，日本は経済面での国際貢献を積極的に行っていくべきだと思うんだ。あわせて，紛争地域や途上国に対する援助をもっと増やしていくべきだよ。

楓花：この前，新聞を読んでいたら，青年海外協力隊の派遣や技術協力のための人材養成などを行っている　B　が大きな役割を果たしているという記事をみつけたよ。

晴也：これらの国際貢献には多額の資金がかかることを考えると，納税者である国民の理解を得ることが大切になってくるよね。

友香：その点については，政府もいろいろな情報を発信して，(d)国際貢献に対する国民の意識を高めていく必要性があるということは間違いないよね。

問1　会話文中の　A　，　B　にあてはまるものの組合せとして適切なものを，次の①〜④のうちから一つ選べ。解答番号は　18　。

|  | A | B |
|---|---|---|
| ① | ウクライナ | 開発援助委員会（DAC） |
| ② | ウクライナ | 国際協力機構（JICA） |
| ③ | ベラルーシ | 開発援助委員会（DAC） |
| ④ | ベラルーシ | 国際協力機構（JICA） |

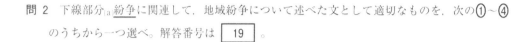

問 2　下線部分 (a) 紛争に関連して、地域紛争について述べた文として適切なものを、次の ①〜④ のうちから一つ選べ。解答番号は 19 。

① 旧ユーゴスラヴィアでは、1991 年にスロベニアとクロアチアが独立宣言をしたことを きっかけに、各民族による紛争が激化し、国連軍の大規模な介入を招いた。

② ソマリアでは、1988 年に内戦が勃発し、部族抗争が続くという無政府状態に陥り、国 連から平和執行部隊が派遣され、現在も活動中である。

③ シリアでは、2011 年にアサド政権と反政府勢力との間で内戦が勃発し、欧米諸国はア サド政権を、ロシアやイランは反政府勢力を支援した。

④ ルワンダでは、1990 年代に内戦状態に陥り、一時は停戦合意が成立し国連の停戦監視 団が派遣されたが、集団殺害事件が発生した。

令和5年度第1回試験

問 3　下線部分 (b) 国際会議に関連して，次の**会話文**中の　C　，　D　にあてはまるものの

組合せとして適切なものを，次のページの①～④のうちから一つ選べ。解答番号は　20　。

**会話文**

優吾：2020 年と 2021 年に国際会議がどれぐらい開催されたのかを知りたくて，資料を集め

てみたんだ。**グラフ 1** と**グラフ 2** を見ると，　C　ことが分かるよ。

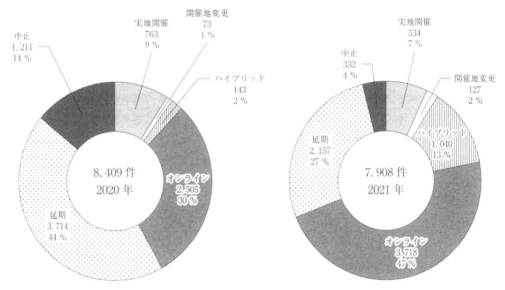

**グラフ 1　世界の国際会議の開催状況（2020 年）**　　**グラフ 2　世界の国際会議の開催状況（2021 年）**

（注1）　「ハイブリッド」とは，実地開催とオンラインを組み合わせた会議の開催方法である。
（注2）　構成割合の数値は，四捨五入しているため，合計が 100 とならないものがある。

（国土交通省「観光白書（令和 4 年版）」により作成）

楓花：国際会議が「延期」や「中止」になり話し合いが行われないようになってしまうよりも，

開催の形式を工夫することによって何らかの形で話し合いの機会をもつほうが相互の

信頼関係を築くうえで有益だよね。

晴也：そして，2021 年に日本を含めたアジア大洋州地域での国際会議の件数を示したのが

次のページの**表 1** なんだ。**表 1** を見ると，これらの国や地域の中で，　D　という

ことが分かるね。

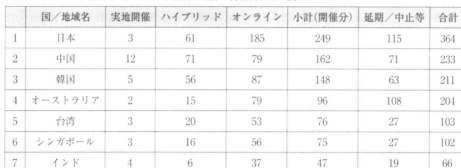

表1　アジア大洋州地域における国際会議の件数（2021年）

| | 国／地域名 | 実地開催 | ハイブリッド | オンライン | 小計（開催分） | 延期／中止等 | 合計 |
|---|---|---|---|---|---|---|---|
| 1 | 日本 | 3 | 61 | 185 | 249 | 115 | 364 |
| 2 | 中国 | 12 | 71 | 79 | 162 | 71 | 233 |
| 3 | 韓国 | 5 | 56 | 87 | 148 | 63 | 211 |
| 4 | オーストラリア | 2 | 15 | 79 | 96 | 108 | 204 |
| 5 | 台湾 | 3 | 20 | 53 | 76 | 27 | 103 |
| 6 | シンガポール | 3 | 16 | 56 | 75 | 27 | 102 |
| 7 | インド | 4 | 6 | 37 | 47 | 19 | 66 |

（国土交通省「観光白書（令和4年版）」により作成）

友香：いずれの国や地域も実地開催は少ないけれども，予定されていた会議のおおむね半数
　　　以上が開催されているんだ。

　　　C　にあてはまる選択肢

ア　2020年には，「延期」と「中止」をあわせた割合は50％を超えていたね。2021年には，
　「延期」と「中止」をあわせた割合は30％未満になり，「実地開催」と「開催地変更」をあわせ
　た割合は20％を超えている

イ　2020年には，「延期」が40％を超え，「中止」が10％を超えていたね。2021年には，
　「延期」が30％未満，「中止」が10％未満になり，「ハイブリッド」と「オンライン」をあわ
　せた割合は60％になっている

　　　D　にあてはまる選択肢

ウ　日本は，「実地開催」と「ハイブリッド」との合計での開催件数では中国に次いで2位で
　あったものの，「オンライン」も加えた開催件数では1位であった

エ　中国は，「実地開催」と「ハイブリッド」との合計での開催件数では日本に次いで2位で
　あったものの，「オンライン」も加えた開催件数では1位であった

| | C | D |
|---|---|---|
| ① | ア | ウ |
| ② | ア | エ |
| ③ | イ | ウ |
| ④ | イ | エ |

問4 下線部分(c)国境を越えて大量にモノや情報が行きかうに関連して，次の**会話文**中の E ， F にあてはまるものの組合せとして適切なものを，下の①～④のうちから一つ選べ。解答番号は 21 。

**会話文**

優吾：一定期間に，外国との取引を貨幣額で表示したものを国際収支と言うけど，財とサービスの取引などを表示するのは E とよばれているよ。

楓花：生産活動に必要な原料や生活必需品を輸入に頼っている国は，紛争や災害によって国際情勢が不安定になると，原料や生活必需品の価格が高騰して， E は赤字になりやすいと聞いたことがあるよ。

晴也：財やサービスの取引と言っていたけど，取引ということは金銭を払って，モノなどを手に入れる場合だよね。飢餓で苦しんでいる国に無償で食料を援助する場合は記録が残らないのかな。

友香：その場合は F という項目で計上されるよ。

E にあてはまる選択肢

ア 経常収支

イ 金融収支

F にあてはまる選択肢

ウ 第一次所得収支

エ 第二次所得収支

| | E | F |
|---|---|---|
| ① | ア | ウ |
| ② | ア | エ |
| ③ | イ | ウ |
| ④ | イ | エ |

令和5年度第1回試験

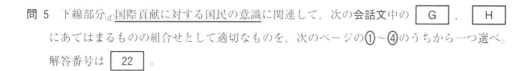

問 5 下線部分(d)<u>国際貢献に対する国民の意識</u>に関連して，次の**会話文**中の G ， H にあてはまるものの組合せとして適切なものを，次のページの①〜④のうちから一つ選べ。解答番号は 22 。

**会話文**

優吾：困っている国や地域に無償で食料を援助する話を聞いていたら，国際的な医療支援についても調べたくなって資料を探したんだ。日本の国際支援についての国内世論調査なんだけど，次の**グラフ3**の「国際的な保健医療の課題に関し，国際的支援を行うことについてどのように考えるか」を見ると， G ということが分かるよ。

**グラフ3** 国際的な保健医療の課題に関し，国際的支援を行うことについてどのように考えるか

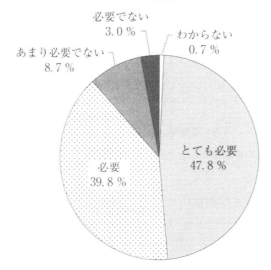

(注) 構成割合の数値は，四捨五入しているため，合計が100とならないものがある。
(外務省『令和3年度外交に関する国内世論調査報告書』により作成)

楓花：予防可能な病気で毎年多くの命が失われていることを考えると，保健医療分野での資源が不足していると思われる国に対しては，日本も積極的に支援を行っていかなければならないことを多くの国民が意識していると言えるね。

晴也：保健医療の分野については，アフリカは世界の中でも特に支援を必要としている地域だと思うけど，次のページの**グラフ4**の「日本が対アフリカ外交において，何について特に力を入れるべきか」を見ると， H ということが分かるよ。

公共

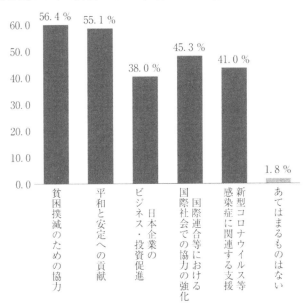

グラフ4 日本が対アフリカ外交において，何について特に力を入れるべきか(複数回答)

(外務省『令和3年度外交に関する国内世論調査報告書』により作成)

友香：近年，いろいろな問題があったけど，長期的な課題について特に力を入れるべきであ
ると答えた国民が多いとあらためて感じたよ。

G にあてはまる選択肢

ア 「とても必要」または「必要」と回答した人の割合の合計は80％を超えている

イ 「あまり必要でない」または「必要でない」と回答した人の割合の合計は10％を下回って
いる

H にあてはまる選択肢

ウ 「平和と安定への貢献」を挙げている人の割合は40％を下回っている

エ 「貧困撲滅のための協力」を挙げている人の割合は50％を超えている

| | G | H |
|---|---|---|
| ① | ア | ウ |
| ② | ア | エ |
| ③ | イ | ウ |
| ④ | イ | エ |

7　次の会話文を読んで，**問1～問2**に答えよ。

令和5年度第1回試験

先生：今年の夏休みはいかがでしたか。

夏子：はい。東京から兄の家族が帰省してきました。兄夫婦は2人の子供を連れて新幹線に乗る
　　　のはたいへんだったと言っていました。

先生：お兄さんは，たしか都内のショッピングセンターで正社員として働いていましたね。

夏子：そうなんです。兄の妻も近くの薬局で正社員として働いているんですよ。

先生：夫婦共働きなんですね。

夏子：そうですね。今年の東京はものすごく暑いので，私の家に帰省してきたら，涼しくて過ご
　　　しやすいと何回も言っていました。

先生：そうですか。たしかに私たちの住んでいるところは真夏でもエアコンはいらないくらい涼
　　　しいですよね。

夏子：2人の子供たちは森や畑といった自然いっぱいの環境が気に入ったみたいです。

先生：夏子さんはこの自然いっぱいの環境をどう思っているのですか。

夏子：ショッピングセンターもないし工場もなくて，なんだかさみしいなと思っています。日曜
　　　日はお買い物をしたり映画を見たりして楽しみたいし，高校を卒業したら会社に就職して
　　　働きたいし。農業が中心の場所に住んでいると，都会での暮らしがうらやましく思える時
　　　があるんです。

先生：夏子さんは，いま住んでいるところがどのようになるといいと思っているのですか。

夏子：(a)持続可能な社会を形成するには，このままの方がいいのか，それとも開発を進めるのが
　　　いいのか，迷ってしまいます。このままだと　　A　　だし，開発を進めると　　B　　です。

先生：そうですね。これはいま住んでいるところに関する大きな問題なので，細分化して考えて
　　　みましょう。例えば，次のような図をつくってみました。具体的な内容は次のページにあ
　　　るカード　I　，カード　II　，カード　III　，カード　IV　に示してみました。あてはめてみる
　　　と次のようになります。

図

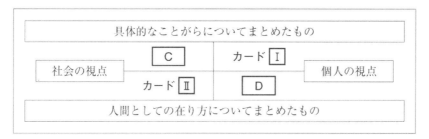

> カード Ⅰ　私は，大きなショッピングセンターがあったら休日にたくさん買い物をするし，レストランで食事もすると思う。私の住んでいるところでは土地を開発して大きな商業施設をつくる計画が検討されている。

> カード Ⅱ　発展途上国は，多くの食料品を輸出することによって貧困問題から脱却できる。先進国に住む人々は，持続可能な社会を目指すために，もっとフェアトレード品をたくさん購入するべきである。

> カード Ⅲ　私は，今年の夏も暑いので電力不足が心配だ。持続可能な社会の形成に少しでも貢献するために，私は部屋の窓を開けて風通しをよくし，電気を使わない生活を実行している。

> カード Ⅳ　雇用は，モノをつくったり売ったりする場所を増やすことで増えていく。私の住んでいるところでは開発による環境破壊を最小限にするための計画が話し合われている。

夏子：カード Ⅰ は，私が「ショッピングセンターがあったら」という個人の視点でとらえ，同時に「商業施設をつくる計画が検討されている」という具体的なことがらについて書いてあります。カード Ⅱ は，「発展途上国は」という社会の視点でとらえ，同時に「もっとフェアトレード品をたくさん購入するべきである」という人間としての在り方について書いてあります。

先生：カード Ⅰ とカード Ⅱ が図の中で，どのように分類されているのかが，よく読み取れていますね。

夏子：ということは，カード Ⅲ とカード Ⅳ は，図の中でどこに分類することができるのかを考えることができます。

先生：そうですね。これで問題が整理できそうです。ところで，お兄さんとは久しぶりにどのようなお話をしたのですか。

夏子：私は「現代社会」の課題で(b)「働くことと子育て」について調べているので，相談に乗ってもらいました。

先生：お兄さんは夏子さんに「働くということ」についてどのようなお話をしたのかを教えてほしいですね。

問 1　下線部分(a)持続可能な社会を形成するにはに関連して，会話文中の ┃ A ┃ ， ┃ B ┃ 及び図中の ┃ C ┃ ， ┃ D ┃ にあてはまるものの組合せとして適切なものを，下の①～④のうちから一つ選べ。解答番号は ┃ 23 ┃ 。

┃ A ┃ にあてはまる選択肢

ア　工場でモノをつくったりお店で商品を売ったりする仕事に就くのは難しそう

イ　水や空気の汚染が進んでしまいそう

┃ B ┃ にあてはまる選択肢

ウ　工場でモノをつくったりお店で商品を売ったりする仕事に就くのは難しそう

エ　水や空気の汚染が進んでしまいそう

┃ C ┃ にあてはまる選択肢

オ　カード Ⅲ

カ　カード Ⅳ

┃ D ┃ にあてはまる選択肢

キ　カード Ⅲ

ク　カード Ⅳ

| | A | B | C | D |
|---|---|---|---|---|
| ① | ア | エ | カ | キ |
| ② | イ | ウ | カ | キ |
| ③ | ア | エ | オ | ク |
| ④ | イ | ウ | オ | ク |

問 2　下線部分(b)「働くことと子育て」について調べているので，相談に乗ってもらいましたに関連して，次は夏子さんと兄が，働くことについて話し合ったものである。会話文中の　E　，　F　，　G　にあてはまるものの組合せとして適切なものを，次のページの①～④のうちから一つ選べ。解答番号は　24　。

兄　：働くことについて調べているんだってね。

夏子：そうなんだ。最近「働くことと子育てとの関係」について関心があるの。子育て環境を
　　　充実させて少子化に歯止めをかけなきゃ。そして次世代の社会を担う子供を健やかに
　　　育てる環境をつくらないといけないと思うからなんだけど。

兄　：なるほど。それで何か調べたのかな。

夏子：調べていく中で次の資料1をみつけたんだけど，どうかな。

### 資料1　子育ての分担の希望

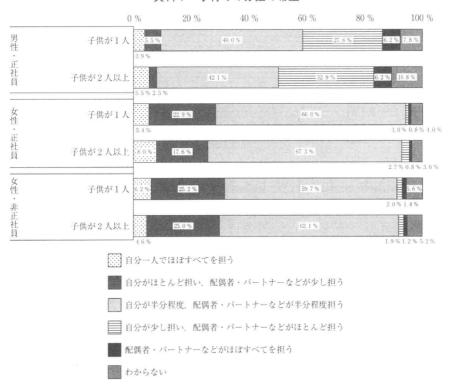

(厚生労働省「平成30年度仕事と育児等の両立に関する実態把握のための調査研究事業報告書
労働者アンケート調査結果」三菱UFJリサーチ＆コンサルティング 2019年により作成)

（注）　数値は四捨五入しているため，合計が100％にならないことがある。

令和5年度第1回試験

兄　　：これは興味深い資料だね。男性・正社員の場合，子育てを「自分が半分程度，配偶者・パートナーなどが半分程度担う」と考えている人は　E　ということが読み取れるね。

夏子：女性はどのように考えているのかを見てほしいな。女性・正社員の場合，子育てを「自分が半分程度，配偶者・パートナーなどが半分程度担う」と考えている人は　F　ことが読み取れるよ。

兄　　：女性・非正社員の希望を見ても，「子供が1人」の場合も「子供が2人以上」の場合も「自分が半分程度，配偶者・パートナーなどが半分程度担う」と考えている人は　G　ことが読み取れるね。

夏子：なぜ男性と女性の認識が異なるのかな。この異なる認識の背景にはどのようなものがあるのかを調べてみたいな。

### E　にあてはまる選択肢

ア　「子供が1人」の場合，「子供が2人以上」の場合のどちらも50％以下である

イ　「子供が1人」の場合よりも「子供が2人以上」の場合の方が6.9ポイント高い

### F　にあてはまる選択肢

ウ　「子供が1人」の場合，「子供が2人以上」の場合のどちらも65％以上である

エ　「子供が1人」の場合よりも「子供が2人以上」の場合の方が1.3ポイント低い

### G　にあてはまる選択肢

オ　50％よりも高い

カ　65％よりも高い

|  | E | F | G |
|---|---|---|---|
| ① | ア | エ | カ |
| ② | イ | ウ | カ |
| ③ | ア | ウ | オ |
| ④ | イ | エ | オ |

令和5年度第1回試験

# 令和5年度 第1回

# 解答・解説

【重要度の表記】

A：重要度が高く確実に正答したい設問。しっかり復習する必要のある問題です。

B：重要度はAレベルよりすこし下で、やや難易度が高い設問または内容を読み取る設問。高得点を狙う人は復習しましょう！

C：重要度が低い、または難解な設問。軽く復習する程度でよいでしょう！

📖 令和5年度　第1回　高卒認定試験

──────── 【　解　答　】 ────────

| 1 | 解答番号 | 正答 | 配点 | 2 | 解答番号 | 正答 | 配点 | 3 | 解答番号 | 正答 | 配点 | 4 | 解答番号 | 正答 | 配点 |
|---|---|---|---|---|---|---|---|---|---|---|---|---|---|---|---|
| 問1 | 1 | ① | 4 | 問1 | 4 | ④ | 4 | 問1 | 7 | ③ | 4 | 問1 | 10 | ④ | 4 |
| 問2 | 2 | ② | 4 | 問2 | 5 | ④ | 5 | 問2 | 8 | ① | 4 | 問2 | 11 | ② | 5 |
| 問3 | 3 | ④ | 4 | 問3 | 6 | ③ | 4 | 問3 | 9 | ③ | 4 | 問3 | 12 | ③ | 4 |

| 5 | 解答番号 | 正答 | 配点 | 6 | 解答番号 | 正答 | 配点 | 7 | 解答番号 | 正答 | 配点 |
|---|---|---|---|---|---|---|---|---|---|---|---|
| 問1 | 13 | ② | 4 | 問1 | 18 | ② | 4 | 問1 | 23 | ① | 4 |
| 問2 | 14 | ③ | 4 | 問2 | 19 | ④ | 4 | 問2 | 24 | ③ | 4 |
| 問3 | 15 | ④ | 4 | 問3 | 20 | ③ | 5 | - | - | | |
| 問4 | 16 | ① | 4 | 問4 | 21 | ② | 4 | | | | |
| 問5 | 17 | ① | 5 | 問5 | 22 | ② | 4 | - | - | | |

──────── 【　解　説　】 ────────

1

問1　グラフ1の左縦軸は返還・譲渡数（棒グラフ）、右縦軸は返還・譲渡率（折れ線グラフ）を表します。空欄Aについて、「イ」には「平成18年度以降、犬・猫ともに返還・譲渡数は増加し続け」とありますが、グラフ1を見ると、平成28年度以降は減少に転じています。よって、「イ」は誤りです。空欄Bについて、「エ」には「猫の殺処分数は20年間変化がない」とありますが、グラフ2を見ると、平成18年から一貫して減少しています。よって、「エ」は誤りです。したがって、正解は①となります。

**解答番号【1】：①**　　⇒ 重要度A

問2　適切でないものを選びます。クローン技術は母体の安全性に関する問題や、生命を操作することに対する倫理的な問題があります。また、日本ではクローン技術規制法により、ヒトに関するクローン技術の応用を規制しています。したがって、正解は②となります。

**解答番号【2】：②**　　⇒ 重要度B

問3　空欄Cには、体細胞を利用してつくられる「iPS細胞」が当てはまります。「ES細胞」が受精卵からつくられる万能細胞であることに対して、iPS細胞は患者自身の体細胞を使うことから、拒絶反応が起こりにくいとされています。空欄Dには、クローン技術に関す

解答・解説

る言葉が当てはまります。よって、生命や医療に関する倫理的な問題を扱う「生命倫理」が当てはまります。したがって、正解は④となります。なお、「インフォームド・コンセント」とは、治療の際に医師が患者や家族に対して十分な説明をし、納得の上で治療を進めることです。

**解答番号【3】：④**　　⇒ 重要度B

## 2

問1　空欄Aには、ハーバーマスの主張が当てはまります。ハーバーマスは対等な立場にもとづくコミュニケーション的行為によって、互いの違いをのりこえ、より良い社会をつくることができると説きました。したがって、正解は④となります。なお、①はアーレント、②はルソー、③はカントの思想です。

**解答番号【4】：④**　　⇒ 重要度C

問2　適切でないものを選びます。メモ4には「自由に意見を言うために対等である必要はない」とありますが、会話文20行目から21行目にかけて、「自由に意見を述べるために、対等であるということは大切なんだね」とあります。よって、メモ4は誤りです。したがって、正解は④となります。

**解答番号【5】：④**　　⇒ 重要度A

問3　空欄Bについて、「イ」には「孤独を感じることが『しばしばある・常にある』と答えた人の割合は30～39歳女性が最も高い」（7.3％）とありますが、同項目についてグラフ1を見ると、最も高いのは20～29歳の男性（8.1％）です。よって、「イ」は誤りです。空欄Cには、自分の能力を最大限実現しようとする「自己実現の欲求」が当てはまります。これは、マズローの5段階欲求階層説の最も上に位置する欲求です。したがって、正解は③となります。なお、「葛藤」とは2つ以上の欲求が心の中でせめぎ合い、どのように行動するのか決定できない状態を指します。

**解答番号【6】：③**　　⇒ 重要度A

## 3

問1　空欄Aには、無党派層の説明である「イ」が当てはまります。空欄Bについて、「エ」には「『あまり反映されていない』と『ほとんど反映されていない』と答えた人の割合の合計が全体の70％を超えている」とありますが、グラフ1を見ると、「あまり反映されていない」は50.2％、「ほとんど反映されていない」は16.7％で、合計66.9％です。よって、「エ」は誤りです。したがって、正解は③となります。

**解答番号【7】：③**　　⇒ 重要度A

問2　空欄Cには、会話文9行目から13行目にあるとおり、小選挙区制の選挙結果が当てはまります。小選挙区制は、1つの選挙区から最も得票数の多い1人が当選する制度です。よって、1区・2区・5区・6区では最も得票したX党の候補者が選出されますので、X党の議席は計4議席となります。よって、空欄Cには「ア」が当てはまります。空欄Dに

は、会話文15行目から18行目にあるとおり、比例代表制の選挙結果が当てはまります。表2の得票数をドント式で計算すると、下表のとおりになります。

| | X党 | Y党 | Z党 |
|---|---|---|---|
| 得票総数 | 24 | 22 | 14 |
| ÷1 | ㉔ | ㉒ | ⑭ |
| ÷2 | ⑫ | ⑪ | 7 |
| ÷3 | ⑧ | 7.333… | 4.666… |
| 当選者数 | 3名 | 2名 | 1名 |

今回は6議席を配分しますので、数字が大きい順に数えて議席を配分すると、X党3議席、Y党2議席、Z党1議席となります。よって、空欄Dには「イ」が当てはまります。空欄Eには、小選挙区制の特徴である「ウ」が当てはまります。小選挙区制は、選挙区1つに対して最も得票した候補者が1名選出されるため、当選した候補者以外に投票された票が死票となる特徴もあります。空欄Fには、比例代表制の特徴である「エ」が当てはまります。したがって、正解は①となります。

**解答番号【8】：①**　⇒ **重要度B**

問3　空欄Gは、選択的夫婦別姓に肯定的な立場である資料を選びます。資料2の11行目から12行目にかけて、「別姓を認めないのは『不当な国家介入』〔中略〕はるかに説得力がある」とあります。これは、会話文11行目の修治さんの発言内容とも一致しますので、空欄Gには「資料2」が当てはまります。空欄Hには、選択的夫婦別姓の導入に慎重な立場である資料を選びます。資料1の17行目を見ると、「夫婦が別々の姓になった場合、子供の姓をどうするのかといった問題も残る」とあります。これは、会話文16行目の絢子さんの発言内容とも一致しますので、空欄Hには「資料1」が当てはまります。空欄Iについて、グラフ3の60～69歳を見ると、「選択的夫婦別姓制度を導入した方がよい」と答えた人の割合は25.7％であり、「現在の制度である夫婦同姓制度を維持した方がよい」と答えた人の割合（25.5％）よりも「高く」なっています。同項目について、「エ」には「低い」とあります。よって、「エ」は誤りです。したがって、正解は③となります。

**解答番号【9】：③**　⇒ **重要度A**

# 4

問1　空欄Aには、絶対王政の根拠とされた考えである「王の権力は神から付与されたものである」が当てはまります。空欄Bには、日本など多くの国家で採用されている「間接民主制」が当てはまります。間接民主制は、選挙によって人民から選ばれた代表者によって政治が行われる制度です。空欄Cには、自由権に関する内容が当てはまります。自由権とは、個人の権利が国家権力により侵害されない権利です。よって、空欄Cには「国内の治安維持といった最小限の機能に限定する」が当てはまります。したがって、正解は④となります。なお、「直接民主制」とは人民が直接政治に参加する制度です。政治を

行う規模が国家のように広いと実現が難しくなりますが、日本では地方公共団体の長（知事など）の選出など、地方の政治で導入されています。

**解答番号【10】：④　　⇒ 重要度 B**

問2　悠人さんはアメリカ、彩名さんは中国、健太さんはロシア、美紀さんはイギリスの政治制度に関する発言をしています。したがって、正解は②となります。

**解答番号【11】：②　　⇒ 重要度 B**

問3　空欄Dについて、日本国憲法第38条に記載がある黙秘権は、自己に不利益な供述を強要されない権利を定めています。よって、空欄Dには「ア」が当てはまります。空欄Eには「エ」が当てはまります。これを遡及処罰の禁止といいます。空欄Fには「カ」が当てはまります。免田事件は、強盗殺人事件の容疑で死刑判決を受けた免田栄氏が、再審を経て無罪となった冤罪事件です。したがって、正解は③となります。なお、「ウ」については、裁判で有罪判決が確定した後であっても、新たな証拠により無罪となる可能性がある際には、再審が行われることがあります。「大津事件」とは1891年に訪日していたロシア皇太子が日本の警備巡査に斬りつけられた事件です。日本政府は裁判所に圧力をかけて死刑判決を求めましたが、大審院長の児島惟謙はこれを退けて司法権の独立を守りました。

**解答番号【12】：③　　⇒ 重要度 B**

## 5

問1　空欄Aについて、国内総生産は、一国内で生産された財やサービスの総額から「中間生産物」の総額を差し引いて算出されます。空欄Bについて、実質国内総生産とは、名目国内総生産から「物価」の影響を除いて算出されます。したがって、正解は②となります。

**解答番号【13】：②　　⇒ 重要度 A**

問2　菜那さんの発言について、表1を見ると、アメリカの2008年の数値は14,713、2019年の数値は21,433です。菜那さんは2008年と2019年の数値を比較すると「2倍以上になっている」と発言していますが、2倍には届いていません。よって、①は誤りです。忠宏さんの発言について、表1を見ると、2008年の中国の順位はアメリカ、日本に次ぐ第3位です。忠宏さんはこれについて「4番目」と発言しているため、②は誤りです。稔彦さんの発言について、表1を見ると、2008年のドイツの順位はアメリカ、日本、中国に次ぐ第4位です。稔彦さんはこれについて「3番目」と発言しているため、④は誤りです。したがって、正解は③となります。

**解答番号【14】：③　　⇒ 重要度 A**

問3　空欄Cについて、「ア」は表2について「2019年の数値は、2008年の数値の2倍以上となっている」とありますが、表2を見ると、2008年は1,696、2019年は1,848であるため、2倍以上にはなっていません。よって、「ア」は誤りです。空欄Dについて、貿易赤字とは、輸出額に対して輸入額が上回っている状態で発生し、「輸出額－輸入額」で計算された数値のマイナス額が大きいほど、貿易赤字は大きくなります。「ウ」は表3の日本について「貿易赤字が最も小さいのは2020年」とありますが、表3を見ると、貿易

赤字が最も小さいのは2018年です。よって、「ウ」は誤りです。空欄Eについて、「カ」はグラフ1について「日本からブラジルへの主な輸出品目は一次産品の割合が高く」とありますが、最も多くを占める輸出品目は一般機械です。よって、「カ」は誤りです。したがって、正解は④となります。

**解答番号【15】：④**　　⇒ 重要度A

問4　適切でないものを選びます。①について、銀行などの金融機関が企業に貸し出すことを「間接金融」といいます。よって、①は誤りです。したがって、正解は①となります。

**解答番号【16】：①**　　⇒ 重要度B

問5　空欄Fについて、好況期には消費が増えることから、物価は「上昇」します。空欄Gについて、不況期は生産が縮小し、景気変動の波は下降の曲線を描きます。図1ではⅠから「山」にあたる好況期からⅡの景気後退を経て、Ⅲの不況期を表現しています。よって、空欄Gには「Ⅲ」が当てはまります。空欄Hについて、最も変動の周期が長い景気変動は「コンドラチェフの波」です。したがって、正解は①となります。なお、「ジュグラーの波」とは8〜10年の周期でおとずれる景気変動で、その主な要因は企業の設備投資の増減によるものです。

**解答番号【17】：①**　　⇒ 重要度A

## 6

問1　空欄Aについて、2022年にロシアは「ウクライナ」に軍事侵攻を行いました。空欄Bについて、青年海外協力隊の派遣を行っているのは「国際協力機構(JICA)」です。したがって、正解は②となります。なお、「開発援助委員会（DAC）」は、先進国グループである経済協力開発機構(OECD)の下部組織であり、発展途上国への援助を目的とした組織です。

**解答番号【18】：②**　　⇒ 重要度A

問2　①について、旧ユーゴスラヴィア紛争の際に介入したのは「国連軍」ではなく「NATO軍」です。よって、①は誤りです。②について、ソマリア内戦では多国籍軍が派遣されましたが、内戦停止は実現せず、国連平和維持活動(PKO)は失敗に終わっています。よって、②は誤りです。③について、シリア内戦ではロシアやイランはアサド政権を、アメリカは反政府勢力を支援しました。よって、③は誤りです。したがって、正解は④となります。

**解答番号【19】：④**　　⇒ 重要度C

問3　空欄Cについて、「ア」には「2021年には『延期』と『中止』をあわせた割合は30％未満」とありますが、グラフ2を見ると、「延期」は27％、「中止」は4％であり、合計31％です。よって、「ア」は誤りです。空欄Dについて、表1を見ると、中国の「実地開催」は12件、「ハイブリッド」は71件であり、合計83件です。同項目について表1の開催国と比較すると、中国の開催件数は第1位となりますが、「エ」には「2位」とありますので誤りです。したがって、正解は③となります。

**解答番号【20】：③**　　⇒ 重要度A

問4　空欄Eには、国際収支のうち、財とサービスの取引などを表示する「経常収支」が当てはまります。空欄Fには、無償で行われた資産の提供を表示する「第二次所得収支」が当てはまります。したがって、正解は②となります。なお、「金融収支」とは国際収支のうち、外国にある金融資産の増減などを表示する項目です。「第一次所得収支」とは外国への支払いや収入、利子や配当について表示する項目です。

**解答番号【21】：②　　⇒ 重要度B**

問5　空欄Gについて、グラフ3を見ると、「あまり必要でない」は8.7%、「必要でない」は3.0%であり、合計11.7%です。同項目について「イ」は「10%を下回っている」とありますので誤りです。空欄Hについて、グラフ4の「平和と安定への貢献」を見ると、55.1%です。この項目について、「ウ」は「40%を下回っている」とありますので、誤りです。したがって、正解は②となります。

**解答番号【22】：②　　⇒ 重要度A**

# 7

問1　会話文より、夏子さんは自然が豊かな環境で暮らしていることがわかります。空欄Aについて、会話文18行目から19行目を見ると、夏子さんは「持続可能な社会を形成するには、このままの方がいいのか〔中略〕迷ってしまいます」とあります。「このまま」とは、夏子さんが住むところを開発せずに、自然が多く農業中心の環境でありつづけることです。それによって、夏子さんはショッピングセンターや工場などで働くことは難しくなると考えられます。よって、空欄Aには「ア」が当てはまります。空欄Bについて、開発を進めることによる影響として、モノの生産にともなって生じる環境汚染や自然破壊などが挙げられます。よって、空欄Bには「エ」が当てはまります。空欄Cには、図より「具体的なことがらについてまとめたもの」かつ「社会の視点」について書かれたカードが当てはまります。カードⅢを見ると、持続可能な社会の形成のために個人ができることについて書かれていますので、カードⅢは社会の視点について書かれたカードとは合致しません。よって、空欄Cには「カ」が当てはまります。同様に、空欄Dには図より「人間としての在り方についてまとめたもの」かつ「個人の視点」について書かれたカードが当てはまりますので、先ほどのカードⅢと合致します。よって、空欄Dには「キ」が当てはまります。したがって、正解は①となります。

**解答番号【23】：①　　⇒ 重要度A**

問2　空欄Eについて、資料1を見ると、男性・正社員の「自分が半分程度、配偶者・パートナーなどが半分程度担う」の項目は、「子供が2人以上」は42.1%であり、「子供が1人」の49.0%と比較して6.9ポイント低くなっています。同項目について、「イ」は6.9ポイント「高い」とあるため、誤りです。空欄Fについて、資料1を見ると、女性・正社員の「自分が半分程度、配偶者・パートナーなどが半分程度担う」の項目は、「子供が2人以上」は67.3%であり、「子供が1人」の66.0%と比較して1.3ポイント高くなっています。同項目について、「エ」は1.3ポイント「低い」とありますので誤りです。空欄Gについて、女性・非正社員の「自分が半分程度、配偶者・パートナーなどが半分程度担う」の数値について、「カ」は「子供が1人」の場合も「子供が2人以上」の場合も「65%よりも高い」

とありますが、同項目について資料1を見ると、「子供が1人」は59.7％、「子供が2人以上」は62.1％であり、いずれも65％未満となっています。よって、「カ」は誤りです。したがって、正解は③とまります。

**解答番号【24】：③**　　⇒ 重要度A

# 令和４年度 第２回
# 高卒認定試験

# 現代社会

# 解答時間　50分

# 現 代 社 会

$$\left(\text{解答番号}\ \boxed{1}\ \sim\ \boxed{24}\ \right)$$

$\boxed{1}$　次の会話文を読んで，問1〜問3に答えよ。

幸司：この間，現代社会の授業で地球温暖化の対策について学んで，二酸化炭素($CO_2$)などの温
　　　室効果ガスを減らすにはどうしたら良いのかを考えるようになったよ。

美紀：$CO_2$は化石燃料を燃やす中で多く排出されると学んだよ。

幸司：私は日本や世界の$CO_2$排出状況はどうなっているのかや，国際社会はどんな取組みをして
　　　(a)
　　　いるのかを知りたいな。

美紀：国際社会は協力のために，COP(気候変動枠組み条約締約国会議)という話し合いの場を
　　　定期的に設けているね。COP は 1992 年の　$\boxed{\text{A}}$　を基本理念とする国連環境開発会議
　　　(地球サミット)以降開かれるようになったよ。2015 年に開かれた COP 21 では，$\boxed{\text{B}}$
　　　が採択され，産業革命以前と比べて世界の平均気温の上昇を　$\boxed{\text{C}}$　未満に抑える目標が
　　　定められたんだ。

幸司：目標達成のためには，化石燃料の消費を減らさなければならないね。世界は地球温暖化防
　　　止のために協力しようと取り組んでいることがわかったけれど，目標実現に向けての課題
　　　は，何かあるのかな。

美紀：先進国と途上国との間に考え方の違いがあり，対立することもあるそうだよ。それぞれが
　　　置かれた状況にはどのような違いがあるのだろう。
　　　(b)

幸司：それぞれの国の状況の違いを乗り越えて，各国が協力して地球環境を保全するよう，これ
　　　からもニュースなどをよく見て考えていこうと思うよ。

問1　会話文中の　$\boxed{\text{A}}$，$\boxed{\text{B}}$，$\boxed{\text{C}}$　にあてはまるものの組合せとして適切なもの
　　　を，次の①〜④のうちから一つ選べ。解答番号は　$\boxed{1}$　。

|  | A | B | C |
|---|---|---|---|
| ① | かけがえのない地球 | 京都議定書 | 2℃ |
| ② | 持続可能な開発(発展) | 京都議定書 | 3℃ |
| ③ | かけがえのない地球 | パリ協定 | 3℃ |
| ④ | 持続可能な開発(発展) | パリ協定 | 2℃ |

問 2　下線部分<u>日本や世界の$CO_2$排出状況はどうなっているのか</u>に関連した次の**グラフ 1**，**グラ**
　　　(a)
　　**フ 2**から読み取れることとして適切なものを，次のページの①～④のうちから一つ選べ。

　　　解答番号は　　2　　。

グラフ 1　主な国別・地域別燃料の燃焼で排出される二酸化炭素($CO_2$)量の推移

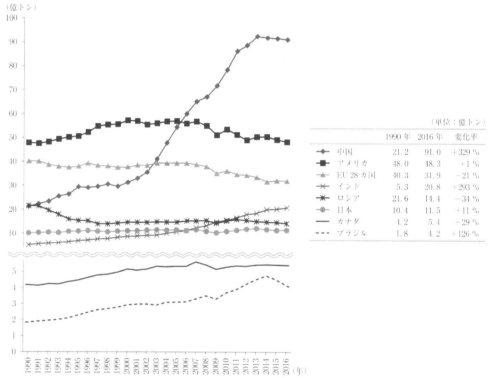

（単位：億トン）

| | 1990 年 | 2016 年 | 変化率 |
|---|---|---|---|
| 中国 | 21.2 | 91.0 | ＋329 % |
| アメリカ | 48.0 | 48.3 | ＋1 % |
| EU 28 カ国 | 40.3 | 31.9 | －21 % |
| インド | 5.3 | 20.8 | ＋293 % |
| ロシア | 21.6 | 14.4 | －34 % |
| 日本 | 10.4 | 11.5 | ＋11 % |
| カナダ | 4.2 | 5.4 | ＋29 % |
| ブラジル | 1.8 | 4.2 | ＋126 % |

（注）　EU 28 カ国とは 2016 年時点の加盟国を示す。

（環境省ホームページにより作成）

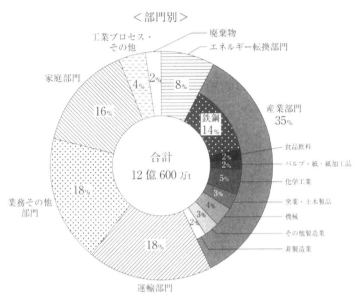

グラフ2 日本の二酸化炭素（CO₂）排出量（2016年度）

＜部門別＞

合計
12億600万t

（注1） 機械は金属製品製造業を含む。
（注2） 化学工業は石油石炭製品を含む。
（一般社団法人 産業環境管理協会 資源・リサイクル促進センターホームページにより作成）

① グラフ1からは，日本のCO₂排出量は1990年から2016年にかけて11％減ったことがわかる。グラフ2からは，日本で最も二酸化炭素の排出が多い部門は運輸部門であることがわかる。

② グラフ1からは，EU28カ国のCO₂排出量は1990年から2016年にかけて21％減ったことがわかる。グラフ2からは，日本で最も二酸化炭素の排出が多い部門は産業部門で，中でも鉄鋼業であることがわかる。

③ グラフ1からは，カナダのCO₂排出量は1990年から2016年にかけて29％減ったことがわかる。グラフ2からは，日本で最も二酸化炭素の排出が多い部門は産業部門で，中でも食品飲料業であることがわかる。

④ グラフ1からは，ロシアのCO₂排出量は1990年から2016年にかけて34％増えたことがわかる。グラフ2からは，日本で最も二酸化炭素の排出が多い部門は家庭部門であることがわかる。

問 3　下線部分それぞれが置かれた状況にはどのような違いがあるのだろう<sub>(b)</sub>に関連した次のグラフ３，グラフ４，グラフ５から読み取れることとして適切なものを，次のページの①〜④のうちから一つ選べ。解答番号は　3　。

グラフ 3　世界の人口(2018 年)　　　グラフ 4　世界の一次エネルギー消費量(2018 年)

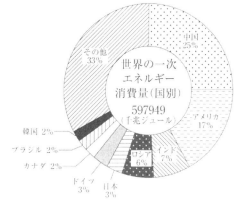

(注)　四捨五入の関係で合計値が合わない場合がある。
（一般財団法人日本原子力文化財団
原子力・エネルギー図面集により作成）

(IEA 統計により作成)

グラフ 5　世界の一人あたり一次エネルギー消費量(2018 年)

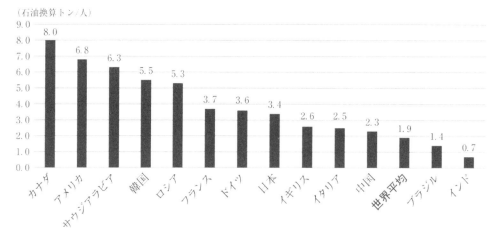

(注 1)　一次エネルギーとは自然に存在するそのままの状態のエネルギーのこと。
(注 2)　ジュールとはエネルギーを表す単位である。

(IEA 統計により作成)

① 中国の人口は世界で最も多く，国別の一次エネルギー消費量も最大である。中国の国民一人あたりの一次エネルギー消費量も，世界で最も多くなっている。

② アメリカの人口は，世界の人口の4％を占めている。アメリカの国別の一次エネルギー消費量も，世界全体の4％を占めている。

③ インドの人口は，世界の人口の18％を占めている。インドの国別の一次エネルギー消費量は世界で三番目に多いが，一人あたりの一次エネルギー消費量は世界平均を下回っている。

④ 日本の人口は，世界の人口の2％を占めている。日本の国別の一次エネルギー消費量は世界3位で，一人あたりの一次エネルギー消費量は中国のそれよりも大きい。

2 次の会話文を読んで，問1〜問3に答えよ。

里奈：各地で大雨が甚大な被害をもたらすなど，近年は自然災害が多発していますね。

和真：感染症の流行や経済に対する不安もあり，先の見えない時代だと感じます。

里奈：夏休みの宿題で『方丈記』を読みましたが，作者の鴨長明が生きた平安時代から鎌倉時代も，現代と同じように，とても不安の多い時代だったようです。

和真：たしかに，大火や竜巻，大地震それに源平の合戦など政治も混乱していました。

里奈：印象的だった部分を口語訳にしておいたので，読んでみてください。

> 総じて，この世の中は生きにくく，わが身と住居とははかなく，もろいということは，やはりまた，これまで述べてきたとおりだ。まして，住む環境によって，自分の境遇にしたがって心を悩ますということは，いちいち数えきれないほどだ。

（口語訳は，前田信弘『方丈記 不安な時代の心のありかた』による。以下同様。）

和真：「この世は生きにくく，わが身と住居とははかなく，もろい」なんて，とても考えさせられます。

里奈：鴨長明は，50歳のころに出家しているので，仏の教え[a]とも重ねて述べているのです。自分の身分がとるにたらないもので，権力や勢いのある家のそばに住んでいたら，喜ばしい出来事があっても，それを思い切り楽しむことはできないだろう，とも書いていました。

和真：物事は自分の置かれた状況次第だと思うことができれば悩まないのに，周りの人々の様子と比較をしてしまうから，悩んでしまうということでしょうか。社会学者リースマンが名づけた，大衆社会に特徴的な人間の心理や性格である　A　のようでもありますね。

里奈：そうでしょう。今の話に関連して，現代の若者の考え方で，気になる資料がありました。

グラフ1　人生で起こることは，結局は自分に原因があると思う

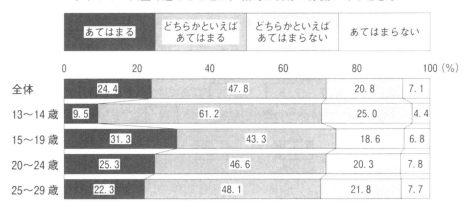

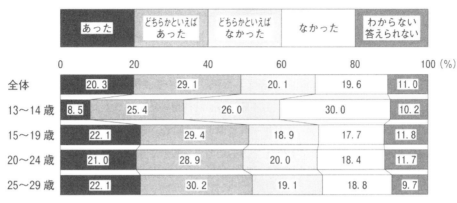

グラフ2　社会生活や日常生活を円滑に送ることができなかった経験

（内閣府「子供・若者の意識に関する調査（令和元年度）」により作成）

和真：グラフ1とグラフ2は13歳から29歳までの若者を対象とした意識調査ですね。グラフ1
　　　からは，高校生ぐらいの年齢（15～19歳）になると，それ以前と比べて，自分に原因があ
　　　るに「あてはまる」と答える割合が　　B　　ことがわかります。

里奈：また，グラフ2からは，社会生活や日常生活を円滑に送ることができなかった経験の
　　　「あった」と回答した若者が，全体ではおよそ5人に1人，「どちらかといえばあった」と回
　　　答した人を含めると，およそ　　C　　いることがわかります。

和真：これらの資料からは，自分一人だけが悩みを抱えているのではなく，成長するとともに，
　　　人生の考え方も変化するのだと理解できそうです。

里奈：鴨長明は，このようなことも書いていました。

> 　さて，人間の世界というものは，ただ心の持ちかたひとつできまるものだ。もし，心
> が安らかな状態でなければ，象馬・七珍※のような財宝も，何の意味もなく，立派な宮
> 殿や楼閣も，のぞむものではない。　　　　　　※象と馬，貴重な宝石を合わせて，大切な宝物のこと

和真：普段の生活で「心の持ちかた」が大事なのは，その通りですね。どのようなきっかけや支援
　　　　　　　　　　　　　　　　　　　　　　　　　　　　　　　　　　（b）
　　　があれば，悩みや困難を改善できるのか，あとで調べてみようと思います。

問1　会話文中の　　A　　，　　B　　，　　C　　にあてはまるものの組合せとして適切なもの
　　　を，次の①～④のうちから一つ選べ。解答番号は　　4　　。

| | A | B | C |
|---|---|---|---|
| ① | 他人指向型 | 高くなる | 2人に1人 |
| ② | 他人指向型 | 低くなる | 4人に3人 |
| ③ | 伝統指向型 | 高くなる | 4人に3人 |
| ④ | 伝統指向型 | 低くなる | 2人に1人 |

問2　下線部分仏の教えに関連して，次のレポートは，夏休みに鴨長明と仏教の考え方について里奈がまとめたものである。レポート中の　D　，　E　にあてはまるものの組合せとして最も適切なものを，下の①～④のうちから一つ選べ。解答番号は　5　。

レポート

> 　鴨長明の人生は，決して順調といえるものではありませんでした。若くして父の死を経験し，晩年になってめぐってきたチャンスも逃してしまいます。だからこそ，仏教の「　D　」について，鋭い感性をもっていたのだと考えます。世の人々も，またその住まいも，川面のよどみに浮かぶ泡のように滅びゆくものだという有名な言葉が生まれたのも，そうした感性のなせることです。
> 　また，仏教の真理に苦は執着から生じるという「集諦」があります。この考え方を身に染みてわかっていたからこそ，小さな庵に住んで，　E　を選んだのでしょう。鴨長明の文章を読むことは，現代の生活における悩みにどう向き合うべきかのヒントになると思いました。

　D　にあてはまる選択肢

ア　八正道

イ　諸行無常

　E　にあてはまる選択肢

ウ　世間から遠ざかり，ひとりで詩を詠むだけの生活

エ　都で返り咲くため，詩友と交流を絶やさない生活

|  | D | E |
|---|---|---|
| ① | ア | ウ |
| ② | ア | エ |
| ③ | イ | ウ |
| ④ | イ | エ |

問 3　下線部分どのようなきっかけや支援があれば，悩みや困難を改善できるのかに関連して，
(b)
　　　次の**表**と**グラフ3**は和真が集めた資料である。**会話文**中の　F　．　G　にあてはまる
　　　ものの組合せとして適切なものを，次のページの①～④のうちから一つ選べ。
　　　解答番号は　6　。

表　困難が改善した経験はどのようなことがきっかけだったと思うか（複数選択）(%)

| | 家族や友人の助け | 時間の経過で状況が変化したこと | 就職・転職したこと | 学校に相談したこと | 支援機関・医療機関に相談したこと | 趣味の活動に参加したこと | わからない、答えられない |
|---|---|---|---|---|---|---|---|
| 全体 | 31.0 | 24.2 | 11.6 | 9.5 | 7.5 | 6.6 | 9.6 |
| 13～14歳 | 46.4 | 23.0 | 3.3 | 9.6 | 7.7 | 4.3 | 5.7 |
| 15～19歳 | 31.8 | 25.0 | 4.2 | 11.8 | 6.3 | 7.8 | 13.1 |
| 20～24歳 | 30.1 | 24.1 | 11.4 | 10.2 | 7.1 | 7.4 | 9.7 |
| 25～29歳 | 27.5 | 23.9 | 21.3 | 6.5 | 8.9 | 5.0 | 6.9 |

グラフ3　公的な支援機関や専門家から支援を受ける場合，どのような支援を受けたいか［支援の形態］
　　　　　（複数選択）と困難改善経験

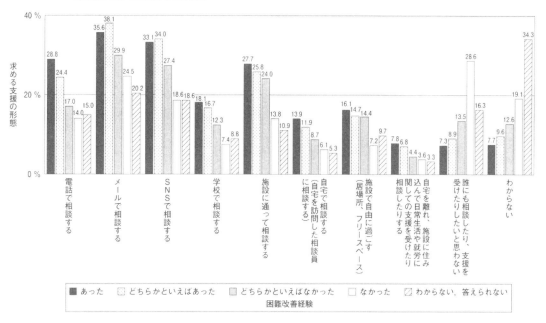

（内閣府「子供・若者の意識に関する調査（令和元年度）」により作成）

**会話文**

里奈：社会生活や日常生活を円滑に送ることができなかった経験のある若者が，少なからず
　　　いましたが，そのような困難を改善することはできるのでしょうか？

和真：調べたら，社会生活や日常生活を円滑に送ることができていなかった状態が改善した
　　　経験について，改善した経験が「あった」「どちらかといえばあった」という若者が，
　　　全体で約60％いました。

里奈：困難が改善した人の方が多いのですね。改善のきっかけについて，**表**をみると，
　　　 F 　ことがわかります。また，全体で約４人に１人が，「時間の経過で状況が変
　　　化したこと」を挙げています。

和真：思いがけず，困難を乗り越えるきっかけがやってくることもあるのでしょう。**グラフ３**
　　　をみると，様々な支援がありますが，　 G 　ことが読み取れます。

里奈：相談することが，とても大切なのですね。


　 F 　にあてはまる選択肢

ア　13〜14歳の約２人に１人が，「家族や友人の助け」を改善のきっかけとしている

イ　25〜29歳の約10％が，「就職・転職したこと」を改善のきっかけとしている


　 G 　にあてはまる選択肢

ウ　電話で相談する支援を受けたい人で，困難改善経験の「あった」という回答者が，「な
　　かった」という回答者と比べて，３倍以上いる

エ　誰にも相談したり，支援を受けたりしたいと思わない人で，困難改善経験が「あった」と
　　いう回答者は，10％未満である


|  | F | G |
|---|---|---|
| ① | ア | ウ |
| ② | ア | エ |
| ③ | イ | ウ |
| ④ | イ | エ |

3 次の生徒のメモは，「政治などの諸問題について考えてみよう」という課題を受けて発表するために，各生徒が準備しているものである。生徒のメモを読んで，問１～問３に答えよ。

**七瀬のメモ**

「地方公共団体の課題について」

日本には，都道府県，市区町村(特別区を含む)あわせて地方公共団体が約1800あります。これらの地方公共団体は，学校教育，福祉・衛生，警察・消防など国民の日々のくらしに不可欠なさまざまな行政サービスを供給しています。

しかし，多くの地方公共団体においては，1990年代後半に入り，財政状況が悪化し，地方財政全体での借入金も増大するなど，地方財政は，きびしい状況にあります。財政危機の(a)深刻な地方公共団体では，福祉分野をはじめとした市民向けサービスなども事業見直しの対象となっており，財政の健全化が課題となっています。

私は地方公共団体の財政状況を調べるとともに，諸外国の状況も調べて，どのような改善方法があるのか，考えてみたいです。

**聡太のメモ**

「防衛問題について」

日本国憲法の前文と第9条では，徹底した平和主義に立ち，軍備をもたず，戦争をしない(b)ことをうたっています。そのような平和憲法のもとに成立した自衛隊と日米安全保障条約ですが，こんにち，自衛隊の活動は海外に拡大し，日米間の安全保障体制の役割も変化しました。海外派遣や防衛協力の拡大，また有事の際の対応など，安全保障の観点からどのような問題点があるのか，調べてみたいです。

**玲奈のメモ**

「世論と政治参加について」

世論とは，社会問題についての国民の意見のことです。世論調査の結果が，政策決定に影(c)響を与えたり，ときには内閣をかえたりすることもあります。世論は大きな力をもっており，世論を政治に正しく反映させるためには何が必要なのか，そのために，マスメディアや市民運動などはどのような意義をもっているのか，考えてみたいです。

問 1 下線部⒜財政状況に関して，次のグラフ1は地方公共団体の団体規模別の歳入決算の状況を示している。下のグラフ1についての説明文を参考にして，グラフ1中の　A　～　C　にあてはまる語句の組合せとして適切なものを，次のページの①～④のうちから一つ選べ。解答番号は　7　。

グラフ1　団体規模別歳入決算の状況（人口1人当たり額及び構成比）(%)

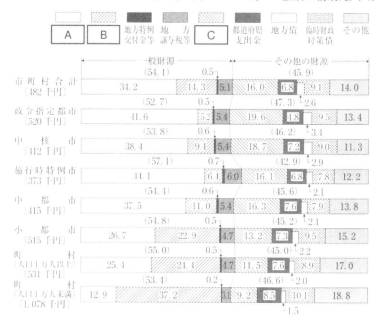

(注1)　「市町村合計」は，政令指定都市，中核市，施行時特例市，中都市，小都市及び町村の合計である。
(注2)　〔 〕内の数値は，人口1人当たりの歳入決算額である。
(注3)　政令指定都市：人口50万人以上の市のうちから政令で指定
　　　　中核市：人口20万人以上の市の申出に基づき政令で指定
　　　　施行時特例市：特例市制度の廃止（平成27年4月1日施行）の際，現に特例市である市
　　　　中都市：人口10万人以上の市　　　小都市：人口10万人未満の市
(注4)　グラフ1の数値は四捨五入しているため，合計値が100とならない場合がある。

（総務省「令和3年度版地方財政白書」により作成）

グラフ1についての説明文

　地方交付税は，地方公共団体の間にある財政格差を是正するために，国税の一部を地方に交付する税であり，国から使途は指定されない。**グラフ1**から歳入総額に占める地方税が少ない団体は，地方交付税の割合が大きい傾向にある。

　国庫支出金は，事業ごとに国が使途を指定して支出する補助金であり，使途が特定されていない一般財源とは異なる。**グラフ1**をみると，小都市と町村では国庫支出金の歳入総額に占める割合がいずれも15％を下回っている。

　地方税は，地方自治体に納める税金である。**グラフ1**をみると，市町村合計では歳入総額に占める割合は一番大きいが，団体規模により歳入総額に占める割合は異なっている。

|   | A | B | C |
|---|---|---|---|
| ① | 地方交付税 | 地方税 | 国庫支出金 |
| ② | 地方税 | 国庫支出金 | 地方交付税 |
| ③ | 地方税 | 地方交付税 | 国庫支出金 |
| ④ | 地方交付税 | 国庫支出金 | 地方税 |

問2 下線部分第9条に関して, 次のア～エは**憲法第9条についての政府の解釈**である。次の
ページの**年表**中の ［ D ］ ～ ［ G ］ の年に示された憲法第9条についての政府の解釈とし
て適切な組合せを, 次のページの①～④のうちから一つ選べ。解答番号は ［ 8 ］ 。

**憲法第9条についての政府の解釈**

ア

> 憲法第9条第2項が保持を禁じている「戦力」は, …(中略)… 自衛のための必要最小
> 限度をこえるものである。

イ

> 警察予備隊の目的は全く治安維持にある。…(中略)… したがってそれは軍隊ではない。

ウ

> 我が国と密接な関係にある他国に対する武力攻撃が発生し, これにより我が国の存立
> が脅かされ, 国民の生命, 自由及び幸福追求の権利が根底から覆される明白な危険があ
> る場合において, …(中略)… 他に適当な手段がないときに, 必要最小限度の実力を行
> 使することは, …(中略)… 自衛のための措置として憲法上許容されると考えるべきで
> あると判断するに至った。

エ

> 戦争放棄に関する本案の規定は, 直接には自衛権を否定しておりませぬが, 第9条第
> 2項において一切の軍備と国の交戦権を認めない結果, 自衛権の発動としての戦争も,
> また交戦権も放棄したものであります。

年　表

| 年 | 出来事 | 憲法第9条についての政府の解釈 |
|---|---|---|
| 1945 | ポツダム宣言の受諾 | |
| 1946 | 日本国憲法公布 | D |
| 1950 | 朝鮮戦争 | E |
| 1951 | 日米安全保障条約調印 | |
| 1954 | 自衛隊の発足 | |
| 1960 | 日米安全保障条約改定 | |
| 1972 | 沖縄返還 | F |
| 1978 | 日米防衛協力のための指針（ガイドライン）策定 | |
| 1992 | PKO協力法制定 | |
| 1997 | ガイドライン改定 | |
| 2003 | 有事関連3法制定 | |
| 2009 | 海賊対処法制定 | |
| 2014 | 集団的自衛権行使容認を閣議決定 | G |
| 2015 | ガイドライン再改定 | |
| | 安全保障関連法制定 | |

| | D | E | F | G |
|---|---|---|---|---|
| ① | ウ | ア | エ | イ |
| ② | ウ | イ | エ | ア |
| ③ | エ | ア | イ | ウ |
| ④ | エ | イ | ア | ウ |

■■||

問３　下線部(c)国民の意見に関して，次のグラフ２は，「日本の政治が取り組まなければならな
いいちばん重要なこと(政治課題)は何か」を尋ねた世論調査の結果である。次のページのグ
ラフ２についての**説明文**を参考にして，グラフ２中の　H　～　K　にあてはまる政治
課題の組合せとして適切なものを，次のページの①～④のうちから一つ選べ。
解答番号は　9　。

グラフ２　日本の政治が取り組まなければならないいちばん重要なこと(政治課題)は何か

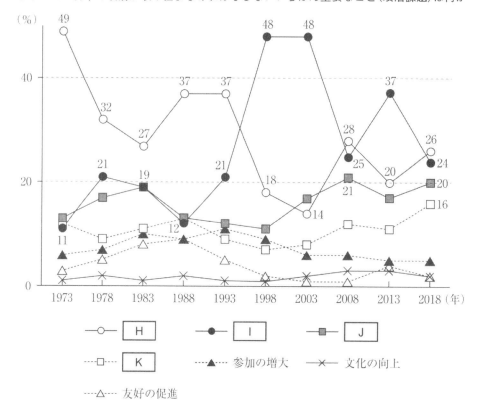

(注)　参加の増大：国民が政治に参加する機会を増やす
　　　文化の向上：学問や文化の向上をはかる
　　　友好の促進：外国との友好を深める

(NHK放送文化研究所「日本人はどう変わったか」により作成)

グラフ2についての説明文

　　人々が考える政治の重要課題は時代によって大きく変化している。45年間を通して
みると，どの時代も国民の福祉を向上させる「福祉の向上」と日本の経済を発展させる
「経済の発展」のいずれかが最も多く，この2つの合計で全体のおよそ半分から3分の2
を占めている。

　　ただし2018年の調査では，2013年と比べて国内の治安や秩序を維持する「秩序の維
持」と国民の権利を守る「権利の擁護」も増加している。「権利の擁護」はこれまでの調査
の中で最も高い。

　　景気との関係をみると，不況の時期には「経済の発展」を重視する人が増える傾向があ
る。1993年には1988年より「経済の発展」を挙げる人が増加し，1998年はさらに大きく
増えた。

| | H | I | J | K |
|---|---|---|---|---|
| ① | 福祉の向上 | 経済の発展 | 秩序の維持 | 権利の擁護 |
| ② | 秩序の維持 | 権利の擁護 | 福祉の向上 | 経済の発展 |
| ③ | 経済の発展 | 福祉の向上 | 権利の擁護 | 秩序の維持 |
| ④ | 権利の擁護 | 秩序の維持 | 経済の発展 | 福祉の向上 |

4　次の文章を読んで，問1～問3に答えよ。

　　憲法が保障する基本的人権は，人間らしく生き，行動する基本的なかなりの部分をカバーして
いる。じっと考えている人は「思想の自由」という人権を行使しているし，考えたことを他人に
語っている人は「表現の自由」を行使している。信ずる神や仏に祈る姿は「信教の自由」のあらわれ
だし，勉強に精だす姿は「教育を受ける権利」のあらわれである。人間にとって大切なことは，あ
らかた「基本的人権」になっているように思える。

　　大切なことは「人権」とは，その国のその時代に，やむにやまれず発した人々のうめき声であ
り，人権にしておかないと人間らしい生活が絶対にできないと考えた結果を，その時点で法的文
書に書き残したものだ，ということである。だから，人々の叫びやうめきが「人権」になってくる
ということは，その背景にかなり深刻な問題があるということになる。逆に，あることが「人権」
として規定されるのは，そう保障しておかないとヤバいという判断があるからであって，決して
いいことずくめではない。

　　まことに人権は，「人類の多年にわたる自由獲得の努力の成果」（第97条）であり，「国民の不断
の努力によって，これを保持しなければならない」（第12条）のである。

　　　　　　　　　　　　　　　　　　　　　　　　（森英樹『新版　主権者はきみだ』により作成）

問1　下線部分憲法が保障する基本的人権について述べた文として適切なものを，次の①～④の
　　うちから一つ選べ。解答番号は　10　。

　①　最高裁判所は，日本国憲法第25条の生存権の規定について，直接個々の国民に具体的
　　　権利を賦与したものであるとしている。
　②　最高裁判所は，外国人のうち日本に永住する資格を有する者等に対して，地方選挙の選
　　　挙権を法律で付与することは，憲法上禁止されていないとする見解を示している。
　③　請願権は，国や地方公共団体に対して様々な要望を出すことができる権利で，受理され
　　　た請願はすべて議会で審議される。
　④　国家賠償請求権は，抑留または拘禁された者が，無罪の裁判を受けたときに，国にその
　　　補償を求めることができる権利である。

問2　下線部分表現の自由に関連して，次の**メモ**はある生徒が表現の自由について記したものである。この**メモ**に関する生徒の発言の中で，表現の自由が制約される場合についての事例として**適切でないもの**を，下の①〜④のうちから一つ選べ。解答番号は　11　。
(b)

**メモ**

> 　表現の自由は，人が自分の考えや意見を表明する自由である。憲法第21条は，集会・結社や言論・出版の自由をはじめ，その他いっさいの表現の自由および通信の秘密を保障している。国民が自由に意見を述べ，議論することは民主主義の基本なので，表現の自由は，特に重要とされる。しかし，表現の自由も他者の利益と衝突する場合があり，濫用することは許されない。

郁美：受け手の存在が前提であるため，個人が特定されたり，名誉が傷つけられたりする文学作品は，出版が差し止められる場合があります。

智也：たとえ文学作品であっても，性的秩序を守り，最小限度の性道徳を維持するという条件を満たさなければ，表現の自由が制限されることがあります。

梨乃：たとえ選挙運動のポスターであっても，選挙の公正，候補者間の平等を確保するため，公職選挙法により，種類や枚数などに制限があります。

真宏：地方公共団体の首長が推進する政策を批判する言動は，他者を傷つける行為にあたるため，条例により制限されることがあります。

①　郁美　　　②　智也　　　③　梨乃　　　④　真宏

問3　下線部分人々の叫びやうめきが「人権」になってくるということは，その背景にかなり深刻
な問題があるということになる(c)に関連して，次の会話文中の　A　，　B　，　C
にあてはまるものの組合せとして適切なものを，次のページの①～④のうちから一つ選べ。
解答番号は　12　。

**会話文**

先　生：前回の授業では，平等権，自由権，社会権など日本国憲法に規定されている基本的
　　　　人権について学習しました。では，人権は憲法に規定されているものだけなので
　　　　しょうか。

裕　貴：プライバシーの権利は，憲法に規定されていませんが，保障されているのではない
　　　　でしょうか。

みのり：嫌煙権は，健康増進法という法律で，屋内は原則禁煙になるなど，権利として守ら
　　　　れるようになってきていると思います。

先　生：そうですね。このような憲法制定時には想定されていなかった権利を「新しい人権」
　　　　と言います。本校の図書館には「迷惑行為厳禁」と書かれた貼り紙が掲示されていま
　　　　すが，これは私が高校生だった30年前と同じです。この「迷惑行為」には「私語」が
　　　　含まれ，「私語」には「友人と会話をして他人の自習を妨害する行為」も含まれるで
　　　　しょう。「貼り紙に私語禁止とは書いていないのだから，私語は禁止されていませ
　　　　ん」とは誰も言わないでしょう。また，時代によって「迷惑行為」の内容は変化しま
　　　　す。例えば，携帯電話を使用することは，私が高校生だった30年前には想定され
　　　　ていなかった行為です。それでも，今では，図書館で携帯電話の着信音を鳴らした
　　　　り，通話をしたりするのは「迷惑行為」に含まれるでしょう。では，憲法制定後の社
　　　　会変化に伴う問題にはどのようなものがありますか。

裕　貴：現在では，通信技術の発達で，本人が知らない間にプライベートなことについて，
　　　　インターネット上で収集されたり公開されたりすることがあります。こうした情報
　　　　化の進展に対応して，プライバシーの権利を守るために　A　などが制定されて
　　　　います。

みのり：高速道路を通る自動車の排気ガスのため，ぜん息などで苦しむ患者が多く出ている
　　　　地域がかつてありました。健康を害するといくら賠償金をもらっても回復は難し
　　　　く，失われた自然環境もなかなか元には戻らないため，事前に止めることができる
　　　　といいと思います。持続可能な社会を構築していくためには，道路や空港といった
　　　　大規模開発にともなう環境破壊を未然に防ぐ必要があり，1997年に　B　が制定
　　　　されました。

先　生：みなさん，多くの事例を知っていますね。こうした社会の変化に伴い，憲法第13条
　　　　の　C　などを根拠に，「新しい人権」がとなえられるようになったのです。こう
　　　　した事例をさらに調べてみてはいかがでしょうか。

|  | A | B | C |
|---|---|---|---|
| ① | 個人情報保護法 | 環境影響評価法 | 幸福追求権 |
| ② | 個人情報保護法 | 建築基準法 | 違憲審査権 |
| ③ | 情報公開法 | 環境影響評価法 | 幸福追求権 |
| ④ | 情報公開法 | 建築基準法 | 違憲審査権 |

5 次の会話文を読んで，問1〜問5に答えよ。

美里：みなさん，**写真1**を見てください。この施設はなんだと思いますか。

**写真1**

信治：巨大な工場に見えます。自動車か電子機器の製造工場でしょうか。

美里：いいえ。この写真はインターネットで検索や電子メールのサービスを提供しているa社の
データセンターです。つまり，製造業や建設業などの　　A　　の施設ということになりま
す。建物の内側には**写真2**にあるように大量のコンピューターがあります。またその横の
**地図**はa社の地図サービスで調べたものですが，世界各地にこの施設が存在していること
がわかります。

**写真2**　　　　　　　　　　　　　　　　　　　**地図**

　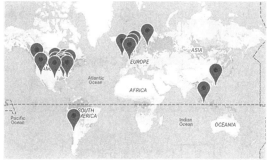

先生：おもしろい着眼点ですね。私たちが普段利用している検索やメールのサービスはこのよう
なデータセンターが支えているのです。

信治：先生，私たち消費者は無料でa社のサービスを利用しています。この施設の維持費はどこ
　　　(a)
から出ているのでしょうか。

先生：これらの無料のサービスを提供できるのは，民間のテレビ局が視聴者には無料でテレビ番
組を放送しているのと同じで　　B　　からです。

信治：a社がテレビ局とくらべて優れているところはどこですか。

美里：ビッグデータと呼ばれる個人に関する大量のデータを所有していることです。例えばa社のロゴマークの色は，微妙に色を変えたロゴを何種類も表示し，大量のデータから最もクリック数の多い色を選んだそうです。

信治：色を決めるだけでも気が遠くなるようなデータをもとに決めているのですね。そういえば商品をいかに消費者に売り込むかを研究する<u>マーケティング</u>という学問分野があるそうです。大学に進学したら勉強してみたいと思います。
(b)

美里：先生，これだけ巨大な施設を世界中にもっているとすると，他の企業がa社のビジネスをまねることは難しいのではないでしょうか。つまり私たちはa社のサービスを利用するしかない。だとすると，いわゆる独占禁止法に違反しないのですか。

先生：そうですね。同一業種の企業が，株式の仕組みを利用して合併し，巨大な企業になることを　C　と呼びます。アメリカにも，日本の独占禁止法にあたる反　C　法が存在します。アメリカではa社がこの法律に違反するとして司法当局が訴訟を起こしているそうです。

信治：話は変わりますが，現代の技術にこれだけ大量のコンピューターが加われば，さらに<u>人間の仕事を奪う</u>ことが起きるのではないでしょうか。
(c)

美里：a社の最高経営責任者(CEO)の年俸は2億円以上だそうです。さらに200億円以上の報酬をa社の株式で支給されるとのことです。一部の人だけが高い報酬を得て，他の人たちの収入が減少し，<u>貧富の差</u>がさらに拡大するのではないかと思います。
(d)

先生：そうですね。みなさん，美里さんの発表から興味をもったことをさらに調べてみましょう。

問1　会話文中の　A　，　B　，　C　にあてはまるものの組合せとして適切なものを，次のページの①～④のうちから一つ選べ。解答番号は　13　。

　　　A　にあてはまる選択肢

ア　第二次産業ではなく，第三次産業

イ　第三次産業ではなく，第二次産業

　　　B　にあてはまる選択肢

ウ　企業の社会貢献活動であるメセナの一環として行っている

エ　広告を掲載する企業から広告料をとっている

　　　C　にあてはまる選択肢

オ　コンツェルン

カ　トラスト

|   | A | B | C |
|---|---|---|---|
| ① | ア | ウ | オ |
| ② | ア | エ | カ |
| ③ | イ | ウ | カ |
| ④ | イ | エ | オ |

問2 下線部分消費者に関連して，次のレポート1は生徒が「需要曲線」と呼ばれるグラフについ
てまとめたものである。このレポート1中の　D　，　E　にあてはまるものの組合せ
として適切なものを，次のページの①～④のうちから一つ選べ。解答番号は　14　。

レポート1

私たち「買い手」の行動をグラフ上に表したものが需要曲線です。このグラフは，縦軸の価
格(単位は円)が変化すると私たちの買う量(需要量，単位は個)がどれだけ変化するかを表し
ています。そこで私は考えやすくするために直線で二種類の需要曲線を考えました。

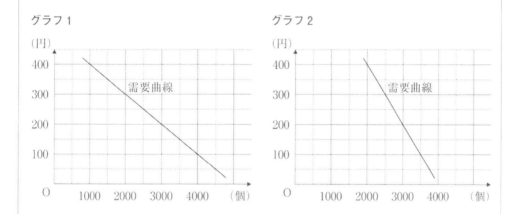

グラフ1    グラフ2

この二つの需要曲線はともに　D　点では同じです。価格が200円から400円に100％
上昇したとき，グラフ1の需要曲線では需要量が3000個から約67％減少して1000個に
なっています。しかしグラフ2の需要曲線では3000個から約33％減少して2000個になっ
ています。つまりグラフ1の方が需要量の変化の割合が大きいことがわかります。

私の家は，いつも和食中心の食生活なのですが，日頃購入しているコーヒーのような嗜好
品と米のような主食のそれぞれの価格が同率で高くなった場合，　E　はずです。なぜな
らば私の家ではコーヒーの消費量は減らせますが，三食ともごはんが食べたいという家族が
多いからです。

令和4年度第2回試験

D にあてはまる選択肢

ア　価格が高くなるにしたがって需要量が増加している

イ　価格が高くなるにしたがって需要量が減少している

E にあてはまる選択肢

ウ　需要量の減少率は，米よりもコーヒーが大きくなると思います。つまりグラフ1かグラフ2かでは，コーヒーの方がグラフ1に近い変化になる

エ　需要量の減少率は，コーヒーよりも米が大きくなると思います。つまりグラフ1かグラフ2かでは，米の方がグラフ1に近い変化になる

| | D | E |
|---|---|---|
| ① | ア | ウ |
| ② | ア | エ |
| ③ | イ | ウ |
| ④ | イ | エ |

問3 ─ド線部分マーケティングに関して，次のレポート2は生徒がペットボトルのお茶につい
て，いくつかの企業の宣伝戦略を分析したものである。このレポート2中の　F　，
　G　，　H　にあてはまるものの組合せとして適切なものを，次のページの①～④の
うちから一つ選べ。解答番号は　15　。

レポート2

右のグラフ3はあるコンビニエンススト
アでのお茶のペットボトルのシェア（市場
占有率）をあらわしています。

ここから　F　と考えられます。では
それぞれの企業の戦略をみてみましょう。

v社は，日本で最初にお茶のペットボト
ルを売り出した会社です。長いこと同じ商
品名を使っています。

私がおもしろいとおもったのはx社の宣
伝戦略に関してです。この会社は炭酸の清
涼飲料水では国内トップの会社です。とこ
ろが，ホームページを見るとx社だけ会社

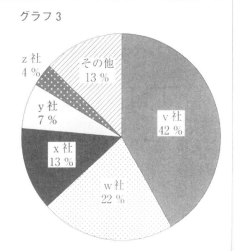

グラフ3

（各社ホームページにより作成）

名がでていません。おそらく会社名を出すと，アメリカ文化や炭酸飲料水のブランドイ
メージが強いため，お茶の販売にはマイナスになると考えたのだろうと思います。

w社とx社が京都のお茶の老舗の名称を利用することでお茶のおいしさを強調してい
るのに対して，y社は別の戦略をとっていると思いました。以前，この会社はアメリカ
のアニメーション映画『アナと雪の女王』のキャラクターをお茶のCMに使用していまし
た。これは　G　という戦略によるものではないかと考えています。

上位4社のペットボトルの価格は店頭では同じです。つまり　H　ということがい
えると思います。

　F　にあてはまる選択肢

ア　v社が市場の4割を占める独占市場であり，規模の経済性により生産コストが低いv社
に他の企業は価格競争で苦戦している

イ　v社，w社，x社，y社の4社で全体の8割以上を占める寡占市場であり，各社とも非
価格競争に力を入れている

G にあてはまる選択肢

ウ　映画『アナと雪の女王』の宣伝を行うことで，アニメーションを作った会社から広告料を取り，利益を上げる

エ　他の会社とは異なる，映画『アナと雪の女王』を支持するような消費者層に狙いをつけて，売上げを伸ばす

H にあてはまる選択肢

オ　独占禁止法の認めるカルテルのもとで同一の価格になるような市場では，広告や商品のデザインもすべて似たようなものになることが多い

カ　プライスリーダーがつけた価格に他の企業が同調するような市場では，広告やブランドのイメージに差をつけることで売上げを伸ばす戦略をとることが多い

|  | F | G | H |
|---|---|---|---|
| ① | ア | ウ | オ |
| ② | ア | エ | カ |
| ③ | イ | ウ | オ |
| ④ | イ | エ | カ |

問 4 下線部分人間の仕事を奪うに関して述べた次のレポート3中の　I　，　J　，　K　にあてはまるものの組合せとして適切なものを，次のページの①～④のうちから一つ選べ。解答番号は　16　。

レポート3

　　19世紀に活躍し，『資本論』を書いたマルクスの思想は，ロシア革命後のソビエト連邦（ソ連）で実現した　I　の成立に大きな影響を与えました。彼は企業が労働者でなく機械などの生産手段に資金を多く割り振るようになると，やがて失業者が増加するようになると考えました。また資本主義が恐慌を生み出す原因だと考え，自由経済と私有財産制を否定しました。

　　それに対して，マルクスが死んだ1883年に生まれたケインズは逆に楽観的な立場にたっています。彼は「孫たちの経済的可能性」という文章の中で，100年後（2030年）には，生活水準が現在の4～8倍も高くなり，一日3時間労働や週15時間労働にすれば，失業問題も解決に近づくと書いています。つまり，マルクスとは逆に　J　と考えていたのです。

　　ケインズと同じ年に生まれた経済学者にシュンペーターがいます。彼は　K　が新しい市場や産業を産み出し，景気を押し上げると考えていました。現在ならばインターネットの発達などがこの例としてあげられると思います。

　　このようにしてみると，コンピューターに仕事が奪われる産業もあると思いますが，必ずしも悲観的な未来があるわけではないと思いました。

　I　にあてはまる選択肢

ア　帝国主義

イ　社会主義

　J　にあてはまる選択肢

ウ　人間の仕事は機械に取って代わられ，わずかに残った仕事を奪い合うことになり，平均すれば一日3時間程度の仕事しかない貧しい状態になる

エ　人間の仕事が機械に取って代わられても，生産性が上がるのだから労働時間を短縮することで失業を防ぎ，豊かに暮らすことができる

　K　にあてはまる選択肢

オ　イノベーション

カ　ディスクロージャー

|   | I | J | K |
|---|---|---|---|
| ① | ア | ウ | オ |
| ② | ア | エ | カ |
| ③ | イ | ウ | カ |
| ④ | イ | エ | オ |

問 5 下線部分貧富の差に関連して，次の図とグラフについて述べた文章として適切なものを，
次のページの①〜④のうちから一つ選べ。解答番号は 17 。

図
社会のタイプ

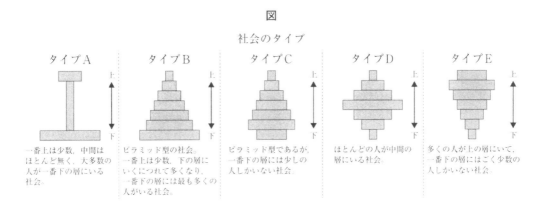

タイプA
一番上は少数，中間はほとんど無く，大多数の人が一番下の層にいる社会。

タイプB
ピラミッド型の社会。一番上は少数，下の層にいくにつれて多くなり，一番下の層には最も多くの人がいる社会。

タイプC
ピラミッド型であるが，一番下の層には少しの人しかいない社会。

タイプD
ほとんどの人が中間の層にいる社会。

タイプE
多くの人が上の層にいて，一番下の層にはごく少数の人しかいない社会。

グラフ4　あってほしいと思う日本の社会のタイプ　　グラフ5　現在の日本の社会のタイプ

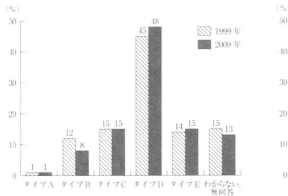

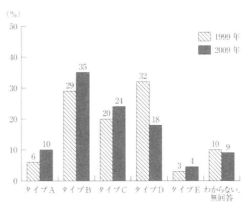

(注)　自分が図の一番下から図の一番上までのどの社会的な階層に属しているかを質問した後に，「あってほしいと思う日本の社会のタイプ」と，「現在の日本の社会のタイプ」はどれかを質問したもの。

(NHK ホームページにより作成)

① グラフ4によると一番上の層と一番下の層に二極分化した図の**タイプA**は，1999年でも2009年でも全体の1％である。しかし，**グラフ5**によると，**タイプA**は1999年も2009年もともに10％を超えている。

② ピラミッド型で，少数の一番上の層から下の層になるにしたがって人が多くなる図の**タイプB**は，**グラフ4**によると1999年でも2009年でも1割に満たない。しかし，**グラフ5**によると，**タイプB**は2009年には3割を超え最も高くなっている。

③ ほとんどの人が中間の層にいる図の**タイプD**は，**グラフ4**によると1999年でも2009年でも全体の4割以上の人が，あってほしいと考えている。しかし，**グラフ5**によると，**タイプD**は1999年には最も多かったものの，2009年には2割を切っている。

④ 上から二番目の層が最も多く，その層から逆ピラミッド型になる図の**タイプE**は，**グラフ4**によると1999年でも2009年でも15％に達している。しかし，**グラフ5**によると，**タイプE**は1999年も2009年もともに5％に達していない。

6　次の会話文を読んで，問1～問5に答えよ。

亜矢子：昨年，日本で東京オリンピックが開催されましたね。

虎太郎：はい。1964年に続いて，2回目の東京オリンピックでした。

亜矢子：本来は2020年に開催される予定だったのですが，新型コロナウイルス感染症が世界的
　　　　に流行した影響で，一年遅れての開催でした。

虎太郎：オリンピックの開催については，様々な意見がありましたが，無事開催でき，テレビで
　　　　選手を応援できたのは良かったと思います。

亜矢子：日本でオリンピックを開催したことに，どんな意味があったのかな。

虎太郎：前回の東京オリンピックについて，こんな新聞記事を見つけたので，読んでみてくださ
　　　　い。

---

　　読売新聞2011年3月21日掲載の世論調査では，「昭和の時代を象徴すると思う出来事」の
1位は「東京オリンピック」だった。2位は「原爆投下」，3位は1986年頃から株価や地価の
急激な上昇によって発生した好景気である「　A　」，4位は「石油危機」，5位は「真珠湾
　　　　　　　　　　　　　　　　　　　　　　　　　　　　(a)
攻撃，対米戦始まる」だ。

　　なぜ1964年東京オリンピックは，これほど印象が大きいのか。それはこのオリンピック
が，日本の国際社会復帰を象徴していたからだ。日本は戦争で世界との国交や貿易関係を
失った。サンフランシスコ平和条約の締結や，国際連合加盟を経ても，その影響は続いてい
　　　　(b)　　　　　　　　　　　　　　　(c)
た。例えば外国為替取引は管理され，それを介して貿易や海外渡航も制限されていた。商用
や留学など政府が認めた理由がなければ，外国へ行けなかったのである。この状況が解消さ
れたのが1964年だった。この年の4月，日本は国際通貨基金(IMF)の8条国となり，為替
と海外渡航が自由化された。これと同時に，資本主義諸国の協力により安定的な経済成長や
発展途上国への援助の促進を目指す　B　への加盟を果たし，「先進国」と認められる形と
なった。つまり日本にとって1964年は，戦争で途絶したヒト・モノ・カネの国際移動がよ
うやく修復された年だった。戦争で破壊された生活もやっと復興し，人々の気持ちも未来を
向き，外に開かれようとしていた。1964年東京オリンピックの開会式で，NHKのアナウン
サーが「世界中の青空を全部東京にもってきてしまったような素晴らしい秋日和でございま
す」と述べたのは，こうした背景があったのだ。

（「朝日新聞」2021年8月10日により作成）

---

亜矢子：なるほど，1964年のオリンピックは，日本が戦争から復興して国際社会に復帰し，国
　　　　際社会の一員として様々な役割を果たしていこうという決意を表明した大会だったので
　　　　すね。

虎太郎：よくオリンピックのレガシー（遺産）という言い方をするけれど，オリンピックが終わっ
て1年が過ぎた今だからこそ，2021年の東京オリンピックにはどんな意味があったの
<sub>(d)</sub>
か，オリンピックが残したレガシーは何なのかについて，もう一度考える必要がありそ
うです。

問1　会話文中の　A　，　B　にあてはまるものの組合せとして適切なものを，次の①〜
④のうちから一つ選べ。解答番号は　18　。

| | A | B |
|---|---|---|
| ① | 神武景気 | 経済協力開発機構（OECD） |
| ② | バブル景気 | 経済協力開発機構（OECD） |
| ③ | 神武景気 | 世界貿易機関（WTO） |
| ④ | バブル景気 | 世界貿易機関（WTO） |

問2　下線部分石油危機に関連して、次のレポート1中の　C　．　D　．　E　にあて
はまるものの組合せとして適切なものを，次のページの①～④のうちから一つ選べ。
解答番号は　19　。

レポート1

---

　　石油危機はオイルショックとも呼ばれ，産油国が石油の生産量の削減や，輸出規制な
どを行ったことにより生じた世界的な経済の混乱のことを言います。石油危機は，1973
年と1979年の二度発生し，それぞれ第一次石油危機と第二次石油危機と呼ばれています。

　　第一次石油危機の背景となったのは，1973年10月に発生した第四次中東戦争で，エ
ジプト・シリアとイスラエルの間で戦われました。戦争が起こると，サウジアラビアな
どが加盟するアラブ石油輸出国機構(OAPEC)は，イスラエルを支援する諸国に対して
原油輸出の停止や制限の処置をとりました。同時に，石油輸出国機構(OPEC)は原油価
格の大幅な　C　を実施したため，世界経済が混乱し，先進工業国は深刻な打撃を受
けました。特に石油の大半を中東地域からの輸入に頼っていた日本への影響は大きく，
商品の買い占めや売り惜しみ，便乗値上げをする企業も現れました。パニックに陥った
消費者は，灯油，洗剤，トイレットペーパーなどの買いだめに殺到し，けが人が出るな
どの騒ぎが起こりました。これに対し，日本銀行は　D　をとり，政府は国民に
　E　を呼びかけましたが，それらの効果は上がらず，1974年の日本の消費者物価
指数は23％上昇し，「狂乱物価」という造語が生まれました。結局日本は，1974年に戦
後初めて実質経済成長率がマイナスとなり，高度経済成長は終わりを迎えたのです。

　　1979年に発生した第二次石油危機はイラン革命が契機となり発生しました。革命によ
り産油国であるイランでの石油生産が中断したため，石油の需給は逼迫しました。さら
に石油輸出国機構が原油価格の　C　を実施したため，世界経済は大きな影響を受け
ました。日本でも，ガソリンスタンドが日曜や祝日に休業するなどの影響がありました。

　　このように二度の石油危機は，先進国の経済が中東地域の石油に依存していることを
明らかにしました。しかし石油危機を契機に代替エネルギーの活用や，省エネルギー技
術の研究開発などが促進されました。特に日本は省エネルギー技術で世界をリードして
いく存在となったのです。

---

**C** にあてはまる選択肢

ア　引き上げ

イ　引き下げ


**D** にあてはまる選択肢

ウ　公定歩合の引き下げなど金融緩和策

エ　公定歩合の引き上げなど金融引き締め策


**E** にあてはまる選択肢

オ　消費

カ　節約


| | C | D | E |
|---|---|---|---|
| ① | ア | ウ | オ |
| ② | イ | ウ | カ |
| ③ | ア | エ | カ |
| ④ | イ | エ | オ |

問 3　下線部分サンフランシスコ平和条約について述べた文として適切なものを，次の①〜④の
(b)
　　　うちから一つ選べ。解答番号は　20　。

①　日本と，連合国48カ国(ソ連などを除く)との間で結ばれた条約で，日本が朝鮮の独立
　　を承認し，台湾・澎湖諸島，千島列島・南樺太を放棄することなどが定められた。

②　日本とアメリカとの間で結ばれた条約で，日本の安全と極東地域の平和を維持するため
　　に，アメリカの軍隊が日本に駐留し，そのために必要な基地を日本が提供することなどが
　　定められた。

③　日本と中国との間で結ばれた条約で，平和五原則を基礎として両国の友好関係を発展さ
　　せつつ，経済，文化，民間の交流を一層すすめていくことなどが定められた。

④　日本と韓国との間で結ばれた条約で，日本が韓国を朝鮮半島における唯一の合法的政府
　　と認めることを確認し，両国間の外交関係が開設されることなどが定められた。

問4 下線部分国際連合に関連して，次の**資料１**，**資料２**中の $\boxed{F}$ ， $\boxed{G}$ ， $\boxed{H}$ ， $\boxed{I}$ にあてはまる国名の組合せとして適切なものを，下の①～④のうちから一つ選べ。解答番号は $\boxed{21}$ 。

**資料1** 国際連合通常予算分担率（％）

|  | 2010～12 年 | 2013～15 年 | 2016～18 年 | 2019～21 年 |
|---|---|---|---|---|
| アメリカ | 22.0 | 22.0 | 22.0 | 22.0 |
| $\boxed{F}$ | 12.5 | 10.8 | 9.7 | 8.6 |
| ドイツ | 8.0 | 7.1 | 6.4 | 6.1 |
| $\boxed{G}$ | 6.6 | 5.2 | 4.5 | 4.6 |
| フランス | 6.1 | 5.6 | 4.9 | 4.4 |
| $\boxed{H}$ | 5.0 | 4.4 | 3.7 | 3.3 |
| $\boxed{I}$ | 3.2 | 5.1 | 7.9 | 12.0 |

**資料2** 安全保障理事会における役割（2021 年現在）と国際連合加盟年

|  | 安全保障理事会における役割 | 国際連合加盟年 |
|---|---|---|
| アメリカ | 常任理事国 | 1945 年 |
| $\boxed{F}$ | 非常任理事国の選任あり（通算 22 年） | 1956 年 |
| ドイツ | 非常任理事国の選任あり（通算 12 年） | 1973 年 |
| $\boxed{G}$ | 常任理事国 | 1945 年 |
| フランス | 常任理事国 | 1945 年 |
| $\boxed{H}$ | 非常任理事国の選任あり（通算 13 年） | 1955 年 |
| $\boxed{I}$ | 常任理事国 | 1945 年 |

（注1） 分担率は，小数第2位を四捨五入して表示した。
（注2） ドイツの非常任理事国の選任年数には，統合前のドイツ連邦共和国分を含んでいる。ドイツ連邦共和国とドイツ民主共和国は 1973 年に国連に加盟したが，1990 年にドイツ連邦共和国に統合された。
（注3） 中国の代表権は，1971 年の国連総会で中華民国政府から中華人民共和国政府に変更された。
（国際連合広報センターホームページ，国際連合ホームページにより作成）

|  | F | G | H | I |
|---|---|---|---|---|
| ① | イギリス | 日本 | 中国 | イタリア |
| ② | 日本 | イギリス | 中国 | イタリア |
| ③ | イギリス | 日本 | イタリア | 中国 |
| ④ | 日本 | イギリス | イタリア | 中国 |

問5 下線部分2021年に関連して，次のレポート2中の J ， K ， L にあて
(d)
はまるものの組合せとして適切なものを，次のページの①～④のうちから一つ選べ。
解答番号は 22 。

レポート2

右の写真を見てください。この写真
は，2001年9月11日に J で発生
した同時多発テロ事件の写真です。2021
年はこの事件の発生から20年の節目の
年で，追悼式典が実施されました。

この事件での犠牲者は3000人近くに
及び，日本人の死者・行方不明者も24
人にのぼりました。その後，首謀者であ
るオサマ・ビンラディンがタリバン政権

（AP通信ホームページより）

下の K に潜伏していることが判明しました。しかし，タリバン政権がオサマ・ビ
ンラディンの引き渡しを拒否したことを理由に J を中心とする諸国連合による
K への攻撃が始まりました。

日本政府も，海上自衛隊の護衛艦など3隻をインド洋に派遣し，多国籍軍の艦船に燃
料補給を行うなどの協力支援活動を行いました。

その一方，医師である中村哲さんと彼が所属するNGOのペシャワール会は，基金を
設立して多くの人々から支援を受け，紛争下で避難民に対し食料配給を実施しました。
その後も基金を活用して，地元に伝わる昔ながらの工法を用いて井戸を設置したり，現
地の人々と協力して大規模な用水路を建設したりするなど，農村の復興に力を入れた支
援を続けました。

しかし，2021年にはタリバン政権が復活するなど K では混乱が続いています。
飢餓のない世界を目指して食料援助活動を実施している L によれば，食料不足の
深刻化により飢餓に苦しむ人が増加し，人口の半数以上が飢餓状態に陥ると懸念されて
います。現地の人々に必要な支援は何かを考え，日本として，自分自身として出来るこ
とは実行していくことが必要だと思います。

| J | にあてはまる選択肢

ア　フランス

イ　アメリカ


| K | にあてはまる選択肢

ウ　イラク

エ　アフガニスタン


| L | にあてはまる選択肢

オ　国連世界食糧計画

カ　国連環境計画

|   | J | K | L |
|---|---|---|---|
| ① | ア | ウ | オ |
| ② | ア | エ | カ |
| ③ | イ | ウ | カ |
| ④ | イ | エ | オ |

**7** 次の文章は,「現代社会」のまとめとして課題を探究する学習に取り組んでいる生徒による,中間発表の原稿である。これを読んで,**問１〜問２**に答えよ。

「現代社会」の課題学習で,「持続可能な公共交通」について考えています。

私はバスで通学していますが,先生から「近年はバスの運行を維持できない地域が増えている」と教わりました。その理由を調べてみたいと思い,私はこのテーマを選びました。

まず,バスの輸送人員の変化を調べました。**資料１**によると, A ことがわかりました。

次に,年齢別の人口の変化を調べました。**資料２**によると, B ことがわかりました。

これらのことから,地方部ではバスの利用者は減少しており,その背景には,働く人や若者の数が減ったことがあると考えました。

さらに,運転免許保有者数と交通死亡事故件数の推移を調べました。**資料３**によると, C ことがわかりました。私は,高齢者の交通事故が多い原因の一つに,バスなど公共交通を利用しづらいことがあると考えました。利用者が減少すればバスの運行も減り,高齢者は自分で車を運転せざるを得ないからです。

以上のことから,私は公共交通を維持することは,重要な課題だと考えました。そこで,先日,バスのこれからについて,バス会社の方にお話を伺ってきました。担当の方は,次のような話をしてくださいました。

「調べてくれたとおり,近年はバスを利用するお客様が減少しています。しかし,高校生や高齢者など,バスを必要とする人たちのために,私たちは運行を持続させたいと思っています。ぜひ高校生の視点で,バスの利用者を増やす方法を提案してくれませんか」

そこで私は,<u>私たちの地域で実施できる取組みを最終報告書にまとめ,バス会社に提案する</u>こ
(a)
とにしました。

**資料１　バスの輸送人員**

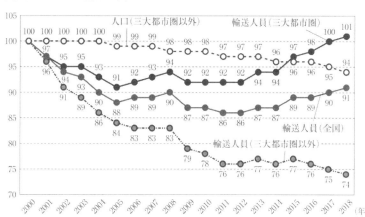

(注)　2000 年を 100 とした場合の指数で表す。

(国土交通省『令和３年版 国土交通白書』により作成)

資料２　年齢区分別の人口割合の推移と予測

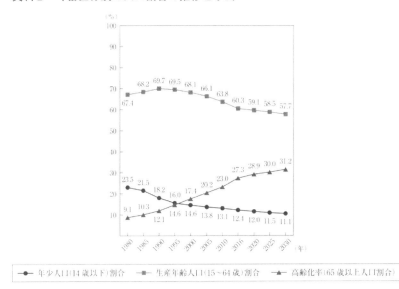

（厚生労働省『平成 29 年版 厚生労働白書』により作成）

資料３　75 歳以上の運転免許保有者数と免許取得者 10 万人当たりの死亡事故件数の推移

（内閣府『令和 2 年版 交通安全白書』により作成）

問 1　文章中の　A ，　B ，　C　にあてはまる文の組合せとして適切なものを，下の①～④のうちから一つ選べ。解答番号は　23 　。

A　にあてはまる選択肢

ア　2000 年から 2018 年の間で，三大都市圏以外の人口が増加している年はなく，三大都市圏以外のバスの輸送人員は，一部に増加している年はあるものの，全体として減少傾向にある

イ　2000 年から 2018 年の間で，三大都市圏のバスの輸送人員が増加している年はなく，全国のバスの輸送人員は，一部に増加している年はあるものの，全体として減少傾向にある

B　にあてはまる選択肢

ウ　2000 年から 2020 年の間で，生産年齢人口や年少人口の割合が減少する一方，65 歳以上の高齢者の割合が増加している

エ　2000 年から 2020 年の間で，生産年齢人口や年少人口の割合が増加する一方，65 歳以上の高齢者の割合が減少している

C　にあてはまる選択肢

オ　2009 年から 2019 年の間で，75 歳以上の運転免許保有者数は 200 万人以上増加しており，免許取得者 10 万人当たりの死亡事故件数は，すべての年において，75 歳未満に比べ，75 歳以上が 2 倍以上多い

カ　2009 年から 2019 年の間で，75 歳以上の運転免許保有者数は 400 万人以上増加しているが，免許取得者 10 万人当たりの死亡事故件数は，すべての年において，75 歳未満に比べ，75 歳以上が半分以下である

| | A | B | C |
|---|---|---|---|
| ① | ア | ウ | オ |
| ② | ア | エ | カ |
| ③ | イ | エ | カ |
| ④ | イ | ウ | オ |

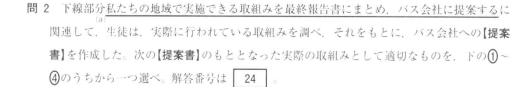

問 2　下線部分私たちの地域で実施できる取組みを最終報告書にまとめ，バス会社に提案するに
　　　関連して，生徒は，実際に行われている取組みを調べ，それをもとに，バス会社への【提案
　　　書】を作成した。次の【提案書】のもととなった実際の取組みとして適切なものを，下の①〜
　　　④のうちから一つ選べ。解答番号は　24　。

> 【提案書】
>
> 　　　　バスのこれからについて話し合う協議会の設置の提案
>
> 　現状：利用者の多くが「バスのことはバス会社に任せればよい」
> 　　　　と他人事として見ている。
> 　内容：バス会社，市役所，利用者の協議会を設置し，高校生も
> 　　　　利用者代表で参加したい。授業で学習した「社会参画」の
> 　　　　考え方に基づき，地域の課題を積極的に解決したい。
> 　効果：運行を会社任せにせず，行政も利用者もバスのあり方を
> 　　　　提案でき，より便利にすることができる。

①　W市は，市内の高校生やその保護者から，バスの利用方法に関する問い合わせが多く寄
　　せられていた。そこで，中学3年生向けに，市内の高校へのバスでの通学方法を記した一
　　覧表を作成した。

②　X市は，高校と最寄りのバス停が離れており，通学の利用は少なかった。そこで，市，
　　バス会社，生徒，教員，保護者が会議を立ち上げ，利用促進策を話し合った。その結果，
　　朝夕の便を高校近くまで延伸した。

③　Y市は，商業施設が中心市街地に集中しており，休日は自家用車の渋滞が発生してい
　　た。そこで，市と商業施設が協力し，一定額以上の買い物をした人に対して，帰りのバス
　　運賃が無料になるきっぷを配布した。

④　Z市では，自家用車を持たない交通弱者に対応するため，タクシーによるオンデマンド
　　(需要に応じた)交通システムを整備した。利用者は電話で利用区間を伝え，低運賃でタク
　　シーを利用できるようになった。

# 令和４年度　第２回

# 解答・解説

【重要度の表記】

Ａ：重要度が高く確実に正答したい設問。しっかり
　　復習する必要のある問題です。

Ｂ：重要度はＡレベルよりすこし下で、やや難易度
　　が高い設問または内容を読み取る設問。高得点
　　を狙う人は復習しましょう！

Ｃ：重要度が低い、または難解な設問。軽く復習す
　　る程度でよいでしょう！

# 令和4年度 第2回 高卒認定試験

## 【 解 答 】

| 1 | 解答番号 | 正答 | 配点 | 2 | 解答番号 | 正答 | 配点 | 3 | 解答番号 | 正答 | 配点 | 4 | 解答番号 | 正答 | 配点 |
|---|---|---|---|---|---|---|---|---|---|---|---|---|---|---|---|
| 問1 | 1 | ④ | 4 | 問1 | 4 | ① | 4 | 問1 | 7 | ③ | 4 | 問1 | 10 | ② | 4 |
| 問2 | 2 | ② | 4 | 問2 | 5 | ③ | 5 | 問2 | 8 | ④ | 5 | 問2 | 11 | ④ | 4 |
| 問3 | 3 | ③ | 4 | 問3 | 6 | ② | 4 | 問3 | 9 | ① | 4 | 問3 | 12 | ① | 4 |

| 5 | 解答番号 | 正答 | 配点 | 6 | 解答番号 | 正答 | 配点 | 7 | 解答番号 | 正答 | 配点 |
|---|---|---|---|---|---|---|---|---|---|---|---|
| 問1 | 13 | ② | 4 | 問1 | 18 | ② | 4 | 問1 | 23 | ① | 4 |
| 問2 | 14 | ③ | 4 | 問2 | 19 | ③ | 4 | 問2 | 24 | ② | 4 |
| 問3 | 15 | ④ | 4 | 問3 | 20 | ① | 4 | - | - | - | - |
| 問4 | 16 | ④ | 4 | 問4 | 21 | ④ | 5 | - | - | - | - |
| 問5 | 17 | ③ | 5 | 問5 | 22 | ④ | 4 | - | - | - | - |

## 【 解 説 】

### 1

問1 空欄Aには、1992年に開催された国連環境開発会議の基本理念である「持続可能な開発（発展）」が当てはまります。これは、自然が再生できる範囲で資源を利用するという考え方です。空欄Bには、2015年に採択された「パリ協定」が当てはまります。「パリ協定」は、産業革命以前と比べて世界の平均気温の上昇を「2℃」未満に抑える目標が定められ、先進国に限らず批准したすべての国が参加することが特徴です。したがって、正解は④となります。なお、「かけがえのない地球」は、1972年に開催された国連人間環境会議のスローガンです。「京都議定書」は、1997年に採択され、先進国の温室効果ガス排出量の削減目標が定められました。

**解答番号【1】：④** ⇒ **重要度A**

問2 ①について、日本の$CO_2$排出量は1990年から2016年にかけて「11%減った」とありますが、グラフ1の表組みを見ると、11%増えていますので誤りです。③について、カナダの$CO_2$排出量は1990年から2016年にかけて「29%減った」とありますが、グラフ1の表組みを見ると、29%増えていますので誤りです。④について、ロシアの$CO_2$排出量は1990年から2016年にかけて「34%増えた」とありますが、グラフ1の表組みを見ると、34%減っていますので誤りです。したがって、正解は②となります。

**解答番号【2】：②** ⇒ **重要度B**

問3　①について、中国の国民一人あたりの一次エネルギー消費量が「世界で最も多くなっている」とありますが、グラフ5を見ると、最も多いのはカナダですので誤りです。②について、アメリカの国別の一次エネルギー消費量は「世界全体の4％を占めている」とありますが、グラフ4を見ると、アメリカは世界全体の17％を占めていますので誤りです。④について、日本の国別の一次エネルギー消費量は「世界3位」とありますが、グラフ4を見ると、日本は世界5位ですので誤りです。したがって、正解は③となります。

**解答番号【3】：③**　　⇒ **重要度B**

## 2

問1　空欄Aについて、リースマンは現代の大衆社会に生きる人々の心理や性格を、他人に同調し、承認を求める「他人指向型」だとしました。空欄Bについて、グラフ1を見ると、15～19歳の「あてはまる」は31.3％で、それ以前の13～14歳の9.5％と比べて「高くなる」ことがわかります。空欄Cについて、グラフ2の「全体」を見ると、「あった」が20.3％、「どちらかといえばあった」が29.1％で、合計49.4％です。よって、空欄Cには「2人に1人」が当てはまります。したがって、正解は①となります。なお、「伝統指向型」とは、伝統的権威や慣習に従うことを行動原理とする心理や性格のことです。

**解答番号【4】：①**　　⇒ **重要度B**

問2　空欄Dについて、レポートの3行目から4行目にかけて「世の人々も、またその住まいも、川面のよどみに浮かぶ泡のように滅びゆくものだ」とあります。これは、すべてのものは移ろいゆき、変化していくことを指す「諸行無常」の考え方と一致します。よって、空欄Dには「イ」が当てはまります。空欄Eには、レポートの6行目の「仏教の真理に苦は執着から生じる」に関することばが当てはまります。「エ」について、「都で返り咲く」という欲求は執着を生み、新たな苦を生みだす源となる可能性があるため、不適切と判断できます。よって、空欄Eには「ウ」が当てはまります。したがって、正解は③となります。なお、「八正道」とは仏教の悟りに至るために必要な8つの真理のことで、たとえば正見（物事を正しい見方で見ること）や正語（正しい言葉を使うこと）などがあります。

**解答番号【5】：③**　　⇒ **重要度B**

問3　空欄Fについて、表を見ると、25～29歳の「就職・転職したこと」の割合は21.3％です。この項目について、「イ」には「約10％」とありますので誤りです。空欄Gについて、グラフ3を見ると、「電話で相談する」支援を受けたい人で、困難改善経験の「あった」という回答者は28.8％であり、「なかった」という回答者14.0％と比較して約2倍となっています。この項目について、「ウ」は「あった」という回答者は「なかった」という回答者の「3倍以上いる」とありますので誤りです。したがって、正解は②となります。

**解答番号【6】：②**　　⇒ **重要度B**

3

問1　グラフ1とその説明文を照らし合わせて正答を考えます。空欄Aについて、説明文の7行目から8行目にかけて、地方税は「市町村合計では歳入総額に占める割合は一番大きい」とあります。グラフ1を見ると、市町村合計において歳入総額に対して占める割合が最も大きいのは34.2％の部分ですので、空欄Aの凡例には「地方税」が当てはまります。空欄Bについて、説明文の2行目から3行目にかけて、「地方税が少ない団体は、地方交付税の割合が大きい傾向にある」とあります。よって、地方税が少ない団体には多く、多い団体には少なく交付されている空欄Bの凡例が「地方交付税」となります。空欄Cについて、説明文の5行目から6行目にかけて、「小都市と町村では国庫支出金の歳入総額に占める割合がいずれも15％を下回っている」とあります。グラフ1の小都市と町村の数値のうち、15％を下回っている箇所と空欄A〜Cの凡例を照らし合わせると、空欄Cに「国庫支出金」が当てはまることがわかります。したがって、正解は③となります。

解答番号【7】：③　　⇒ 重要度B

問2　「エ」は1946年の吉田首相のとき、「イ」は1950年の吉田首相のとき、「ア」は1972年の田中首相のとき、「ウ」は2014年の安倍首相のときの憲法第9条に関する政府の解釈です。「ア」〜「エ」の解釈を参考に、正答を導き出すことができます。「エ」は、文章の内容から戦後のまだ自衛隊がない頃と推測できますので、空欄Dに当てはまります。「イ」は、警察予備隊は朝鮮戦争を機に創設されましたので、空欄Eに当てはまります。「ア」は、自衛のための必要最小限度以下の実力の保持は禁止されていないという憲法解釈で、沖縄返還後に表明されました。よって、「ア」は空欄Fに当てはまります。「ウ」は集団的自衛権に関する内容ですので、空欄Gに当てはまります。したがって、正解は④となります。

解答番号【8】：④　　⇒ 重要度C

問3　グラフ2とその説明文を照らし合わせて正答を考えます。説明文の2行目から3行目にかけて、「どの時代も国民の福祉を向上させる『福祉の向上』と日本の経済を発展させる『経済の発展』のいずれかが最も多く」とあります。よって、空欄HかIいずれかに「福祉の向上」または「経済の発展」が当てはまります。さらに、説明文の9行目から10行目にかけて、「1993年には1988年より『経済の発展』を挙げる人が増加し、1998年にはさらに大きく増えた」とあります。グラフ2の1988年と1993年を比較すると、数値が上昇しているのは空欄Iの凡例ですので、空欄Iには「経済の発展」が当てはまります。したがって、正解は①となります。

解答番号【9】：①　　⇒ 重要度B

4

問1　①について、1957〜67年の朝日訴訟時に、最高裁は生存権について「国の責務として宣言したにとどまり、直接個々の国民に対して具体的権利を賦与したものではない」としました。よって、①は誤りです。③について、受理された請願はすべて議会で審議されるわけではありません。よって、③は誤りです。④については、国家賠償請求権で

はなく刑事補償請求権の内容であるため誤りです。したがって、正解は②となります。なお、国家賠償請求権は、国や地方公共団体の損害賠償に関する法律です。

**解答番号【10】：②** ⇒ 重要度C

問2　適切でないものを選びます。表現の自由とは、自らの見解を表明する権利であり、民主主義社会にとって重要な権利となります。真宏さんの発言について、政治家の「政策」を批判することを制限されることになれば、健全な民主主義社会の維持は難しくなります。したがって、正解は④となります。

**解答番号【11】：④** ⇒ 重要度C

問3　空欄Aについて、プライバシーの権利を守るために「個人情報保護法」では、行政機関や企業などに個人情報の適切な取り扱いを義務付けています。空欄Bには、環境破壊を及ぼす事業について、事前に調査や予測を求める「環境影響評価法」が当てはまります。空欄Cについて、「新しい人権」は憲法第13条の「幸福追求権」や第15条の生存権を根拠としています。したがって、正解は①となります。なお、「情報公開法」とは、国や地方公共団などの情報公開に関する法律です。「建築基準法」とは、建築について構造や設備などの最低条件を定めた法律です。「違憲審査権」とは、法律が憲法に反しないか審査する権限のことで、この権限は裁判所に与えられています。

**解答番号【12】：①** ⇒ 重要度A

## 5

問1　空欄Aについて、第一次産業は農林水産業、第二次産業は建設・製造業、第三次産業は情報通信・金融・サービス業などです。会話文の3行目を見ると「この写真はインターネットで検索や電子メールのサービスを提供しているa社」とありますので、空欄Aには「ア」が当てはまります。空欄Bについて、会話文の12行目から13行目にかけて、「民間のテレビ局が視聴者には無料でテレビ番組を放送しているのと同じで」とあります。民間のテレビ局はCM広告を流して企業から広告料を受け取ることで、視聴者は無料でテレビを閲覧することができます。よって、空欄Bには「エ」が当てはまります。空欄Cには、合併を意味する「カ」の「トラスト」が当てはまります。したがって、正解は②となります。なお、「コンツェルン」（企業連携）とは、複数の企業がさまざまな産業を持ち株によって支配することです。

**解答番号【13】：②** ⇒ 重要度A

問2　空欄Dについて、グラフ1とグラフ2を見ると、ともに「価格が高くなるにしたがって需要量が減少」しています（たとえば、グラフ1で価格が100円のときの需要量は4000個、400円のときの需要量は1000個となっています）。よって、空欄Dには「イ」が当てはまります。空欄Eについて、コーヒー（嗜好品）と米（必需品）の価格が同率で高くなった場合、コーヒーは嗜好品であるため、価格が上がるほど買い控える（買い控えてもよいという）人が多くなることから、需要量の減少率は大きくなります。一方、米は必需品であるため価格が上がっても買い求める人が多いことから、需要量の減少率は小さくなります。よって、空欄Eには「ウ」が当てはまります。したがって、正解は③となります。

解答番号【14】：③　　⇒ 重要度A

問3　空欄Fについて、レポート2の15〜17行目を見ると、w社とx社はお茶の老舗の名称を利用、y社は『アナと雪の女王』のキャラクターをCMに使用するなど、価格以外の競争（非価格競争）に力を入れていることが読み取れます。よって、空欄Fには「イ」が当てはまります。空欄Gについてはy社の宣伝戦略が当てはまります。y社は他社のターゲット層とは異なる層に響くCMを使用し、売上を伸ばそうとしていると考えられます。よって、空欄Gには「エ」が当てはまります。空欄Hについて、v〜y社のペットボトルの価格は同じですが、広告戦略を工夫するなど適切に競争している状態であるため、「オ」のカルテルによる価格協定の内容は不適切です。よって、空欄Hには「カ」が当てはまります。したがって、正解は④となります。

解答番号【15】：④　　⇒ 重要度B

問4　空欄Iについて、1917年のロシア革命後に成立したソビエト連邦は、世界初の「社会主義」政権を樹立しました。空欄Jについて、レポート3の8行目から9行目にかけて、生活水準が高まり、労働時間を短くすれば失業問題も解決するとありますので、「エ」の内容と合致します。空欄Kについて、シュンペーターは「イノベーション」（技術革新）が経済の発展をもたらすと説きました。したがって、正解は④となります。なお、「帝国主義」とは、自国の領土拡大をめざし、他国の植民地支配を政策とした侵略的国家です。「ディスクロージャー」とは、企業の情報開示のことです。

解答番号【16】：④　　⇒ 重要度A

問5　①について、グラフ5のタイプAは「1999年も2009年もともに10％を超えている」とありますが、その箇所を見ると、1999年は6％、2009年は10％となっていますので誤りです。②について、グラフ4のタイプBは「1999年でも2009年でも1割に満たない」とありますが、その箇所を見ると、1999年は12％、2009年は8％となっていますので誤りです。④について、グラフ4のタイプEは「1999年でも2009年でも15％に達している」とありますが、その箇所を見ると、1999年は14％、2009年は15％となっていますので誤りです。したがって、正解は③となります。

解答番号【17】：③　　⇒ 重要度B

# 6

問1　空欄Aには、株価や地価の上昇によって発生した「バブル景気」が当てはまります。空欄Bには、先進国クラブとも呼ばれる「経済協力開発機構（OECD）」が当てはまります。したがって、正解は②となります。なお、「神武景気」とは、投資需要の拡大により1954〜57年まで続いた好景気です。「世界貿易機関（WTO）」とは、貿易に関するさまざまなルールを定め、貿易課題に取り組む国連機関です。

解答番号【18】：②　　⇒ 重要度A

問2　空欄Cについて、石油輸出国機構は、中東戦争の際に原油価格の大幅な「引き上げ」を行いました。空欄Dと空欄Eについて、石油価格上昇によるインフレを抑えるために、日

本銀行は消費を抑制する効果が見込まれる「公定歩合の引き上げなど金融引き締め策」を
とり、「節約」を呼びかけました。したがって、正解は③となります。

**解答番号【19】：③**　　　⇒ 重要度A

問3　②は日米安全保障条約、③は日中平和友好条約、④は日韓基本条約の内容です。したがっ
て、正解は①となります。

**解答番号【20】：①**　　　⇒ 重要度A

問4　選択肢に挙げられている国のなかで、安全保障理事会の常任理事国であるのはイギリス
と中国です。資料2を見ると、空欄Gと空欄Iの横に「常任理事国」とありますので、空
欄Gと空欄Iに「イギリス」と「中国」が入る選択肢を選ぶことになります。したがって、
正解は④となります。

**解答番号【21】：④**　　　⇒ 重要度A

問5　空欄Jについて、同時多発テロは「アメリカ」で発生しました。空欄Kについて、同時
多発テロの首謀者オサマ・ビンラディンは「アフガニスタン」に潜伏していることが判明
しましたが、タリバン政権が引き渡しを拒否したことからアフガニスタン戦争がおこって
います。空欄Lには、世界から飢餓をなくすために、食料援助活動を実施している「国連
世界食糧計画」が当てはまります。したがって、正解は④となります。なお、「国連環境計画」
は、環境保護を目的とする国連機関です。

**解答番号【22】：④**　　　⇒ 重要度A

# 7

問1　空欄Aについて、資料1を見ると、三大都市圏のバスの輸送人員は、2005 〜 2008年
のように前年より数値が上昇している年があります。「イ」は、「2000年から2018年の
間で、三大都市圏のバスの輸送人員が増加している年はなく」とありますので誤りです。
空欄Bについて、資料2を見ると、2000 〜 2020年の間で生産年齢人口と年少人口の割
合は減少していますが、「エ」には「増加」とあるため誤りです。空欄Cについて、資料
3を見ると、75歳以上の運転免許保有者数は2009年は324万人、2019年は583万人
ですが、「カ」にはこの間で「400万人以上増加している」とありますので誤りです。し
たがって、正解は①となります。

**解答番号【23】：①**　　　⇒ 重要度B

問2　提案書の「内容」を見ると、「バス会社、市役所、利用者の協議会を設置し、高校生も
利用者代表で参加したい」とあります。①と③と④については、バス会社、市役所、利用
者、高校生による協議会に関する記述が見られないため誤りです。したがって、正解は②
となります。

**解答番号【24】：②**　　　⇒ 重要度B

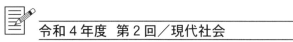

# 令和4年度 第1回
# 高卒認定試験

## 現代社会

# 解答時間　50分

# 現　代　社　会

$$\left(\text{解答番号}\ \boxed{\ 1\ }\ \sim\ \boxed{\ 24\ }\ \right)$$

1　次の会話文を読んで，問１〜問３に答えよ。

壮介：私たちの班では，「情報化社会を考える」というテーマで発表をすることになりました。ま
　　　ず，このテーマに関する課題を，みんなで出し合ってみましょう。

唯花：情報化社会という言葉から思いつくのは，世の中のあらゆる場面で(a)インターネットが利
　　　用されていて，インターネットなしの生活を考えることができなくなっていることです。

哲郎：確かにそうですね。自分自身，学校の友だちと連絡を取り合う時はほとんどSNSを使っ
　　　ているし，買い物をする時もインターネットを利用することが多い気がします。また，音
　　　楽やドラマなどもインターネットの動画サイトで見ることが少なくないと思います。

七海：音楽や映像作品を楽しむ時に気を付けなければならないことは，それらの作品を無断で
　　　アップロード等することが　A　の侵害にあたるということです。視聴する立場として
　　　は，無料でいろいろなコンテンツを楽しめることはいいことだけど，制作する立場からす
　　　ると本来得られるはずの利益が得られなくなってしまうからです。

壮介：情報化社会の進展によって恩恵を受ける人がいる一方で，それによって不利益を受ける人
　　　がいるということですね。音楽や映像作品については，制作する人にとっても，それを楽
　　　しむ人にとっても望ましい利益の調整が必要だと思います。ほかにも何か課題になること
　　　はありますか。

唯花：インターネットが普及しているといっても，すべての人が利用しているわけではありませ
　　　ん。公共施設を利用する際にもインターネットで予約しなければならない場合があること
　　　を考えると，インターネットを利用していない人に不利益が発生していないかが心配で
　　　す。

哲郎：それは，情報技術を使いこなせる人と使いこなせない人との間にうまれる格差である，
　　　　B　のことですね。

七海：また，誰もが情報の発信を簡単にできるようになった一方で，根拠のない不確かな情報が
　　　社会に拡がっていく危険性がインターネットにはあると思います。

壮介：情報化社会についての課題，問題点がいくつか出されましたね。では，それぞれについて
　　　分担を決めて(b)資料を集めていきましょう。

問 1　会話文中の　A　．　B　にあてはまるものの組合せとして適切なものを，次の①～
④のうちから一つ選べ。解答番号は　1　。

|  | A | B |
|---|---|---|
| ① | 知る権利 | デジタル・デバイド |
| ② | 知る権利 | メディア・リテラシー |
| ③ | 知的財産権 | デジタル・デバイド |
| ④ | 知的財産権 | メディア・リテラシー |

問 2　下線部分(a)インターネットに関連して，次のグラフ1，グラフ2を見て，下の会話文中の
　　　　　C　，　D　にあてはまるものの組合せとして適切なものを，次のページの①〜④の
　　　うちから一つ選べ。解答番号は　　2　　。

グラフ1　情報通信機器の世帯保有率

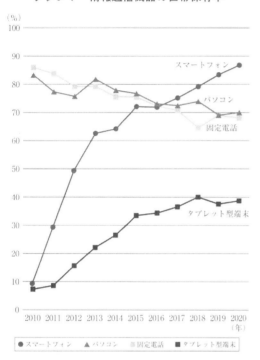

グラフ2　普段利用しているインターネットサービス

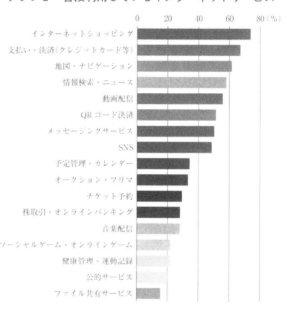

（総務省『令和3年版情報通信白書』により作成）

会話文

壮介：**グラフ1**を見ると，情報通信機器の世帯保有率が2010年から2020年の間に大きく変
　　　化していることを読み取ることができます。その内訳を見ると，　　C　　ということ
　　　が分かります。

七海：ここまでスマートフォンの世帯保有率が上昇したのは，スマートフォンの性能が向上
　　　したことが原因なのではないでしょうか。また，私たちがインターネットを利用する
　　　多くの場合，スマートフォンで充分にその役目を果たすということではないでしょうか。

哲郎：それは**グラフ2**の「普段利用しているインターネットサービス」を見ると何かヒントが
　　　見つかるかもしれません。ここから分かることは，　　D　　ということです。

唯花：いつも持ち歩いているスマートフォンであれば，外出している時でも必要な情報を手
　　　に入れたり買い物をすることができて便利ですよね。ただ，インターネットサービスを
　　　利用できない環境にある人が不利益にならないようにする配慮が必要だと思います。

| C | にあてはまる選択肢

ア　スマートフォンは，2010年には約10％でしたが，2020年には80％以上に上昇しています。その一方で，パソコンは，2010年には80％を上回っていましたが，2020年には約70％に低下している

イ　スマートフォンは，2010年には約10％でしたが，2013年には60％を上回っています。その一方で，タブレット型端末は，2010年には10％を下回っていましたが，2013年には40％を上回っている

| D | にあてはまる選択肢

ウ　「地図・ナビゲーション」が60％を上回っている一方で，「音楽配信」は20％を下回っている

エ　「インターネットショッピング」が60％を上回っている一方で，「公的サービス」は約20％である

|  | C | D |
|---|---|---|
| ① | ア | ウ |
| ② | ア | エ |
| ③ | イ | ウ |
| ④ | イ | エ |

問 3　下線部分(b)資料に関連して，次の**会話文**中の 4 人の生徒と，その生徒がこの先調査を進める際に利用すると考えられる資料の組合せとして適切なものを，次のページの①～④のうちから一つ選べ。解答番号は　3　。

**会話文**

壮介：インターネットを使ったサービスを受けることで私たちの生活は便利になりましたが，その利用に際して個人情報の提供を求められることが多いように感じます。そのことに不安をもつ人がどれぐらいいるのか，できれば他の国と比較しながら調べようと思います。

唯花：私はインターネットを利用していない人が不利益を受けていないかが気になります。若い人に比べて高齢者の利用率が低いように感じるので，世代別に情報通信機器の利用者の割合を調べようと思います。

哲郎：これまで無料のサイトで音楽や映像作品を楽しんでいたのですが，中には違法なものもあることに気付きました。違法なものも含めて，無料のインターネットサービスの利用をやめた人が，なぜ利用をやめたのかを調べようと思います。

七海：インターネットの普及により，誰もが簡単に情報の発信ができるようになったことで，間違った情報が拡がっていく危険があると思います。私は，人々がインターネットからの情報を，他のメディアから得られる情報に比べて，どの程度信用しているのかを調べようと思います。

**資料 1　スマートフォンやタブレットの利用状況**

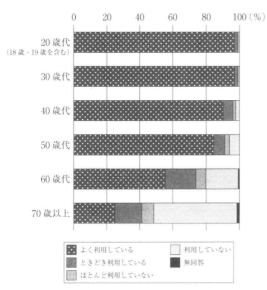

**資料 2　サービス・アプリケーションの利用にあたってパーソナルデータを提供することへの不安がある**

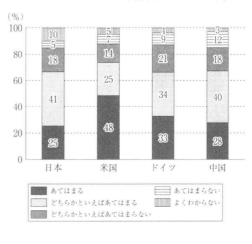

（注）　数値は四捨五入しているため，合計が 100 とならない場合がある。

（総務省『令和 3 年版情報通信白書』により作成）

## II

資料3　無料音楽アプリを利用しなくなった理由（複数回答・％）

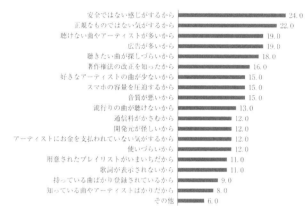

| | % |
|---|---|
| 安全ではない感じがするから | 24.0 |
| 正規なものではない気がするから | 22.0 |
| 聴けない曲やアーティストが多いから | 19.0 |
| 広告が多いから | 19.0 |
| 聴きたい曲が探しづらいから | 18.0 |
| 著作権法の改正を知ったから | 16.0 |
| 好きなアーティストの曲が少ないから | 15.0 |
| スマホの容量を圧迫するから | 15.0 |
| 音質が悪いから | 15.0 |
| 流行りの曲が聴けないから | 13.0 |
| 通信料がかさむから | 12.0 |
| 開発元が怪しいから | 12.0 |
| アーティストにお金を支払われていない気がするから | 12.0 |
| 使いづらいから | 12.0 |
| 用意されたプレイリストがいまいちだから | 11.0 |
| 歌詞が表示されないから | 11.0 |
| 持っている曲ばかり登録されているから | 9.0 |
| 知っている曲やアーティストばかりだから | 8.0 |
| その他 | 6.0 |

（一般社団法人　日本レコード協会『違法音楽アプリに関する利用実態調査』により作成）

資料4　テレビ，新聞，ラジオ，インターネット，雑誌の信頼度

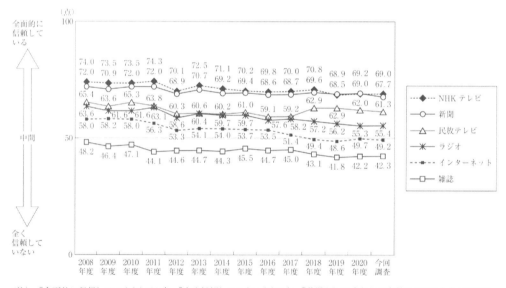

（注）　「全面的に信頼している」は100点，「全く信頼していない」は0点，「普通」は50点として点数をつけたときの平均点。
（公益財団法人新聞通信調査会『第14回メディアに関する全国世論調査（2021年）』により作成）

| | 壮介 | 唯花 | 哲郎 | 七海 |
|---|---|---|---|---|
| ① | 資料1 | 資料2 | 資料3 | 資料4 |
| ② | 資料1 | 資料2 | 資料4 | 資料3 |
| ③ | 資料2 | 資料1 | 資料4 | 資料3 |
| ④ | 資料2 | 資料1 | 資料3 | 資料4 |

2　次の会話文を読んで，問1〜問3に答えよ。

カヨ：世界で活躍する国際人になるってどういうことなんだろう。

修裕：**資料1**のお札に印刷されている人物の名前を知っているかな。この人物の生き方は，世界
　　　で活躍する国際人について考える上で，参考になると思うよ。

カヨ：新渡戸稲造さんだよね。確か国際連盟の事務局次長となって，世界平和のために尽くした
　　　方だと理解しているよ。

修裕：じゃあ，**資料2**のような言葉を聞いたことはあるかな。その新渡戸稲造さんの有名な言葉
　　　なんだけど。

資料1

（日本銀行ホームページより）

資料2

| 人間は，それぞれ考え方や，ものの見方が違うのが当然である。その違いを認め合い，受け入れられる広い心を持つことが大切である。（武士道） |
| --- |

（北海道大学ホームページ「新渡戸稲造−人材育成の規範−」により作成）

カヨ：新渡戸稲造さんがこういうことを言っていたなんて知らなかったよ。「われ太平洋の架け
　　　橋とならん」という有名な言葉は知っていたけれど。

修裕：これは私の生き方の指針になっている言葉なんだ。将来的に世界で活躍する国際人になる
　　　ためにも，この言葉にあるような，他国の文化を尊重する姿勢を私も持ちたいって思って
　　　いるんだ。この前の「現代社会」の授業で学習した「(a)多文化主義」の考え方にも通じるよね。

カヨ：素敵なことだね。でも私は，新渡戸稲造さんの功績，具体的には「武士道」という精神性を
　　　世界に発信したことに注目したいな。私も将来，日本の精神性を大切にして，(b)海外に日
　　　本文化を紹介する仕事に関わりたいって思うんだ。

修裕：それは素敵だね。自国の文化を大切にすることは，他国の文化を尊重することにもつなが
　　　る気がする。私も日本文化について深く学ばないといけないと思ったよ。ところで，日本
　　　人としての精神性や文化的な特徴って，他に例えばどういうものがあるんだろう。

カヨ：例えば，(c)「恥の文化」という文化的特徴や「もののあはれ」という感性が挙げられるよ。

　　　今，そのことについて学習しているんだ。よかったら私のレポートを見てもらえないか

　　　な。

修裕：うん，もちろん。ぜひ勉強させてもらうよ。

問1　下線部分(a)多文化主義に関連して，現在の日本における多文化主義の発想に基づく事例と
　　して適切でないものを，次の①〜④のうちから一つ選べ。解答番号は　　4　　。

　　① 図書館などの公的施設で，多言語による情報提供がなされる。

　　② 引っ越ししてきた外国籍の住民に，引っ越し先特有の全ての生活様式を義務付ける。

　　③ 職場で，ターバンやスカーフなどの民族独自の服飾が認められる。

　　④ 学校の給食で，選択肢として信仰に配慮した食材も用意される。

問 2 下線部分(b)海外に日本文化を紹介するに関連して，日本と諸外国との文化交流に関する次の**資料3**，**資料4**を説明する文章として最も適切なものを，次のページの①〜④のうちから一つ選べ。解答番号は 5 。

**資料3** あなたは，日本と諸外国との文化交流を進めることは，どのような意義があると思いますか。(複数回答・%)

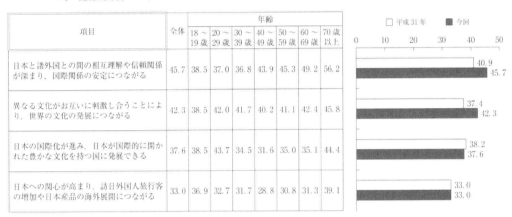

| 項目 | 全体 | 年齢 | | | | | | |
|---|---|---|---|---|---|---|---|---|
| | | 18〜19歳 | 20〜29歳 | 30〜39歳 | 40〜49歳 | 50〜59歳 | 60〜69歳 | 70歳以上 |
| 日本と諸外国との間の相互理解や信頼関係が深まり，国際関係の安定につながる | 45.7 | 38.5 | 37.0 | 36.8 | 43.9 | 45.3 | 49.2 | 56.2 |
| 異なる文化がお互いに刺激し合うことにより，世界の文化の発展につながる | 42.3 | 38.5 | 42.0 | 41.7 | 40.2 | 41.1 | 42.4 | 45.8 |
| 日本の国際化が進み，日本が国際的に開かれた豊かな文化を持つ国に発展できる | 37.6 | 38.5 | 43.7 | 34.5 | 31.6 | 35.0 | 35.1 | 44.4 |
| 日本への関心が高まり，訪日外国人旅行客の増加や日本産品の海外展開につながる | 33.0 | 36.9 | 32.7 | 31.7 | 28.8 | 30.8 | 31.3 | 39.1 |

**資料4** あなたは，どのようなジャンルを日本の文化芸術の魅力として諸外国に発信すべきだと思いますか。(複数回答・%)

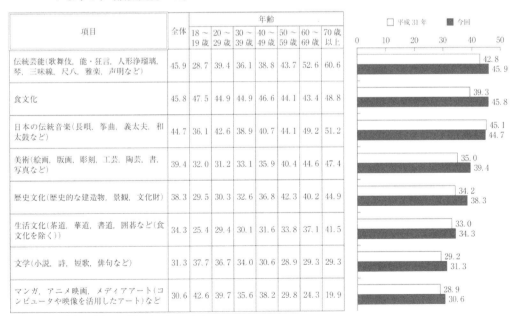

| 項目 | 全体 | 年齢 | | | | | | |
|---|---|---|---|---|---|---|---|---|
| | | 18〜19歳 | 20〜29歳 | 30〜39歳 | 40〜49歳 | 50〜59歳 | 60〜69歳 | 70歳以上 |
| 伝統芸能(歌舞伎，能・狂言，人形浄瑠璃，琴，三味線，尺八，雅楽，声明など) | 45.9 | 28.7 | 39.4 | 36.1 | 38.8 | 43.7 | 52.6 | 60.6 |
| 食文化 | 45.8 | 47.5 | 44.9 | 44.9 | 46.6 | 44.1 | 43.4 | 48.8 |
| 日本の伝統音楽(長唄，箏曲，義太夫，和太鼓など) | 44.7 | 36.1 | 42.6 | 38.9 | 40.7 | 44.1 | 49.2 | 51.2 |
| 美術(絵画，版画，彫刻，工芸，陶芸，書，写真など) | 39.4 | 32.0 | 31.2 | 33.1 | 35.9 | 40.4 | 44.6 | 47.4 |
| 歴史文化(歴史的な建造物，景観，文化財) | 38.3 | 29.5 | 30.3 | 32.6 | 36.8 | 42.3 | 40.2 | 44.9 |
| 生活文化(茶道，華道，書道，囲碁など(食文化を除く)) | 34.3 | 25.4 | 29.4 | 30.1 | 31.6 | 33.8 | 37.1 | 41.5 |
| 文学(小説，詩，短歌，俳句など) | 31.3 | 37.7 | 36.7 | 34.0 | 30.6 | 28.9 | 29.3 | 29.3 |
| マンガ，アニメ映画，メディアアート(コンピュータや映像を活用したアート)など | 30.6 | 42.6 | 39.7 | 35.6 | 38.2 | 29.8 | 24.3 | 19.9 |

(注) 表中の年齢の内訳は，「今回」のものである。

(文化庁「文化に関する世論調査(令和2年3月)」により作成)

① **資料3**で「今回」と「平成31年」との間での各項目の変化を比較すると,「今回」は「日本の国際化が進み,日本が国際的に開かれた豊かな文化を持つ国に発展できる」の項目で増加している。**資料4**でも同様に比較すると,「今回」は「日本の伝統音楽」の項目で増加している。

② **資料3**で「今回」と「平成31年」との間での各項目の変化を比較すると,「今回」は「異なる文化がお互いに刺激し合うことにより,世界の文化の発展につながる」の項目で低下している。**資料4**でも同様に比較すると,「今回」は「食文化」の項目で低下している。

③ **資料3**で世代別に比較すると,「今回」の全ての項目で,「70歳以上」は「全体」より低くなっている。**資料4**でも同様に比較すると,「今回」の全ての項目で,「70歳以上」は「全体」より低くなっている。

④ **資料3**で「全体」を項目別に比較すると,「今回」は,「日本と諸外国との間の相互理解や信頼関係が深まり,国際関係の安定につながる」が最も高い割合になっている。**資料4**でも同様に比較すると,「今回」は,「伝統芸能」,「食文化」,「日本の伝統音楽」が高い割合を占めており,いずれも40%を超えている。

問 3　下線部分(c)「恥の文化」という文化的特徴や「もののあはれ」という感性に関連して，次のカヨのレポート中の　A　，　B　にあてはまるものの組合せとして最も適切なものを，下の①〜④のうちから一つ選べ。解答番号は　6　。

カヨのレポート

> 　私は，日本の文化を，諸外国の文化と比較しながら調べました。日本文化についてより一層深く知ることができると考えたからです。
>
> 　まず，西欧文化との比較をしました。具体的には，アメリカの文化人類学者ルース・ベネディクトが，西欧型の「罪の文化」に対して，日本人の行動規範を「恥の文化」と呼んだことに注目しました。古来の日本人は，「　A　」という言葉に代表されるように，信仰対象として唯一絶対の神を持ちません。それゆえ，善悪を相対的に規定し周囲の評価で行動を決めてしまう傾向があるのだと理解しました。
>
> 　次に，中国の儒教文化との比較をしました。具体的には，本居宣長が，漢意（からごころ）として儒教や仏教を批判し，真心を求めたことに注目しました。彼によると，　B　こそが大切だということになります。
>
> 　他の文化と比較することで，日本文化についての理解をより深めることができました。

　A　にあてはまる選択肢

ア　八百万（やおよろず）の神

イ　隣人愛

　B　にあてはまる選択肢

ウ　仁や礼といった徳に基づいた謙譲の心

エ　自然に触れるにつけ素直に感動する心

| | A | B |
|---|---|---|
| ① | ア | ウ |
| ② | イ | ウ |
| ③ | ア | エ |
| ④ | イ | エ |

3　次の文章を読んで，問1～問3に答えよ。

　日本国憲法は，1946年11月3日に公布され，翌1947年5月3日から施行された。日本国憲法では，基本的人権の尊重と(a)国民主権の原則のもとに，三権分立制度が確立されている。三権分立制度とは，国の立法権，(b)行政権，司法権をそれぞれ独立した機関に分け与えることによって，一つの機関に権力が集中して，濫用されるおそれをなくすための仕組みである。

　立法権は国会が，行政権は内閣が，司法権は裁判所がそれぞれ担っている。このうち裁判所は，(c)国会や内閣から独立した司法権の主体となり，さらに，法律等が憲法に違反しているかどうかを判断する違憲法令審査権が与えられている。

問1　下線部分(a)国民主権に関連して，次のグラフ1，表1から読み取れる内容として適切なものを，次のページの①～④のうちから一つ選べ。解答番号は　7　。

グラフ1　衆議院議員総選挙年代別投票率の推移

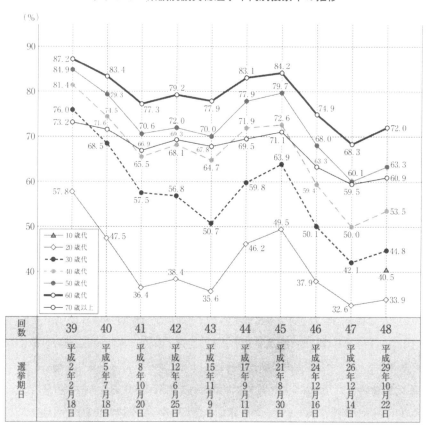

表1　第48回衆議院議員総選挙（平成29年10月22日）における年代別の棄権理由（複数回答・％）

| | 18-20歳代 | 30-40歳代 | 50-60歳代 | 70歳以上 |
|---|---|---|---|---|
| 仕事があったから | 33.3 | 33.7 | 19.1 | 1.4 |
| 重要な用事（仕事を除く）があったから | 8.0 | 14.0 | 13.0 | 7.2 |
| 体調がすぐれなかったから | 4.0 | 7.3 | 15.7 | 52.2 |
| 選挙にあまり関心がなかったから | 32.0 | 33.7 | 23.5 | 8.7 |
| 解散の理由に納得がいかなかったから | 1.3 | 11.9 | 21.7 | 11.6 |
| 政党の政策や候補者の人物像など違いがよくわからなかったから | 20.0 | 17.6 | 20.9 | 5.8 |
| 適当な候補者も政党もなかったから | 18.7 | 33.2 | 29.6 | 13.0 |
| 支持する政党の候補者がいなかったから | 5.3 | 13.0 | 12.2 | 8.7 |
| 私一人が投票してもしなくても同じだから | 10.7 | 15.0 | 10.4 | 5.8 |
| 自分のように政治のことがわからない者は投票しない方がいいと思ったから | 20.0 | 8.3 | 5.2 | 5.8 |
| 選挙によって政治はよくならないと思ったから | 17.3 | 19.7 | 14.8 | 8.7 |

（公益財団法人　明るい選挙推進協会ホームページにより作成）

①　グラフ1を見ると，20歳代の投票率は，平成5年以降50％を下回っている。表1を見ると，18-20歳代の棄権理由は，「自分のように政治のことがわからない者は投票しない方がいいと思ったから」の割合が，他の年代と比較して10ポイント以上高くなっている。

②　グラフ1を見ると，30歳代と40歳代の投票率は，平成21年以降一貫して低下している。表1を見ると，30-40歳代の棄権理由は，「仕事があったから」と「選挙にあまり関心がなかったから」の割合がともに40％を超えている。

③　グラフ1を見ると，50歳代と60歳代の投票率は，平成29年においては20歳代の2倍以上となっている。表1を見ると，50-60歳代の棄権理由は，「適当な候補者も政党もなかったから」が最も高く，次いで「私一人が投票してもしなくても同じだから」となっている。

④　グラフ1を見ると，平成29年の10歳代，20歳代，30歳代の投票率は，50％を下回っている。表1を見ると，いずれの年代でも「選挙によって政治はよくならないと思ったから」の割合は20％を超えている。

問2 下線部分(b)行政権に関連して，次は行政の課題についてまとめたメモである。メモ中の  A  ，  B  にあてはまるものの組合せとして適切なものを，下の①〜④のうちから一つ選べ。解答番号は  8  。

メモ

　　国民主権の成立によって公務員は「全体の奉仕者」とされたが，戦後日本経済の繁栄のなかで官僚制が次第に強化され，行政国家化が進んだ。行政機関が官庁組織のまわりに設置した特殊法人や関係の深い民間企業に，退職後の公務員が再就職するという「  A  」が常態化したとの指摘もある。さらに，官庁と業界団体と政治家の三者が一体となって，お互いの利益を確保しようとする傾向が強まり，さまざまな腐敗や不透明な関係が生じることもあった。

　　これに対して，行政改革の必要性が叫ばれ，1993年に許認可行政や行政指導の透明性を確保する目的で  B  が制定された。1999年には中央省庁のすべての行政文書を対象とした情報公開法や公務員の規律を正すために国家公務員倫理法が制定された。

　　行政国家化に歯止めをかけるべきだとの主張が強まり，独立行政法人が設けられた。これは，行政の簡素化や効率化のために，各省庁から事業部門や研究部門を分離したものなどである。また，いっそうの地方分権化や，省庁間のセクショナリズム（なわばり主義）の見直しなども進められている。

  A  にあてはまる選択肢

ア　天下り

イ　委任立法

  B  にあてはまる選択肢

ウ　国会審議活性化法

エ　行政手続法

| | A | B |
|---|---|---|
| ① | ア | ウ |
| ② | ア | エ |
| ③ | イ | ウ |
| ④ | イ | エ |

問 3　下線部(c)国会や内閣から独立した司法権の主体に関連して，最高裁判所及び下級裁判所の裁判官の身分について説明する文として**適切でないもの**を，次の①〜④のうちから一つ選べ。解答番号は　9　。

① 報酬は，在任中，減額することができない。

② 懲戒処分は，行政機関が行うことはできない。

③ 裁判により心身の故障のために職務を執ることができないと決定された場合は，罷免される。

④ 参議院議員通常選挙の際の国民審査で，罷免されることがある。

4　次の会話文を読んで，問1〜問3に答えよ。

まこと：先生，私は勉強が苦手なのですが，私たちはなぜ教育を受けなくてはならないのでしょうか。

先　生：では，まことさんはなぜ教育を受けなくてはならないのだと思いますか。

まこと：えっと，教育を受けることは国民の義務だからですか。

先　生：なるほど。では，憲法にはどのように書いてあるか一緒に確認してみましょう。日本国憲法第26条第1項には「すべて国民は，法律の定めるところにより，その能力に応じて，ひとしく教育を受ける権利を有する」と定められていますね。また，第2項にはこの権利を実質的なものにするために，「すべて国民は，法律の定めるところにより，その保護する子女に　A　を受けさせる義務を負ふ。　B　は，これを無償とする」と書いてありますよ。

まこと：私にとって，教育を受けることは義務ではなく権利なのですね。

先　生：そうですね。教育を受ける権利があることでどのようなメリットがあると思いますか。具体的に何か思いつきますか。

まこと：学ぶことで，まず文字の読み書きができるようになると思います。あとは，しっかりと学んでいくと必要な技術や能力を身に付けることができ，将来希望する仕事に就きやすくなると思います。また，今まで知らなかったことが理解できたときにはうれしい気持ちになります。あっ，そうか。教育を受けるといいことがいっぱいありますね。

先　生：そうですね。教育を受けることは権利だということを分かってくれましたね。

まこと：私もこれからは，教育は権利なのだと自覚してしっかり学んでいこうと思います。また，日本国憲法第26条第1項の中に，ひとしく教育を受ける権利という部分があると先生がおっしゃっていましたが，(a)ひとしく教育を受ける権利についてもっと調べてみたくなりました。他にも，日本国憲法第14条の平等権について勉強したとき，差別によって不利益を受ける人々に対する優遇措置をとり，実質的な平等を保障するという，(b)アファーマティブ・アクション（ポジティブ・アクション）についても習いました。このこともひとしく教育を受ける権利と関係がありそうですね。今日だけでもいろいろ理解できました。

先　生：そうですね。学んだことがまことさんの中でつながってきましたね。

問1　会話文中の　A　，　B　にあてはまるものの組合せとして適切なものを，次の①〜④のうちから一つ選べ。解答番号は　10　。

| | A | B |
|---|---|---|
| ① | 普通教育 | 義務教育 |
| ② | 高等教育 | 普通教育 |
| ③ | 生涯教育 | 高等教育 |
| ④ | 義務教育 | 生涯教育 |

問2 下線部分(a)ひとしく教育を受ける権利についてもっと調べてみたくなりましたに関連して，まことが中学校夜間学級（いわゆる夜間中学）について調べた次のレポート中の，
 C ， D にあてはまるものの組合せとして適切なものを，次のページの①〜④のうちから一つ選べ。解答番号は 11 。

レポート

> 私は，教育を受けたい人が本当に教育を受けることができているのかが気になったので，中学校夜間学級（いわゆる夜間中学）について調べました。資料1のように中学校夜間学級（いわゆる夜間中学）が設置されているのは C であり，10代から90代までの人々が通っています。通っている生徒は義務教育の機会を十分に得られなかった人たちです。夜間中学では週5日毎日授業が行われており，昼間の中学校と同じ教科を勉強しています。すべての課程を修了すれば中学校卒業となります。
>
> 入学の動機はグラフ1のように， D ということが分かりました。

資料1　中学校夜間学級（いわゆる夜間中学）設置状況（2021年4月）

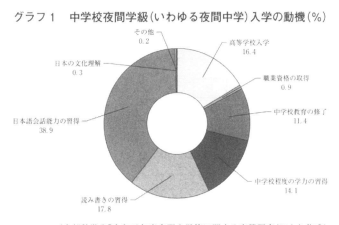

（文部科学省「夜間中学の設置促進・充実について」により作成）

グラフ1　中学校夜間学級（いわゆる夜間中学）入学の動機（％）

その他 0.2
高等学校入学 16.4
職業資格の取得 0.9
日本の文化理解 0.3
中学校教育の修了 11.4
日本語会話能力の習得 38.9
中学校程度の学力の習得 14.1
読み書きの習得 17.8

（文部科学省「令和元年度夜間中学等に関する実態調査」により作成）

C にあてはまる選択肢

ア 全都道府県の半数以上

イ 全都道府県の半数以下

D にあてはまる選択肢

ウ 「中学校教育の修了」と「中学校程度の学力の習得」と答えた人の割合の合計が、「読み書きの習得」と「日本の文化理解」と答えた人の割合の合計よりも多い

エ 「高等学校入学」と「職業資格の取得」と答えた人の割合の合計が、「中学校程度の学力の習得」と「読み書きの習得」と答えた人の割合の合計よりも多い

| | C | D |
|---|---|---|
| ① | ア | ウ |
| ② | ア | エ |
| ③ | イ | ウ |
| ④ | イ | エ |

問3 下線部分ᵦアファーマティブ・アクション(ポジティブ・アクション)について、アファーマティブ・アクション(ポジティブ・アクション)の取組みの例として**適切でないもの**を、次の①～④のうちから一つ選べ。解答番号は 12 。

① 障害者の採用が少ない職場で、障害者の就労機会を広げるために、障害者の従業員を一定割合以上雇用する。

② 男性管理職の多い職場で、女性管理職を増やすために、積極的に一定数の女性管理職を置く。

③ 女性議員の少ない国で、議会における男女間格差を是正するために、一定数の議席を女性に割り当てる。

④ 大学入試において少数民族の合格者の少ない大学で、合格者を全受験者の学力試験の得点のみを基準として選考する。

5　次の生徒が書いたレポートを読んで，問1～問5に答えよ。

　私は，「現代社会」の授業で学んだことをふまえて，平成時代の日本経済について調べてみました。

　日本は，第二次世界大戦後の高度経済成長期，安定成長期を経て，世界でも有数の(a)経済的に豊かな国になりました。平成時代は，安定成長期の末期に発生したバブル経済が絶頂を迎えた1989年から始まりました。1989(平成元)年の12月に3万9000円近くまで上昇した日経平均株価は，翌1990(平成2)年初頭から下落を始めました。その後地価も下がり始め，バブル経済は崩壊しました。バブル経済のもとで，土地を担保にして融資を拡大していた銀行は，多くの不良債権を抱えることになり，以降，日本経済は「失われた10年」ともいわれる低成長の時代に入りました。

　当初は，政府による　A　などの財政政策によって，景気は回復する傾向も見られました。しかし，1997(平成9)年には消費税増税やアジア通貨危機もあり，金融機関などの倒産が相次ぎ，その後の日本経済は長期に及ぶデフレーションに陥りました。

　2001(平成13)年に成立した小泉純一郎政権は「改革なくして成長なし」と掲げ，構造改革を行いました。具体的には，規制緩和や民営化など，市場原理を重視して　B　をめざす経済政策を進めました。2000年代半ばには，「いざなみ景気」とも呼ばれる景気拡大も見られましたが，2008(平成20)年にアメリカで起こったリーマン・ショックをきっかけに再び景気が低迷しました。2012(平成24)年に成立した安倍晋三政権は，デフレ経済からの脱却と実質経済成長率2％の実現をめざして「アベノミクス」と呼ばれる経済政策を実施しました。アベノミクスのもとで，日本銀行は，これまでに類を見ない(b)金融緩和政策を続けてきましたが，その効果をめぐってはさまざまな見方があります。

　このような日本経済の低迷の中で，これまで行われてきた制度にも変化が生じてきました。日本では，終身雇用制と年功序列型(c)賃金が定着していました。しかし，経済が低迷する中で従来の日本型雇用慣行は崩れはじめ，リストラによる人員整理や，能力給などの成果主義的な賃金制度の導入が進められるようになりました。法改正による派遣労働の拡大などもあり，アルバイトや派遣労働者・契約社員などの非正規労働者が増加し，労働者の労働環境の悪化や格差の拡大などの問題が指摘されています。

　平成時代を通じて，日本はさまざまな課題を抱えることになりました。長引く不況の影響で税収が減少した一方で，社会保障関係費の増加などによって歳出総額は増え続け，財政赤字が拡大しています。少子高齢化が急激に進む中で，公的年金などの社会保障制度のあり方も考えていく必要があります。また，平成時代は，1995(平成7)年に起こった阪神・淡路大震災や2011(平成23)年に起こった東日本大震災などの大地震をはじめ，火山の噴火や豪雨災害などがたびたび発生し，災害の多い日本において(d)防災や減災の重要性についての議論が盛んに行われています。

　2019年5月，元号は「平成」から「令和」へと変わり，新しい時代が幕を開けました。平成時代の初めにバブル経済の崩壊という混乱があったように，令和の始まりには「コロナ禍」という危機が起こりました。この危機を乗り越え，今後，日本経済が抱えるさまざまな課題を解決するためにはどのようなことが必要か，これからさらに深く学習していきたいです。

## III

問1　レポート中の　A　，　B　にあてはまる語句の組合せとして適切なものを，次の①〜④のうちから一つ選べ。解答番号は　13　。

|  | A | B |
|---|---|---|
| ① | 増税や公共投資の削減 | 小さな政府 |
| ② | 増税や公共投資の削減 | 大きな政府 |
| ③ | 減税や公共投資の拡大 | 小さな政府 |
| ④ | 減税や公共投資の拡大 | 大きな政府 |

問2　下線部分(a)経済的に豊かな国に関連して，次の生徒のメモ中の　C　，　D　，　E　，　F　にあてはまる語句の組合せとして適切なものを，下の①〜④のうちから一つ選べ。解答番号は　14　。

生徒のメモ

　　一国の経済的な豊かさを示すものとしては二つの概念がある。一つは，ある時点でそれまでに蓄積されてきた価値を示す概念であり，　C　という。もう一つは，ある一定期間で新たに生み出された価値を示す概念であり，　D　という。前者の代表的な指標としては　E　があり，後者の代表的な指標としては　F　がある。

|  | C | D | E | F |
|---|---|---|---|---|
| ① | ストック | フロー | 国富 | 国内総生産 |
| ② | ストック | フロー | 国内総生産 | 国富 |
| ③ | フロー | ストック | 国富 | 国内総生産 |
| ④ | フロー | ストック | 国内総生産 | 国富 |

問3　下線部分(b)金融緩和に関連して，これまでに日本で行われた，マネーストックを増やすための金融政策として適切でないものを，次の①〜④のうちから一つ選べ。解答番号は　15　。

① コール市場における無担保コールレートが低くなるように誘導する。

② 日銀当座預金の一部にマイナスの金利をかける。

③ 公開市場において国債などの有価証券を買う。

④ 市中銀行の貸出額を調節する預金準備率(支払準備率)を引き上げる。

問 4　下線部分(c)賃金に関連して，次の**会話文**中の　G　，　H　にあてはまるものの組合せとして適切なものを，次のページの①～④のうちから一つ選べ。解答番号は　16　。

**会話文**

真希：賃金には名目賃金とか実質賃金とかあるけど，これってどういうことなの。

雅士：名目賃金とは，そのままの額面上の賃金のことだよ。それに対して実質賃金とは，物価の変動を考慮した賃金で，実際の社会でどれだけの財やサービスを購入できるかを示すものだよ。例えば，賃金が10万円から10％増加して11万円になった場合，名目賃金は11万円ということになるよね。でも，同時に物価が10％上昇していたとすると，実質賃金はどうなるかな。

真希：実質的には賃金は増加したとはいえないね。

雅士：そういうことになるね。**グラフ1**は賃金の推移を前年比増減率で示したものだよ。グラフ1中の2016年以外の年では，名目賃金のほうが実質賃金を上回っているということはどういうことかな。

グラフ1　賃金の推移（前年比増減率）

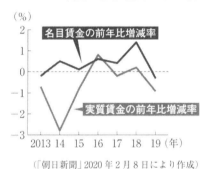

（「朝日新聞」2020年2月8日により作成）

真希：それは　G　ということを意味しているのね。

雅士：その通りだよ。このグラフ1を見ると，　H　ということが分かるね。

真希：なるほど。教えてくれてありがとう。

　G　にあてはまる**選択肢**

ア　2016年を除いて物価が上がっている

イ　2016年を除いて物価が下がっている

　H　にあてはまる**選択肢**

ウ　名目賃金は2014年から2015年にかけて下落している一方で，実質賃金は2014年から2016年まで2年連続で上昇した

エ　名目賃金は2014年から2018年までは上昇し続けている一方で，実質賃金が上昇したのは2016年と2018年だけである

|   | G | H |
|---|---|---|
| ① | ア | ウ |
| ② | ア | エ |
| ③ | イ | ウ |
| ④ | イ | エ |

令和4年度第1回試験

問 5　下線部分(d)防災に関連して，次のグラフ 2，グラフ 3 から読み取れる内容として適切なものを，次のページの①〜④のうちから一つ選べ。解答番号は　17　。

### グラフ 2　災害の危険性や災害対策について普段から充実してほしい情報(複数回答・%)

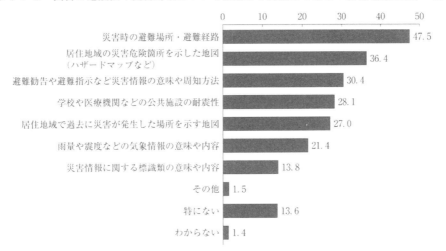

### グラフ 3　災害の際の『自助』・『共助』・『公助』の対策に関する意識(%)

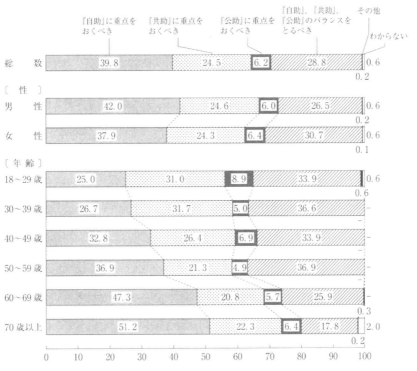

(注 1)　『自助』とは自分の身は自分で守ること，『共助』とは地域や身近にいる人どうしが助け合うこと，『公助』とは国や地方公共団体が行う救助・援助・支援のことである。

(注 2)　四捨五入しているため，合計が 100 % にならない場合がある。

(内閣府「防災に関する世論調査」(平成 29 年)により作成)

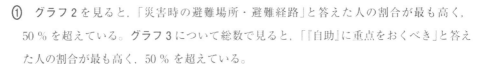

① グラフ2を見ると,「災害時の避難場所・避難経路」と答えた人の割合が最も高く,50％を超えている。グラフ3について総数で見ると,「『自助』に重点をおくべき」と答えた人の割合が最も高く,50％を超えている。

② グラフ2を見ると,「居住地域の災害危険箇所を示した地図」と答えた人の割合よりも,「居住地域で過去に災害が発生した場所を示す地図」と答えた人の割合のほうが10ポイント以上高い。グラフ3について男女別に見ると,「『自助』に重点をおくべき」と答えた人の割合と「『共助』に重点をおくべき」と答えた人の割合は,いずれも男性よりも女性のほうが高い。

③ グラフ2を見ると,「避難勧告や避難指示など災害情報の意味や周知方法」や「学校や医療機関などの公共施設の耐震性」と答えた人の割合は,ともに25％を超えている。グラフ3について年齢別に見ると,「『公助』に重点をおくべき」と答えた人の割合は,70歳以上の年齢層よりも18〜29歳の年齢層のほうが高い。

④ グラフ2を見ると,「雨量や震度などの気象情報の意味や内容」や「災害情報に関する標識類の意味や内容」と答えた人の割合は,ともに20％を超えている。グラフ3について年齢別に見ると,「『自助』に重点をおくべき」と答えた人の割合は,年齢層が高くなるほど低くなっている。

6  次の会話文を読んで，問1〜問5に答えよ。

あおい：「現代社会」の課題レポートを，「核兵器のない世界」をテーマにしようと思って調べてい
　　　　たら，とても心に残る文章を見つけたので，メモしておいたの。見てくれる？

メモ

> 　今年，一人のカトリック修道士が亡くなりました。「(a)アウシュヴィッツの聖者」と呼ばれ
> たコルベ神父を生涯慕い続けた小崎登明さん。93歳でその生涯を閉じる直前まで被爆体験
> を語り続けた彼は，手記にこう書き残しました。
> 　「世界の各国が，こぞって，核兵器を完全に『廃絶』しなければ，地球に平和は来ない」
> 　「原爆の地獄を生き延びた私たちは，核兵器の無い平和を確認してから，死にたい」
> 　小崎さんが求め続けた「核兵器の無い平和」は，今なお実現してはいません。でも，その願
> いは一つの条約となって実を結びました。今年1月，人類史上初めて「全面的に核兵器は違
> 法」と明記した国際法，(b)核兵器禁止条約が発効したのです。
> 　一方で，核兵器による危険性はますます高まっています。　 A 　で(c)核軍縮の義務を
> 負っているはずの核保有国は，イギリスが核弾頭数の増加を公然と発表するなど，核兵器へ
> の依存を強めています。また，核兵器を高性能のものに置き換えたり，新しいタイプの核兵
> 器を開発したりする競争も進めています。この相反する二つの動きを，核兵器のない世界に
> 続く一つの道にするためには，各国の指導者たちの核軍縮への意志と，対話による信頼醸
> 成，そしてそれを後押しする市民社会の声が必要です。
>
> 　　　　　　　　　　　　　　　　　　　（令和3年8月9日「長崎平和宣言」により作成）

あおい：このメモに書いたように，唯一の被爆国の国民として，私たちは核廃絶を訴えていく必要
　　　　があると思う。でも，日本は核兵器禁止条約を批准していないよね。どうしてなのかな。
たろう：核兵器を保有することが，他の核保有国からの核攻撃を思いとどまらせる効果があると
　　　　する，「　 B 　」という考え方があるんだ。
あおい：でも日本は非核三原則を掲げているから，自ら核兵器を保有するという選択肢はないよね。
たろう：だから日本については，日米同盟の下でアメリカの「(d)核の傘」に守ってもらう必要があ
　　　　るという意見なんだよ。
あおい：アメリカの「核の傘」に頼っているという現実があるから，日本が核兵器禁止条約を批准
　　　　するのは難しいんだね。理想と現実のギャップを見せつけられた気がするな。
たろう：でも，日本が令和3年に国連に提出した「核兵器廃絶決議案」は，アメリカやフランスな
　　　　どの核保有国を含む158か国の支持を受けて採択されたんだ。この決議案は「核兵器の
　　　　ない世界」の実現に向けて，各国が直ちに取り組むべき共同行動の指針を示したものな
　　　　んだよ。
あおい：それを聞いて少し安心したわ。日本は，核保有国も巻き込む形で，核兵器廃絶に向け
　　　　て，粘り強い取り組みを続けているんだね。

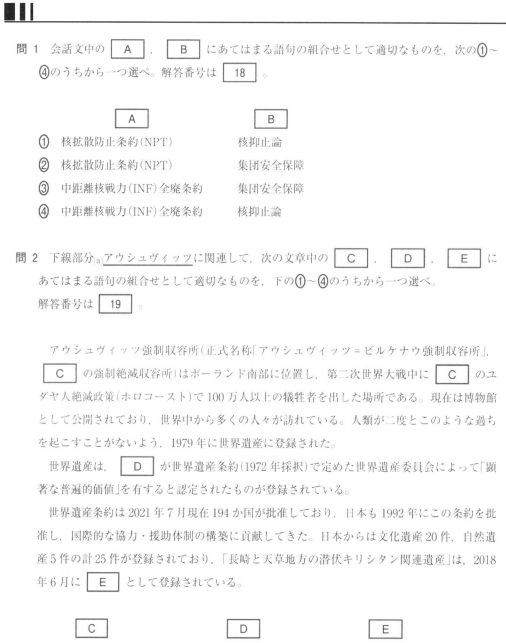

問1　会話文中の　A　，　B　にあてはまる語句の組合せとして適切なものを，次の①〜④のうちから一つ選べ。解答番号は　18　。

令和4年度第1回試験

|  | A | B |
|---|---|---|
| ① | 核拡散防止条約（NPT） | 核抑止論 |
| ② | 核拡散防止条約（NPT） | 集団安全保障 |
| ③ | 中距離核戦力（INF）全廃条約 | 集団安全保障 |
| ④ | 中距離核戦力（INF）全廃条約 | 核抑止論 |

問2　下線部分(a)アウシュヴィッツに関連して，次の文章中の　C　，　D　，　E　にあてはまる語句の組合せとして適切なものを，下の①〜④のうちから一つ選べ。解答番号は　19　。

　　アウシュヴィッツ強制収容所（正式名称「アウシュヴィッツ＝ビルケナウ強制収容所」，　C　の強制絶滅収容所）はポーランド南部に位置し，第二次世界大戦中に　C　のユダヤ人絶滅政策（ホロコースト）で100万人以上の犠牲者を出した場所である。現在は博物館として公開されており，世界中から多くの人々が訪れている。人類が二度とこのような過ちを起こすことがないよう，1979年に世界遺産に登録された。

　　世界遺産は，　D　が世界遺産条約（1972年採択）で定めた世界遺産委員会によって「顕著な普遍的価値」を有すると認定されたものが登録されている。

　　世界遺産条約は2021年7月現在194か国が批准しており，日本も1992年にこの条約を批准し，国際的な協力・援助体制の構築に貢献してきた。日本からは文化遺産20件，自然遺産5件の計25件が登録されており，「長崎と天草地方の潜伏キリシタン関連遺産」は，2018年6月に　E　として登録されている。

|  | C | D | E |
|---|---|---|---|
| ① | ナチスドイツ | UNESCO（国連教育科学文化機関） | 文化遺産 |
| ② | ナチスドイツ | UNICEF（国連児童基金） | 自然遺産 |
| ③ | ファシスト党 | UNICEF（国連児童基金） | 文化遺産 |
| ④ | ファシスト党 | UNESCO（国連教育科学文化機関） | 自然遺産 |

問 3　下線部分(b)核兵器禁止条約に関連して，次の図1と表1から読み取れる内容として適切な

ものを，下の①～④のうちから一つ選べ。解答番号は　20　。

図1　核兵器禁止条約加盟状況（2021年4月時点）

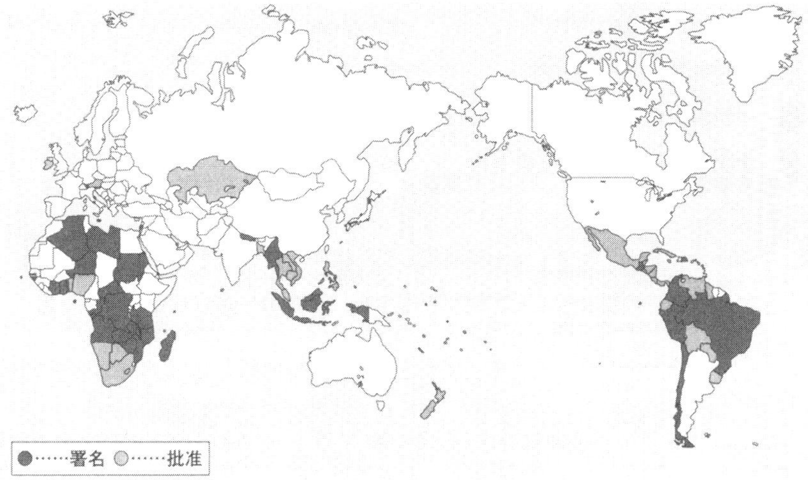

●……署名　◎……批准

表1　世界の核兵器保有数

| 国名 | 核兵器保有数<br>（2019年1月時点） | 核兵器保有数<br>（2020年1月時点） |
|---|---|---|
| アメリカ | 6,185 | 5,800 |
| ロシア | 6,500 | 6,375 |
| イギリス | 200 | 215 |
| フランス | 300 | 290 |
| 中国 | 290 | 320 |
| インド | 130-140 | 150 |
| パキスタン | 150-160 | 160 |

（「国際平和拠点ひろしま～核兵器のない世界平和に向けて～」により作成）

①　国連安全保障理事会の常任理事国5か国はいずれも核兵器禁止条約を批准しており，

2020年の核兵器保有数も，5か国すべてが2019年より減少している。

②　国連安全保障理事会の常任理事国5か国はいずれも核兵器禁止条約を批准しているが，

イギリス，中国の2020年の核兵器保有数は，2019年より増加している。

③　国連安全保障理事会の常任理事国5か国はいずれも核兵器禁止条約を批准しておらず，

2020年の核兵器保有数も，5か国すべてが2019年より増加している。

④　国連安全保障理事会の常任理事国5か国はいずれも核兵器禁止条約を批准していないが，

アメリカ，ロシア，フランスの2020年の核兵器保有数は，2019年より減少している。

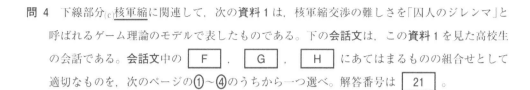

問 4　下線部分(c)核軍縮に関連して，次の資料1は，核軍縮交渉の難しさを「囚人のジレンマ」と呼ばれるゲーム理論のモデルで表したものである。下の会話文は，この資料1を見た高校生の会話である。会話文中の　F　，　G　，　H　にあてはまるものの組合せとして適切なものを，次のページの①〜④のうちから一つ選べ。解答番号は　21　。

**資料1　核軍縮をめぐる「囚人のジレンマ」**

「囚人のジレンマ」は，お互いに協力することがベストな選択で，最善の結果になることがわかっていても，相手が裏切る可能性があり，合理的な選択ができないというジレンマ（板ばさみの状態）のことです。

この図は，核軍備を競い合っているX国とY国の二つの国があり，「軍拡」か「軍縮」かの選択を迫られている場合を表しています。

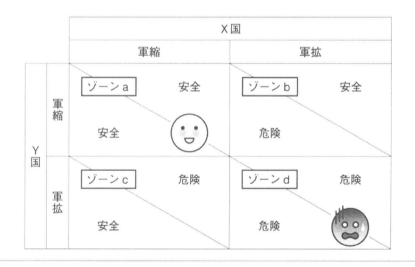

**会話文**

なつき：両国とも「軍縮」を選んだ結果のゾーンaの状態になれば両国とも安全になるのに，現実ではなかなかそうはいかないね。

あかり：そうだね。たとえばX国が「軍縮」を選んでも，Y国が「軍拡」を選ぶと　F　の状態になるから，X国は危険になってしまうよね。

なつき：うん。逆にY国が「軍縮」を選んでも，X国が「軍拡」を選ぶと　G　の状態になるから，今度はY国が危険になってしまう。

あかり：だからお互いに疑心暗鬼になって，最悪の　H　の状態になる選択をする可能性が生まれてしまうんだね。正しい選択をするには，どうしたらいいのかな。

なつき：やっぱり「相手も正しい選択をしてくれるだろう」と思える信頼関係が必要なんじゃ
　　　　ないかな。

あかり：そうだね。国際関係も身近な人間関係と同じで，各国が普段から対話や情報共有を
　　　　通して，地道に信頼関係を築いていくことが大切だよね。

| | F | G | H |
|---|---|---|---|
| ① | ゾーン c | ゾーン b | ゾーン d |
| ② | ゾーン c | ゾーン d | ゾーン b |
| ③ | ゾーン d | ゾーン c | ゾーン b |
| ④ | ゾーン d | ゾーン b | ゾーン c |

問 5　下線部分(d)核の傘に関連して，次のグラフ１，グラフ２から読み取れる内容として適切な
ものを，下の①〜④のうちから一つ選べ。解答番号は　22　。

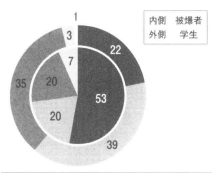

グラフ１　日本がアメリカの「核の傘」に
　　　　　入っていることをどう思うか(%)

内側　被爆者
外側　学生

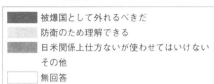

■　被爆国として外れるべきだ
　　防衛のため理解できる
■　日米関係上仕方ないが使わせてはいけない
　　その他
□　無回答

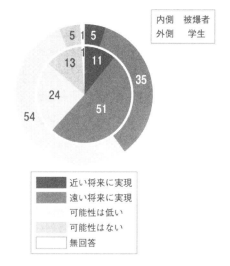

グラフ２　核廃絶の可能性をどう考えるか(%)

内側　被爆者
外側　学生

■　近い将来に実現
■　遠い将来に実現
　　可能性は低い
　　可能性はない
□　無回答

<回答者の内訳>
・被爆者100人：広島被爆69人，長崎被爆31人。
・学生968人：広島大学，長崎大学他，6つの大学の1年生を中心に実施。

（読売新聞　令和3年「語り部100人アンケート」により作成）

①　グラフ１を見ると，日本がアメリカの「核の傘」に入っていることについて「防衛のため
　　理解できる」という回答は，被爆者は20%，学生は39%である。グラフ２を見ると，核
　　廃絶の可能性について「可能性は低い」「可能性はない」と回答した割合の合計は，被爆者
　　は59%，学生は37%である。

②　グラフ１を見ると，日本がアメリカの「核の傘」に入っていることについて「日米関係上
　　仕方ないが使わせてはいけない」という回答は，被爆者は20%，学生は35%である。グ
　　ラフ２を見ると，核廃絶の可能性について「近い将来に実現」「遠い将来に実現」と回答し
　　た割合の合計は，被爆者は40%，学生は62%である。

③　グラフ１を見ると，日本がアメリカの「核の傘」に入っていることについて「被爆国とし
　　て外れるべきだ」という回答は，被爆者は53%，学生は22%である。グラフ２を見る
　　と，核廃絶の可能性について「近い将来に実現」「遠い将来に実現」と回答した割合の合計
　　は，被爆者は62%，学生は40%である。

④　グラフ１を見ると，日本がアメリカの「核の傘」に入っていることについて「被爆国とし
　　て外れるべきだ」という回答は，被爆者が53%，学生は22%である。グラフ２を見る
　　と，核廃絶の可能性について「可能性は低い」「可能性はない」と回答した割合の合計は，
　　被爆者は59%，学生は37%である。

7　次の会話文を読んで，**問1～問2**に答えよ。

先生：「現代社会」の授業で持続可能な社会というテーマでポスターを描くという課題を出していました。今日は皆さんの作品の中から三つ選んで紹介します。

ポスター1　　　　　　　ポスター2　　　　　　　ポスター3

若葉：どれもメッセージを分かりやすく表現していますね。

先生：そうですね。どのポスターもいろいろな工夫が見られますね。

修造：あっ，私のポスターがあります。

早苗：私のもあります。

賢人：私のポスターもあります。

先生：はい。このポスターを描いてくれた3人の方が誰だか分かりました。それでは一人一人になぜこのようなポスターを描いたのかを説明してもらいましょう。

修造：はい。私は，資源は有限だということをはじめに考えました。もしも石油や石炭，天然ガスを使い続けていったらどのような未来になってしまうのかがとても心配になったのです。そこで無限に続くエネルギーをポスターに表現してみたくなったのです。

早苗：私は，毎日の自分の生活を振り返ると，時々節度がない時もあるのかなと感じることがあります。もしかしたらそのような生活が温室効果ガス排出量の増加につながり，社会に迷惑をかけてしまっているのではないかと反省してポスターを描きました。授業では，電気がない社会で生活をしている人がいることを知りました。私も含めて，人間は社会とどのようにつながりを持つべきなのかを問いかけるポスターをめざしました。

賢人：私は，富の分配を意識したポスターを描こうと思いました。富が世界中に適切に分配される社会というのはどのような社会なのかを考えたかったのです。

先生：ポスターを描いてみて，どのようなことを学習してみようと考えるようになりましたか。

修造：はい。私は，人々が選ぶ政策により，未来がどのようにかわってしまうのかを学習してみたいと考えるようになりました。具体的に，このことを表した資料を探してみました。

早苗：私は，世界の人々がどのような暮らしをしているのかを調べたくなりました。いったい世界の人々はどのような暮らしをしているのでしょうか。私が毎日使っている電子レンジや洗濯機などを動かすことができない国もあるのではないかという疑問に答える資料を探してみました。

賢人：私は，現在の社会における貧富の差がどうなっているのかということについて考えてみたくなりました。世界の人々が生み出した富は世界の人々にどのように分配されているのかを読み取れそうな資料を探しました。

先生：みなさん，ポスターを描いたことをきっかけにいろいろなことを調べはじめているのですね。3人の方が探してきた資料は次の**資料1**，**資料2**，**資料3**です。

資料1　世界の人口と国民総所得

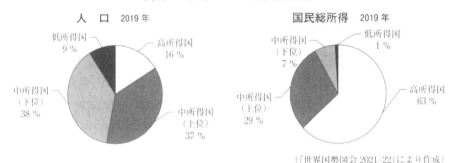

（『世界国勢図会 2021/22』により作成）

資料2　気候変動対策の違いによる気温上昇の差

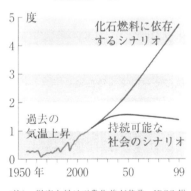

(注)　温度上昇は工業化前が基準。IPCC報告書のデータをもとに作成
（「日本経済新聞」2021年8月10日より）

資料3　エネルギー利用で困っている地域とその電化率

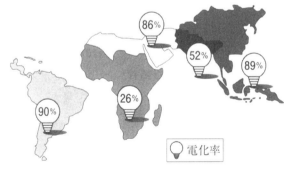

（北海道エナジートーク21資料により作成）

若葉：(a)みんながどのような問題意識を持っているのかということと，どのような学習を進めているのかが分かりました。修造さんは，私たちが現役世代として働く中で，よりよい社会が未来に向けて創られているかどうかに，早苗さんは一人一人の人間が社会とどう関わっていくのかという問題に，賢人さんは公正な分配について関心があるのですね。

先生：皆さんが描いたポスターには，いろいろな意味が込められているのですね。これらのポスターをもとにして(b)今日の日本及び世界の様子を見ていきましょう。

問 1 下線部分(a)みんながどのような問題意識を持っているのかということと，どのような学習を進めているのかに関連して，修造，早苗，賢人が作成した**ポスター1，ポスター2，ポスター3**と探し出した**資料1，資料2，資料3**の組合せとして適切なものを，次の①～④のうちから一つ選べ。解答番号は 23 。

| | 修造 | 早苗 | 賢人 |
|---|---|---|---|
| ① | ポスター1と資料3 | ポスター2と資料1 | ポスター3と資料2 |
| ② | ポスター1と資料2 | ポスター2と資料3 | ポスター3と資料1 |
| ③ | ポスター2と資料1 | ポスター3と資料2 | ポスター1と資料3 |
| ④ | ポスター2と資料3 | ポスター3と資料1 | ポスター1と資料2 |

問 2　下線部分(b)今日の日本及び世界の様子に関連して，次の**会話文**は先生の「今日の日本及び世界の様子を見ていきましょう」という発言に続く授業の様子である。**会話文**中の　A　，　B　にあてはまるものの組合せとして適切なものを，次のページの①〜④のうちから一つ選べ。解答番号は　24　。

**会話文**

先生：皆さんは自分のことと社会を関連させたり，社会と社会を関連させたり，現役世代と未来世代を関連させたりして考えてくれました。そのような中，今の日本はどのような状況にあるのかを読み取ってみましょう。次の**資料4**を見てください。

資料4　1人あたり1次エネルギー消費量と1人あたり名目 GDP の関係

(2018 年)

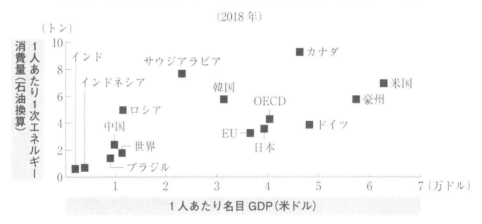

（「日本経済新聞」2021 年 8 月 21 日により作成）

若葉：**資料4**においては，　A　ということが読み取れますね。新たに生み出されたモノやサービスの付加価値とエネルギー消費の様々な関係が見えてきます。「現代社会」で学習した SDGs（持続可能な開発目標）は，　B　までに達成すべき 17 の目標のことです。私たち一人一人が具体的に考えてみることで目標達成が実現するのですね。

先生：若葉さんは，みんなが出した問題意識を適切に解釈したようですね。

A にあてはまる選択肢

ア 「日本」は「世界」と比較すると「1人あたり名目 GDP」が多く，同様に「1人あたり1次エネルギー消費量」も多い

イ 「サウジアラビア」，「中国」，「ブラジル」は，「日本」より「1人あたり名目 GDP」が少ないのに，「1人あたり1次エネルギー消費量」が多い

B にあてはまる選択肢

ウ 2030年

エ 2100年

|  | A | B |
|---|---|---|
| ① | ア | エ |
| ② | イ | ウ |
| ③ | ア | ウ |
| ④ | イ | エ |

# 令和４年度　第１回

# 解答・解説

# 令和4年度 第1回 高卒認定試験

## 【 解 答 】

| 1 | 解答番号 | 正答 | 配点 | 2 | 解答番号 | 正答 | 配点 | 3 | 解答番号 | 正答 | 配点 | 4 | 解答番号 | 正答 | 配点 |
|---|---|---|---|---|---|---|---|---|---|---|---|---|---|---|---|
| 問1 | 1 | ③ | 4 | 問1 | 4 | ② | 4 | 問1 | 7 | ① | 4 | 問1 | 10 | ① | 4 |
| 問2 | 2 | ② | 4 | 問2 | 5 | ④ | 5 | 問2 | 8 | ② | 4 | 問2 | 11 | ③ | 5 |
| 問3 | 3 | ④ | 4 | 問3 | 6 | ③ | 4 | 問3 | 9 | ④ | 4 | 問3 | 12 | ④ | 4 |

| 5 | 解答番号 | 正答 | 配点 | 6 | 解答番号 | 正答 | 配点 | 7 | 解答番号 | 正答 | 配点 |
|---|---|---|---|---|---|---|---|---|---|---|---|
| 問1 | 13 | ③ | 4 | 問1 | 18 | ① | 4 | 問1 | 23 | ② | 4 |
| 問2 | 14 | ① | 4 | 問2 | 19 | ① | 4 | 問2 | 24 | ③ | 4 |
| 問3 | 15 | ④ | 4 | 問3 | 20 | ④ | 4 | - | - | - |  |
| 問4 | 16 | ② | 4 | 問4 | 21 | ① | 4 | - | - | - |  |
| 問5 | 17 | ③ | 5 | 問5 | 22 | ③ | 5 | - | - | - |  |

## 【 解 説 】

### 1

問1　空欄Aについて、音楽や映像作品のような著作物を無断でアップロードすることは、著作者の利益を損なう行為であり、「知的財産権」の侵害にあたります。空欄Bには、「情報技術を使いこなせる人と使いこなせない人との間にうまれる格差」である「デジタル・デバイド」が当てはまります。したがって、正解は③となります。なお、「知る権利」とは、主に国家や地方公共団体に対して情報の提供を求める権利です。「メディア・リテラシー」とは、情報を正しく読み取り、主体的に活用できる能力のことです。
**解答番号【1】：③**　　⇒ **重要度A**

問2　空欄Cについて、グラフ1を見ると、タブレット型端末の2013年の数値は約20％です。この項目について、「イ」は「2013年には40％を上回っている」とありますので誤りです。空欄Dについて、グラフ2を見ると、「音楽配信」の数値は約30％です。この項目について、「ウ」は「20％を下回っている」とありますので誤りです。したがって、正解は②となります。
**解答番号【2】：②**　　⇒ **重要度B**

問3　会話文に見られる4人のそれぞれの発言内容から、各自が利用すると考えられる資料に見当をつけることができます。会話文では、4人の生徒がインターネットに関する会話を

しています。壮介さんは、個人情報の提供について、会話文の3行目から4行目にかけて「他の国と比較しながら調べようと思います」と発言しています。よって、パーソナルデータを提供することへの不安について国別に表した「資料2」を利用すると考えられます。唯花さんは、会話文の6行目から7行目にかけて「世代別に情報通信機器の利用者の割合を調べようと思います」と発言しています。よって、スマートフォンやタブレットの利用状況を世代別に表した「資料1」を利用すると考えられます。哲郎さんは、会話文の9行目から10行目にかけて「無料のインターネットサービスの利用をやめた人が、なぜ利用をやめたのかを調べようと思います」と発言しています。よって、無料音楽アプリを利用しなくなった理由を表した「資料3」を利用すると考えられます。七海さんは、会話文の13行目から14行目にかけて「他のメディアから得られる情報に比べて、どの程度信用しているのかを調べようと思います」と発言しています。よって、さまざまなメディアの信頼度を表した「資料4」を利用すると考えられます。したがって、正解は④となります。

**解答番号【3】：④**　　⇒ **重要度B**

## 2

問1　適切でないものを選びます。多文化主義とは、さまざまな文化を独自の文化として尊重していく考え方です。②については、文化が異なると思われる外国籍の住民に、引っ越し先に特有の文化を押し付けているため、異文化を尊重しているとはいえません。したがって、正解は②となります。

**解答番号【4】：②**　　⇒ **重要度A**

問2　①について、資料3の「日本の国際化が進み、日本が国際的に開かれた豊かな文化を持つ国に発展できる」の項目において、「今回」と「平成31年」を比較すると「増加している」とあります。しかし、その箇所のグラフを見ると、「今回」は37.6％、「平成31年」は38.2％で、「今回」は「平成31年」と比較して減少していますので誤りです。②について、資料3の「異なる文化がお互いに刺激し合うことにより、世界の文化の発展につながる」の項目において、「今回」と「平成31年」を比較すると「低下している」とあります。しかし、その箇所のグラフを見ると、「今回」は42.3％、「平成31年」は37.4％で、「今回」は「平成31年」と比較して増加していますので誤りです。③について、資料3の「今回」のすべての項目において「70歳以上」は「全体」より「低くなっている」とありますが、「70歳以上」と「全体」の数値を比較すると、すべての項目において「70歳以上」は「全体」より高くなっていますので誤りです。したがって、正解は④となります。

**解答番号【5】：④**　　⇒ **重要度B**

問3　空欄Aについて、古来の日本人は、あらゆるものに神が宿るとして無数の神々「八百万の神」を信仰していました。空欄Bについて、日本は中国の文化や思想の影響を受けてきましたが、本居宣長は物事を率直に感じ受け入れていく心（真心）こそが大切と説きました。したがって、正解は③となります。なお、「隣人愛」とは、キリスト教の教えであり、隣人を自分のように愛することです。「エ」は、儒教の始祖である孔子が重視した徳目です。

**解答番号【6】：③**　　⇒ **重要度C**

3

問１　②について、グラフ１の30歳代と40歳代の投票率は「平成21年以降一貫して低下している」とありますが、グラフ１を見ると、どちらも平成21～26年までは数値の低下が続いたものの、平成29年では増加に転じていますので誤りです。③について、グラフ１の50歳代と60歳代の投票率は平成29年において「20歳代の２倍以上となっている」とありますが、グラフ１を見ると、平成29年の20歳代の数値は33.9％、50歳代は63.3％、60歳代は72.0％で、50歳代は20歳代と比較して２倍にも満たないので誤りです。④について、表１の「選挙によって政治はよくならないと思ったから」の割合はいずれの年代でも「20％を超えている」とありますが、表１を見ると、いずれの年代も20％を下回っていますので誤りです。したがって、正解は①となります。

解答番号【７】：①　　⇒ 重要度Ｂ

問２　空欄Ａには、公務員が退職後に行政機関と関係の深い民間企業に再就職する「天下り」が当てはまります。空欄Ｂには、行政指導の透明性を確保する目的で制定された「行政手続法」が当てはまります。したがって、正解は②となります。なお、「委任立法」とは、法律の手続きに基づいて国会以外の機関（内閣など）が法律を制定することです。「国会審議活性化法」とは、政府委員制度の廃止や党首討論の導入を行った法律で、1999年に制定されました。

解答番号【８】：②　　⇒ 重要度Ａ

問３　適切でないものを選びます。最高裁判所の裁判官は、衆議院議員選挙の際の国民審査で罷免されることがあります。参議院選挙の際に国民審査はありません。したがって、正解は④となります。

解答番号【９】：④　　⇒ 重要度Ａ

4

問１　日本国憲法第26条第２項には、「すべて国民は、法律の定めるところにより、その保護する子女に普通教育を受けさせる義務を負ふ。義務教育は、これを無償とする」と規定されています。したがって、正解は①となります。

解答番号【10】：①　　⇒ 重要度Ａ

問２　空欄Ｃについて、資料１を見ると、夜間中学が設置されているのは12都府県であり、47ある都道府県のうち半数以下となっています。よって、空欄Ｃには「イ」が当てはまります。空欄Ｄについて、グラフ１を見ると、「中学校教育の修了」（11.4％）と「中学校程度の学力の習得」（14.1％）の割合の合計は25.5％で、「読み書きの習得」（17.8％）と「日本の文化理解」（0.3％）の割合の合計である18.1％より多くなっています。よって、空欄Ｄには「ウ」が当てはまります。したがって、正解は③となります。

解答番号【11】：③　　⇒ 重要度Ｂ

問3　適切でないものを選びます。ポジティブ・アクション（積極的差別是正措置）とは、積極的に差別を解消するための政策や措置のことです。たとえば、差別されていた人々を一定以上雇用したり、学校で受け入れたりする優遇策などがあります。④については、少数民族の合格者の少ない大学で、合格者を学力試験のみで選考しているため、少数民族に対して積極的な差別の是正に取り組んでいる例とはいえません。したがって、正解は④となります。

　　　**解答番号【12】：④**　　　⇒ **重要度B**

5

問1　空欄Aについて、バブル崩壊後は景気の低迷が続き、政府は「減税や公共投資の拡大」をすることによって国民の負担軽減や雇用の創出を行いました。空欄Bについて、小泉政権の構造改革では、これまで政府が行ってきたことを民間経営にすることで、政府の役割を小さくする「小さな政府」をめざしました。したがって、正解は③となります。

　　　**解答番号【13】：③**　　　⇒ **重要度A**

問2　「ストック」とは、一国におけるある時点での蓄積された価値を示す概念であり、主な指標は「国富」となります。「国富」の代表例として、土地や建物などがあります。「フロー」とは、ある一定期間に経済主体間を流れる財貨の量を示す概念であり、主な指標は「国内総生産」です。「国内総生産」とは、ある一定期間で新たに生み出された財やサービスの付加価値の合計金額のことです。したがって、正解は①となります。

　　　**解答番号【14】：①**　　　⇒ **重要度A**

問3　適切でないものを選びます。まず、マネーストックとは、金融機関から経済全体に供給される通貨供給量のことです。また、市中銀行は中央銀行に預金の一部を預け入れなければなりませんが、その割合は預金準備率によって変化します。④について、預金準備率が引き上がると、市中銀行は多くの金額を日本銀行に預けるため、市中銀行の手元に残るお金は少なくなります。その場合、市中銀行は企業や個人に貸し出せるお金も少なくなりますので、経済全体に供給される通貨量つまりマネーストックは減ることになります。したがって、正解は④となります。

　　　**解答番号【15】：④**　　　⇒ **重要度C**

問4　会話文の雅士さんの発言を参考にします。名目賃金とは、そのままの額面上の賃金です。実質賃金とは、物価の変動を考慮した賃金です。名目賃金より実質賃金が下がっているということは、仮に同じ賃金をもらっていたとしても実際の社会で購入できる財やサービスの量が減っている状態となりますので、物価が上がっていることになります。以上のことをふまえてグラフ1を見ると、2016年を除き、名目賃金と比べて実質賃金が下回っていますので、2016年を除き、物価は上がっていることになります。よって、空欄Gには「ア」が当てはまります。空欄Hについて、賃金の上がり下がりはグラフ1の縦軸を見て判断します。賃金は0％よりプラスであれば前年より上がり、マイナスであれば下がっていることになります。グラフ1を見ると、名目賃金は2014年から2018年までプラスで推移しているため、前年と比較して上昇していることがわかります。また、実質賃金がプラスな

のは 2016 年と 2018 年だけであるため、実質賃金が上昇したのは 2016 年と 2018 年だけであることがわかります。よって、空欄Hには「エ」が当てはまります。したがって、正解は②となります。

**解答番号【16】：②**　⇒ 重要度B

問5　①について、グラフ2の「災害時の避難場所・避難経路」と答えた人の割合は「50%を超えている」とありますが、グラフ2を見ると、この項目の数値は 47.5% で 50% 以下ですので誤りです。②について、グラフ2の「居住地域で過去に災害が発生した場所を示す地図」と答えた人の割合は、「居住地域の災害危険箇所を示した地図」と答えた人の割合よりも「10 ポイント以上高い」とありますが、グラフ2を見ると、前者は 27.0%、後者は 36.4% で「居住地域で過去に災害が発生した場所を示す地図」と答えた人の割合のほうが低いので誤りです。④について、グラフ2の「雨量や震度などの気象情報の意味や内容」と「災害情報に関する標識類の意味や内容」と答えた人の割合は「ともに 20% を超えている」とありますが、グラフ2を見ると、前者は 21.4%、後者は 13.8% で「災害情報に関する標識類の意味や内容」と答えた人の割合は 20% 以下ですので誤りです。したがって、正解は③となります。

**解答番号【17】：③**　⇒ 重要度B

## 6

問1　空欄Aには、核保有国の核技術移転を禁止し、核保有国の増加阻止を目的とした「核拡散防止条約（NPT）」が当てはまります。空欄Bには、核兵器を保有することにより、他国からの攻撃を思いとどまらせる効果があるとする「核抑止論」が当てはまります。したがって、正解は①となります。なお、「中距離核戦力（INF）全廃条約」は、中距離核戦力の全面的廃棄についての条約で、1987 年にアメリカとソ連間で調印されました。「集団安全保障」とは、現在の国連の安全保障に関するしくみであり、ある国が他国を侵略した際には侵略国を集団制裁する体制をとることによって、平和を維持しようとするものです。

**解答番号【18】：①**　⇒ 重要度A

問2　空欄Cについて、アウシュヴィッツ強制収容所は「ナチスドイツ」の収容所です。空欄Dについて、世界遺産は「UNESCO（国連教育科学文化機関）」が定めた世界遺産委員会によって登録されています。空欄Eについて、「長崎と天草地方の潜伏キリシタン関連遺産」は「文化遺産」として登録されています。したがって、正解は①となります。なお、「ファシスト党」とは、ムッソリーニを党首としたイタリアのファシズム政党です。「UNICEF（国連児童基金）」とは、世界の児童支援を目的とした国連機関です。

**解答番号【19】：①**　⇒ 重要度A

問3　本問を解くには、国連安全保障理事会の常任理事国であるアメリカ・ロシア・イギリス・フランス・中国の地図上における位置をあらかじめ把握しておく必要があります。①と②について、5つの常任理事国はいずれも核兵器禁止条約を批准しているとありますが、図1の地図からいずれの国も批准していないことがわかりますので誤りです。③について、

5つの常任理事国の核兵器保有数はすべての国において2019年よりも2020年は「増加している」とありますが、表1のアメリカ・ロシア・フランスの核兵器保有数を見ると、2019年と比較して2020年は減少していますので誤りです。したがって、正解は④となります。

**解答番号【20】：④**　　⇒ 重要度B

問4　空欄Fについて、X国が「軍縮」を選んだ場合、「ゾーンa」または「ゾーンc」が該当し、Y国が「軍拡」を選んだ場合、「ゾーンc」または「ゾーンd」が該当します。よって、空欄Fには、X・Y両国に該当する「ゾーンc」が当てはまります。同様に見ていくと、空欄Gには「ゾーンb」が当てはまることがわかります。空欄Hには、最悪の状態である、X・Y国ともに危険な「ゾーンd」が当てはまります。したがって、正解は①となります。

**解答番号【21】：①**　　⇒ 重要度B

問5　①と④について、グラフ2の核廃絶の可能性について「可能性は低い」「可能性はない」と回答した割合の合計は、「被爆者は59％、学生は37％である」とありますが、グラフ2を見ると、被爆者の割合の合計は37％、学生の割合の合計は59％ですので誤りです。②について、グラフ2の核廃絶の可能性について「近い将来に実現」「遠い将来に実現」と回答した割合の合計は、「被爆者は40％、学生は62％である」とありますが、グラフ2を見ると、被爆者の割合の合計は62％、学生の割合の合計は40％ですので誤りです。したがって、正解は③となります。

**解答番号【22】：③**　　⇒ 重要度B

# 7

問1　会話文に見られる3人の生徒それぞれの発言内容から、作成したポスターと探し出した資料の組み合わせを考えます。修造さんは、会話文の12行目で「無限に続くエネルギーをポスターに表現してみたくなった」と発言しています。よって、枯渇しない再生エネルギーを描いた「ポスター1」を作成したと考えられます。さらに、会話文の21行目から22行目にかけて「人々が選ぶ政策により、未来がどのようにかわってしまうのかを学習してみたいと考えるようになりました」と発言していますので、「資料2」を探し出したと考えられます。したがって、正解は②となります。なお、早苗さんは、会話文の13～15行目で節度のない生活にふれて、「温室効果ガス排出量の増加につながり、社会に迷惑をかけてしまっているのではないかと反省してポスターを描きました」と発言しています。よって、地球温暖化に関する「ポスター2」を作成したと考えられます。さらに、会話文の24行目から25行目にかけて「電子レンジや洗濯機などを動かすことができない国もあるのではないか」と発言していますので、「資料3」を探し出したと考えられます。賢人さんは、会話文の18行目で「富の分配を意識したポスターを描こうと思いました」と発言していますので、人々の平等を表現した「ポスター3」を作成したと考えられます。さらに、会話文の28行目から29行目にかけて「世界の人々が生み出した富は世界の人々にどのように配分されているのかを読み取れそうな資料を探しました」と発言していますので、「資料1」を探し出したと考えられます。

**解答番号【23】：②**　　⇒ 重要度B

問2　空欄Aについて、「イ」にはサウジアラビア・中国・ブラジルは「1人あたり1次エネルギー消費量」は日本よりも多いとありますが、資料4を見ると、日本は約4トンであるのに対して、中国とブラジルは約2トンと日本より少なくなっていますので誤りです。空欄Bには、SDGsの目標達成年である「2030年」の「ウ」が当てはまります。したがって、正解は③となります。

　　　解答番号【24】：③　　　⇒ 重要度B

# 令和3年度 第2回
# 高卒認定試験

# 現代社会

# 解答時間　50分

# 現　代　社　会

(解答番号 　1 　～ 　24 　)

1 　次の会話文を読んで，問1～問3に答えよ。

さ　ら：昨日，新聞を読んでいたら，こんな**写真**を見
　　　　つけたのですが，何か感じることはありませ
　　　　んか。

ゆかり：同じ魚のようですが，下のほうが大きく見え
　　　　ます。何か理由があるのですか。

さ　ら：はい。下の魚は，ゲノム編集技術で，筋肉の
　　　　発達を抑える遺伝子を壊したことで，筋肉の
　　　　成長が促され，通常の個体よりも多くの筋肉
　　　　量を持っています。

写真

ゆいと：遺伝子組換え農作物は聞いたことがあります
　　　(a)
　　　が，ゲノム編集技術という言葉は初めて聞きました。どういう技術でしょうか。

さ　ら：遺伝子組換え技術もゲノム編集技術も，新しい品種改良技術の一つです。ゲノム編集技
　　　　術のうち，実用化に近づいているのは，品種改良したい生物のゲノムの狙った場所を切
　　　　断し，遺伝子に変異を生じさせるものです。これにより，10年以上かかった品種改良が
　　　　数年で実現してしまいます。現在，国内外では，こうした研究は急速に進んでいるので
　　　　すが，この技術についてどう考えますか。

り　く：すごい技術だと思います。この技術を活用すれば，食糧不足が解決するかもしれません
　　　　ね。私は，どういう作物が研究されているのか調べてみたくなりました。

つばき：私もすごい技術だと思うのですが，どのように遺伝子を切断するのかなどゲノム編集の
　　　　仕組みを知りたくなりました。

さくら：私は少し不安です。人為的に遺伝子情報を操作した肉や魚などを食べても，人体に影響
　　　　はないのでしょうか。日本や諸外国では，実用化に近づいている技術について，安全性
　　　　の審査や表示義務をどのようにしているのか調べてみようと思います。　　　　　(b)

あかり：私もどちらかというと不安です。ゲノム編集食品に対する消費者の理解は進んでいるの
　　　　でしょうか。私は，ゲノム編集食品についての人々の考えについて調べてみたいです。

さ　ら：いろいろと調べて，それをもとにまた明日，話をしましょう。

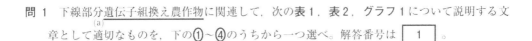

問 1 下線部分遺伝子組換え農作物に関連して，次の表１，表２，グラフ１について説明する文章として適切なものを，下の①～④のうちから一つ選べ。解答番号は $\boxed{1}$ 。

表１ 主要国の遺伝子組換え農作物の
栽培面積比較 （100 万 ha）

| 国名 | 栽培面積 | |
|---|---|---|
| | 2013 年 | 2018 年 |
| アメリカ | 70.1 | 75.0 |
| カナダ | 10.8 | 12.7 |
| ブラジル | 40.3 | 51.3 |
| アルゼンチン | 24.4 | 23.9 |
| パラグアイ | 3.6 | 3.8 |
| ウルグアイ | 1.5 | 1.3 |
| ボリビア | 1.0 | 1.3 |
| インド | 11.0 | 11.6 |
| 中国 | 4.2 | 2.8 |
| パキスタン | 2.8 | 2.9 |
| 南アフリカ | 2.9 | 2.7 |
| オーストラリア | 0.6 | 0.8 |

表２ 主要作物別遺伝子組換え農作物の
栽培面積の推移 （100 万 ha）

| 年 | ダイズ | トウモロコシ | ナタネ |
|---|---|---|---|
| 1996 | 0.5 | 0.3 | 0.1 |
| 1998 | 14.5 | 8.3 | 2.4 |
| 2003 | 41.4 | 15.5 | 3.6 |
| 2008 | 65.8 | 37.3 | 5.9 |
| 2013 | 84.5 | 57.4 | 8.2 |
| 2018 | 95.9 | 58.9 | 10.1 |

グラフ１ 世界における主要作物の総栽培面積に対する
遺伝子組換え農作物の占める割合（2018 年）

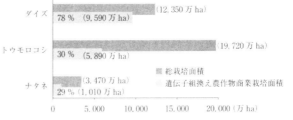

（農林水産省「遺伝子組換え農作物について 平成 26 年 5 月改定」，「遺伝子組換え農作物について 令和 2 年 6 月改定」により作成）

① 表１をみると，2018 年のインド，中国，パキスタンの遺伝子組換え農作物の栽培面積は，2013 年と比べて，拡大している。表２をみると，2018 年のダイズの栽培面積は，1996 年と比べて，100 倍以上増加している。

② 表１をみると，2018 年のアメリカの遺伝子組換え農作物の栽培面積は 7,500 万 ha であり，表１中の国のなかでは最大となっている。グラフ１をみると，トウモロコシの総栽培面積に対する遺伝子組換え農作物の占める割合は 58.9 % となっている。

③ 表１をみると，2018 年のブラジルの遺伝子組換え農作物の栽培面積は 5,130 万 ha であり，2013 年と比べて 1,000 万 ha 以上拡大している。表２をみると，ダイズ，トウモロコシ，ナタネの栽培面積は，いずれも 1996 年から増加傾向である。

④ 表１をみると，2018 年のアルゼンチン，パラグアイ，ウルグアイの遺伝子組換え農作物の栽培面積は，2013 年と比べて，縮小している。グラフ１をみると，ダイズの総栽培面積に対する遺伝子組換え農作物の占める割合は 78 % となっている。

問2 下線部分安全性の審査や表示義務に関連して，次は日本や諸外国のゲノム編集食品をめぐ
    (b)
る規制についてまとめたさくらのメモである。メモ中の　A　，　B　，　C　，
　D　にあてはまるものの組合せとして適切なものを，下の①～④のうちから一つ選べ。
解答番号は　2　。

**さくらのメモ**

　日本では，ゲノム編集食品について，厚生労働省の専門家会議が2019年3月に，ゲ
ノム編集による遺伝子の変化が，自然界で起きる突然変異や品種改良によるものと区別
できないことを理由に，安全性の審査は不要と結論づけた。これにより，10月以降開発
者は，厚生労働省に届け出て，一定のチェックを受ければ，お店で販売できるように
なった。

　また，食品の表示制度を所管する消費者庁も，2019年9月に品種改良された食品と区
別が難しいことを理由に，ゲノム編集食品には表示義務を課さないことを決めた。事業
者が自主的に表示をしない場合，私たちは，ゲノム編集食品なのか，そうでないかが分
からずに購入することになる。

　ゲノム編集食品の安全性や表示義務をめぐる考え方は，海外の国々でも割れている。
欧州連合(EU)では2018年7月，裁判所がゲノム編集食品には安全性審査も表示義務も
課すべきだという判断を出した。アメリカでは原則，植物に由来する食品では安全性審
査も表示も不要だが，動物に由来する食品については必要だとされている。なお，対応
を検討中の国も多くあるようである。下の表は，ここまでの内容を整理したものである。

| 国・地域 | | 安全性の審査 | 販売する際の表示 |
|---|---|---|---|
| 日本 | | A | A |
| 欧州連合(EU) | | B | B |
| アメリカ | 植物由来の食品 | C | C |
| | 動物由来の食品 | D | D |

(読売中高生新聞 2019年(令和元年)11月1日により作成)

| | A | B | C | D |
|---|---|---|---|---|
| ① | 必要 | 不要 | 不要 | 必要 |
| ② | 不要 | 必要 | 不要 | 必要 |
| ③ | 必要 | 必要 | 不要 | 必要 |
| ④ | 不要 | 必要 | 必要 | 不要 |

問3 会話文に関連して，りく，つばき，あかりが，この先，調査を進める際に利用すると考えられる資料の組合せとして最も適切なものを，下の①〜④のうちから一つ選べ。

解答番号は　3　。

資料1　ゲノム編集食品を食べたいか

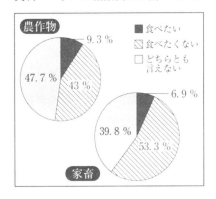

資料2　クリスパー・キャス9によるゲノム編集の仕組み

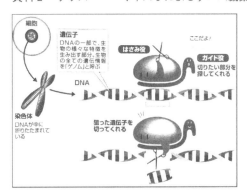

資料3　研究が進む食品

資料4　ゲノム編集の問題点

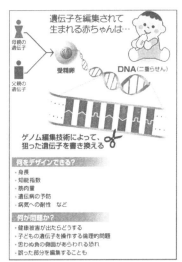

(読売中高生新聞 2019 年（令和元年）11 月 1 日，「朝日新聞 DIGITAL」ホームページにより作成)

|  | りく | つばき | あかり |
|---|---|---|---|
| ① | 資料3 | 資料1 | 資料4 |
| ② | 資料4 | 資料1 | 資料2 |
| ③ | 資料4 | 資料2 | 資料3 |
| ④ | 資料3 | 資料2 | 資料1 |

2 次の会話文を読んで，**問１～問３**に答えよ。

美優：おじいちゃん，何を見ているの？

友三：「現代学生百人一首」のホームページだよ。毎年，小学生から大学生までが応募して，入選
　　　作品が決まるんだ。入選作品を見ると，若い世代の人への理解が深まるような気がして
　　　ね。

美優：へえ。どんな歌があるの？

友三：先ほど，気になった歌をいくつかプリントアウトしてみたのだけど，見てみるかい？

---

「今の君なんにもないね目的が」鏡の前でつぶやく私

あーそれな！うすっぺらいとは思いつつ今日も駆使してみんなに合わせる

「いい人」と思われたくて見栄を張る鏡にうつる「ワタシ」は誰だ

---

（「現代学生百人一首ホームページ」により作成）

美優：ありがとう。なるほど，例えば，「今の君なんにもないね目的が」鏡の前でつぶやく私は共
　　　感できるなあ。親からは自由にしていいと言われているけれど，自分の将来の夢もまだ決
　　　　　　　　　(a)
　　　まってないし。

友三：実は，この歌，今から30年以上前の入選作品なんだよ。

美優：えっ，最近の作品かと思ったよ。でも，昔も今も，そんなに若者の悩みは変わらないのか
　　　もね。おじいちゃん，最近の入選作品も教えてよ。

友三：では，最近のこの歌はどうかな。あーそれな！うすっぺらいとは思いつつ今日も駆使して
　　　みんなに合わせる。若者が使う「それな」というのは，同意や共感を示すときに使う言葉か
　　　な？

美優：そうだね。「それな」は，自分でも他人に共感するときに使う言葉だよ。この歌では，周囲
　　　に合わせようとして「それな」を使ってしまう自分自身に対して，「うすっぺらい」と思って
　　　　　　　　　　　　　　　　　　　　　　(b)
　　　しまっているようだね。

友三：周囲にどう思われているか気になってしまって，本来の自分らしさを見失っているのかも
　　　　　　　　　　　　　　　　　　　　　　　　(c)
　　　しれないね。最近の歌からもう１つ紹介すると，「いい人」と思われたくて見栄を張る鏡に
　　　うつる「ワタシ」は誰だという歌にも，それが表れているような気がするよ。

美優：将来について悩んだり，自分らしさについて悩んだり，そうやって若者は成長していくの
　　　かもね。学校の授業で青年期について勉強したし，ちょっと調べてみようかな。

問 1　下線部分自由に関連して，各哲学者の思想の説明として適切なものを，次の①〜④のうち
　　　から一つ選べ。解答番号は　　4　　。
　　　　　　[a]

　①　カントは，真の自由は，個人だけで実現されるものではなく，共同体においてはじめて
　　　実現すると主張した。

　②　ヘーゲルは，自由を個人の道徳的な生き方としてとらえ，自らの理性がたてた道徳法則
　　　に自らを従わせることこそが真の自由だと主張した。

　③　フロムは，近代人は自由を手に入れた反面，孤独や無力感にさらされるようになり，権
　　　威に服従するようになったと主張した。

　④　デカルトは，人間は自由であるがゆえに，なすこと一切に責任があり，その意味で自由
　　　は人間にとってかえって重荷になると主張した。

問2　下線部分<u>自分自身</u>に関連して，若者の意識に関する次の**グラフ1**，**グラフ2**，**グラフ3**か
　　(b)
　　ら読み取れる内容として適切なものを，次のページの①～④のうちから一つ選べ。
　　解答番号は　5　。

グラフ1　自分には自分らしさというものがあると思う

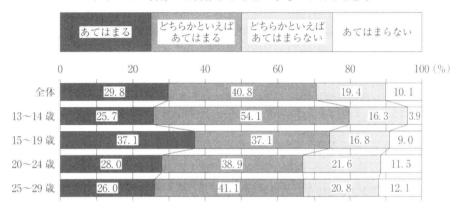

グラフ2　今の自分を変えたいと思う

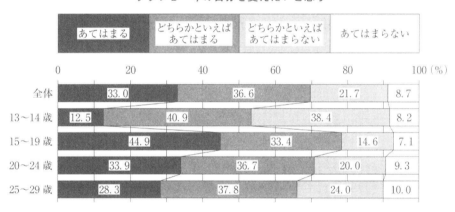

グラフ3　自分らしさを強調するより，他人と同じことをしていると安心だ

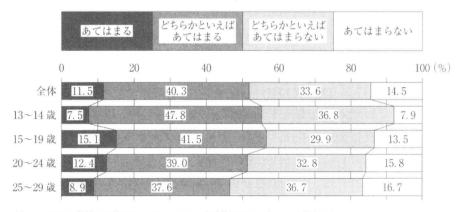

（注）　グラフの数値は四捨五入しているため，合計値が100にならない場合がある。

（内閣府「子供・若者の意識に関する調査（令和2年7月）」により作成）

① グラフ1自分には自分らしさというものがあると思うをみると，「あてはまる」と答えた割合は「15〜19歳」が最も高いが，「あてはまる」と「どちらかといえばあてはまる」と答えた割合の合計は，「13〜14歳」のほうが高い。また，グラフ2今の自分を変えたいと思うをみると，「あてはまらない」と「どちらかといえばあてはまらない」と答えた割合の合計が3割を超えているのは，「15〜19歳」以上の年代すべてである。

② グラフ1自分には自分らしさというものがあると思うをみると，「あてはまらない」と答えた割合は，年代が上がるにつれて高くなっている。また，グラフ3自分らしさを強調するより，他人と同じことをしていると安心だをみると，「全体」では「どちらかといえばあてはまる」が最も高くなっているが，「25〜29歳」では「どちらかといえばあてはまらない」が最も高い。

③ グラフ2今の自分を変えたいと思うをみると，「あてはまる」と「どちらかといえばあてはまる」と答えた「15〜19歳」の割合の合計は，「全体」の割合の合計よりも高くなっている。また，グラフ3自分らしさを強調するより，他人と同じことをしていると安心だをみると，「あてはまらない」と答えた割合は，年代が下がるにつれて低くなっている。

④ グラフ2今の自分を変えたいと思うをみると，「全体」では「どちらかといえばあてはまる」と答えた割合が最も高いが，「15〜19歳」では「あてはまる」と答えた割合が最も高い。また，グラフ3自分らしさを強調するより，他人と同じことをしていると安心だをみると，「あてはまらない」と答えた割合は「13〜14歳」が最も低く，「20〜24歳」が最も高い。

問3　下線部分自分らしさに関連して，次は，青年期についてまとめた**美優**のメモである。メモ
(c)
中の　A　，　B　にあてはまる語句の組合せとして適切なものを，下の①〜④のうち
から一つ選べ。解答番号は　6　。

**美優のメモ**

> 　人間は一人ひとり異なる　A　を持ち，その人の能力や気質，性格がその3要素と
> して挙げられている。　A　の形成には　B　が影響すると考えられているが，青
> 年期を迎えると，他者との比較を通して自分の　A　を見つめなおし，自分を個性的
> に確立しようとする傾向が見受けられる。

|  | A | B |
|---|---|---|
| ① | コンフリクト | 遺伝と環境のどちらか |
| ② | コンフリクト | 遺伝と環境の両方 |
| ③ | パーソナリティ | 遺伝と環境のどちらか |
| ④ | パーソナリティ | 遺伝と環境の両方 |

3　次の会話文を読んで，問1～問3に答えよ。

涼太：今日の授業では，国民主権について学んだけど，僕たちに主権があると言われても，今一つピンとこないよなぁ。

風夏：そうなの？　私はよく分かったけどなぁ。私たちが選挙で選んだ代表者で組織される国会が「国権の最高機関」として国の政治で重要な役割を果たしているじゃない。

優輝：いわゆる議会制民主主義というものだね。一口に国民主権と言っても，政策決定の方法についてはいろいろなタイプがあるということだよね。

沙織：さらに，国会の種類としては，毎年1月に召集される常会（通常国会）とか，内閣の決定や議員の要求により必要に応じて開かれる　A　などがあることも習ったね。

涼太：それは僕も覚えているよ。でも，現実には，国民の代表者である国会よりも，行政が中心的役割を果たすような状況があると先生が言っていたよね。国民主権の観点から問題はないのかな。

風夏：確かに，行政の役割が拡大することに伴って，中央省庁の官僚機構が大きな力を持っていることも問題になっていることは確かね。

優輝：その点については，国会の信任に基づいて存立する内閣が，行政機構をしっかりと指揮監督していくことが大切で，それを受けて内閣機能の強化が進められてきたよね。

沙織：ただ，それですべての問題が解決したわけではないから，<u>行政機構の民主化</u>は今後も大きな課題になると思うよ。私たちも情報公開制度などを活用して，積極的に政治参加していかなくてはね。
<sub>(a)</sub>

涼太：政治にも国の政治と地方の政治があるよね。地方の政治においても，主権者としての意識を持つことが大切なんだよね？

風夏：もちろんだよ。さらに言うと，生活に身近な地域の問題を扱う地方の政治においては，住民がより積極的に政治に参加していくことが求められているよ。

優輝：近年，　B　に基づく住民投票の制度を活用して，産業廃棄物処理施設の建設の是非などについて住民の意思を直接問うこともあるよね。

沙織：また，地方の政治では，リコールなどの直接請求権が住民に認められているよ。政治に直接参加する機会が多い地方の政治では，主権者の意識をより実感できるはずだよ。<u>私たちが住んでいる地方自治体で住民参加がどのように進められているか調べてみよう</u>よ。
<sub>(b)</sub>

問1　会話文中の　A　，　B　にあてはまるものの組合せとして適切なものを，次の①～④のうちから一つ選べ。解答番号は　7　。

|  | A | B |
|---|---|---|
| ① | 臨時会（臨時国会） | 法律 |
| ② | 臨時会（臨時国会） | 条例 |
| ③ | 特別会（特別国会） | 法律 |
| ④ | 特別会（特別国会） | 条例 |

問２　下線部分行政機構の民主化に関連して，行政権を民主的にコントロールするしくみとして
　(a)
　適切なものを，次の①～④のうちから一つ選べ。解答番号は　8　。

①　立法について法律で大枠のみを定め，細部は政令や省令にゆだねる。

②　行政機構のなかに行政監察の制度(オンブズマン制度)を設ける。

③　国民の生活や権利を守るために各省庁の許認可権を拡大する。

④　法律の適用や執行について行政府の裁量の幅を広くする。

問３　下線部分私たちが住んでいる地方自治体で住民参加がどのように進められているか調べて
　(b)
　みように関連して，次のグラフ１，グラフ２を見て，次のページの会話文中の　C　，
　D　にあてはまるものの組合せとして適切なものを，次のページの①～④のうちから一
　つ選べ。解答番号は　9　。

グラフ１　市が進める施策に対して，いつでも提案，参画する機会があると感じていますか

■感じている　□どちらかといえば感じている　▤どちらかといえば感じていない　▥感じていない　▨わからない

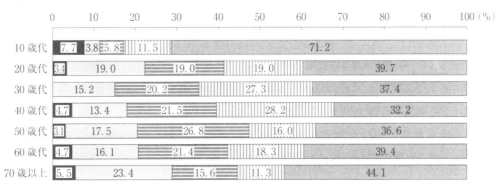

グラフ２　市民と行政の協働によるまちづくりが進んでいると感じていますか

■感じている　□どちらかといえば感じている　▤どちらかといえば感じていない　▥感じていない　▨わからない

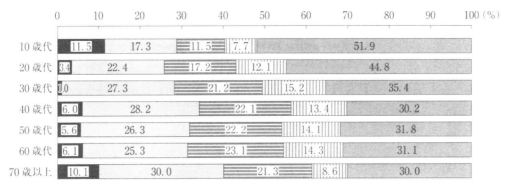

(注)　グラフの数値は四捨五入しているため，合計値が100にならない場合がある。

〔天草市「令和元年度市政に関するアンケート集計結果」(令和２年３月)〕により作成〕

会話文

涼太：地方の政治においては直接参加の機会が多いという話だったので，こんな資料を探したよ。例えば，天草市では，年齢層によって違いがあり，「市が進める施策に対して，いつでも提案，参画する機会があると感じていますか」という質問に対して，  C  ということが**グラフ1**をみると分かるよ。

風夏：地方の政治に住民が参加できる制度が存在することと，その制度を地域の住民が理解しているかどうかは別の問題ということなのじゃないのかな。いずれにしても，この市では，住民参加の機会があると感じている人の割合は，どの年齢層においても低い傾向にあるね。

優輝：ただ，その一方で，**グラフ2**をみると，「市民と行政の協働によるまちづくりが進んでいると感じていますか」という質問に対しては，  D  ということが分かるね。これらのことを総合して考えると，どのようなことが考えられるのかな。

沙織：いろいろな解釈ができると思うよ。例えば，この市では，特定の分野においては市民と行政との協働がうまく機能しているとか，年齢層の高い人たちは自治体の活動に実際に参加していることが多いのかもしれないね。ほかの市についても調べてみようよ。

  C  にあてはまる選択肢

ア　「感じている」と「どちらかといえば感じている」と答えた人の割合の合計は，30歳代，40歳代では20％を下回っている

イ　「感じていない」と「どちらかといえば感じていない」と答えた人の割合の合計は，50歳代，60歳代では50％を上回っている

  D  にあてはまる選択肢

ウ　「感じている」と「どちらかといえば感じている」と答えた人の割合の合計は，40歳代，50歳代，60歳代，70歳以上のいずれにおいても30％を上回っている

エ　「感じていない」と「どちらかといえば感じていない」と答えた人の割合の合計は，20歳代，30歳代，40歳代のいずれにおいても20％を下回っている

| | C | D |
|---|---|---|
| ① | ア | ウ |
| ② | ア | エ |
| ③ | イ | ウ |
| ④ | イ | エ |

4 次の「基本的人権について，調べて発表しよう」という課題についての生徒の発表原稿を読んで，問1〜問3に答えよ。

**華子の発表原稿**

先日，私はお昼を食べるためにラーメン屋に入ろうとしたら，店の入り口に**資料1**が掲示されていました。

なぜ**資料1**を最近目にするようになったのか，調べてみることにしました。

タバコの煙による被害（受動喫煙）から，非喫煙者の健康を守る権利として嫌煙権が構成されていることを知りました。近年，嫌煙権は新しい人権のひとつとして主張されています。日本国憲法が公布されて2021年で   A   年に
(a)
なります。

資料1

新しい人権とは，日本国憲法が公布・施行された時代には想定されていなかった人権です。近年では，新しい人権として，マスメディアの報道によって名誉を傷つけられた者などが反論する機会を求める   B   権なども主張されています。

学校で習った基本的人権の保障とは，私の生活とはほど遠く他人事のように感じていました。しかし，今回の調べ学習で，基本的人権を保障している法律が私の日常生活に影響を及ぼしていることが，私が思っている以上に多いのだということを実感しました。

**健太の発表原稿**

私は，基本的人権はどのように保障され始めたのか，基本的人権の保障の歴史について調べて，考えてみることにしました。

基本的人権の保障の歴史は，自然法思想から始まると思います。自然法とは，人間の理性に基づく普遍的な法のことをいいます。

一方，「法の支配」という原則が生まれ，さまざまな基本的人権が保障されるようになりました。
(b)

「法の支配」が実現する以前，国によっては「人の支配」という考え方のもとで絶対王政などの政治体制が成立していました。それを打破していったのが市民革命でした。そして，イギリスの権利章典をはじめ，アメリカ独立宣言やフランス人権宣言が発表されました。

これらのような人権宣言が，アメリカやイギリスなどの政治体制に影響を及ぼし，日本だけでなく，現在の世界各国の憲法にも反映されているということが分かりました。

問1 発表原稿の中の ⬜A⬜ ， ⬜B⬜ にあてはまる語句の組合せとして適切なものを，次の ①～④のうちから一つ選べ。解答番号は ⬜10⬜ 。

|  | A | B |
|---|---|---|
| ① | 50 | 自己決定 |
| ② | 50 | アクセス |
| ③ | 75 | 自己決定 |
| ④ | 75 | アクセス |

問2 下線部分日本国憲法に関連して，日本における憲法改正に関する記述として適切なもの
(a)
を，次の①～④のうちから一つ選べ。解答番号は ⬜11⬜ 。

① 日本国憲法は，国民投票の結果によっては改正できる可能性があるため，その性質上，
軟性憲法と呼ぶことができる。

② 憲法改正の原案について，参議院か衆議院のいずれかで，総議員の3分の2以上の賛成
があれば，国会は憲法改正の発議をし，国民投票を実施する。

③ 憲法改正の承認には，特別の国民投票又は国会の定める選挙の際行われる投票におい
て，その過半数の賛成を必要とする。

④ 国民投票をおこなう有権者は全国民であるため，小学生以下の国民の代わりに保護者が
投票する権利を代行することも可能である。

問 3　下線部分法の支配について，**資料2**と**資料3**はそれぞれ「法の支配」と「人の支配」のどちら
　　(b)
　　かを示す模式図である。このことについての下の生徒の発言として適切なものを，下の①〜
　　④のうちから一つ選べ。解答番号は　12　。

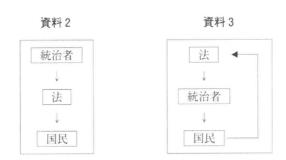

資料2　　　　　　　　　　　資料3

慎司：統治者が作った法であれば，どのような法であったとしても，その法を国民が必ず守
　　　らなければいけないという原理を表しているから**資料2**が「法の支配」を示している
　　　ね。

彩子：権力者の支配のために必要なことが記された法が作られ，その法を国民が守るべきで
　　　あるという国民の心理的支配を原理として表しているから**資料2**が「法の支配」を示し
　　　ているね。

保仁：法の内容よりも形式を重視して，法の形式さえ整っていれば，どのような法でも統治
　　　者と国民は守るべきであるという原理を表しているから**資料3**が「法の支配」を示して
　　　いるね。

紗季：国民の自由と権利を擁護する法を民主的手続で作り，統治者はその法を遵守しながら
　　　国民を統治するという原理を表しているから**資料3**が「法の支配」を示しているね。

①　慎司　　　②　彩子　　　③　保仁　　　④　紗季

5 次の「日本経済の諸問題について考えてみよう」という課題についての生徒の構想メモを読んで，問1～問5に答えよ。

**隆のメモ**

　日本の企業の99％以上が中小企業であり，日本経済の活力源としての役割を持ち，国民
(a)
経済の中で重要な役割を果たしています。中小企業の未来は，生産性向上のための人材活
用，ITの活用，事業再編などの経営課題をどのように解決していくのかにかかっています。
課題への取組みを積極的に行うことができれば，中小企業でも大企業との競争にも負けない
(b)
強みを持つことができると思います。私は中小企業のかかえる課題について調べてみるつも
りです。

**玲子のメモ**

　格差を測る指標として「ローレンツ曲線」と「ジニ係数」について授業で学びました。これら
(c)
の指標は，所得の分布について，完全に平等に分配されている場合と比べて，どれだけ偏っ
ているかを測るものです。私は，高齢化の問題や若年層の貧困などの日本における格差の問
(d)
題について，ローレンツ曲線やジニ係数のデータをもとに調べてみたいです。

**将也のメモ**

　スマートフォンを始めとする情報通信端末・インターネットの普及を背景に，消費者の行
(e)
動も，店頭での購入からインターネットを通じての購入へと変化し，個人向けインターネッ
ト市場は拡大傾向にあります。私は拡大を続けるインターネットショッピングについて調べ
てみようと思います。

問 1　下線部分企業に関連して，株式や社債についての記述として適切なものを，次の①～④の
　　　(a)
　　　うちから一つ選べ。解答番号は　13　。

　①　ある企業の株式を購入した者は，その企業が倒産したとき，その債務について，自らが
　　　出資した金額を超えて返済の義務を負う。

　②　資金を集めるために社債を発行した企業は，業績とは無関係に期限までに利息をつけて
　　　返済する義務を負う。

　③　資金を集めるために株式を発行した企業は，その経営状態にかかわりなく，発行時に決
　　　めた金利を株主に払い続ける義務を負う。

　④　ある企業の社債を購入した者は，株式を購入した場合と同様に，株式会社の最高議決機
　　　関である株主総会の議決権を持つ。

問 2　下線部分競争に関連して，寡占化が進展した市場についての記述として適切でないもの
　　　(b)
　　　を，次の①～④のうちから一つ選べ。解答番号は　14　。

　①　価格競争よりも，デザインや宣伝などの価格以外の面で競争し，市場占有率を争おうと
　　　する傾向が強くなる。

　②　有力な企業がプライス・リーダーとして一定の利潤を確保できるような価格を設定し，
　　　他の企業もそれに従うことがある。

　③　あらゆる産業において，企業の市場占有率は変化しやすくなり，市場占有率第一位の企
　　　業が頻繁に変わる。

　④　製品の価格は固定化する傾向があり，技術の進歩や生産の合理化などによって生産費が
　　　下落しても，価格が下がりにくくなる。

問3 下線部分「ローレンツ曲線」と「ジニ係数」について，次の**資料**中の A ， B ，
 C ， D にあてはまるものの組合せとして適切なものを，次のページの①〜④の
うちから一つ選べ。解答番号は 15 。

**資料**

　　ローレンツ曲線とは，右のグラフのように
世帯を所得の低い順番に並べ，横軸に世帯の
累積比をとり，縦軸に所得の累積比をとって，
世帯間の所得分布をグラフ化したものであ
る。もしも，社会に所得格差が存在せず，すべ
ての世帯の所得が同額であるならば，ローレ
ンツ曲線は45度線と一致する。所得や富の
分布に偏りがある限り，ローレンツ曲線は下
方に膨らんだ形になる。このグラフでの当初
所得は A であり，財政の機能である
累進課税制度と社会保障給付で，所得を再
分配した後の再分配所得は B となる。

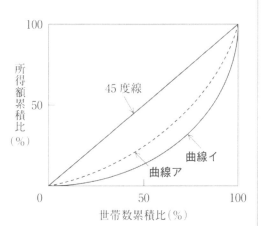

　　ジニ係数は，右の図のように
ローレンツ曲線の下方への膨ら
み具合を，45度線とローレン
ツ曲線にはさまれた部分の面積と
45度線の下の三角形の面積の比
で表す。ジニ係数の値は0と1
の間の値をとり，1に近づくほ
ど格差が大きいことを示す。

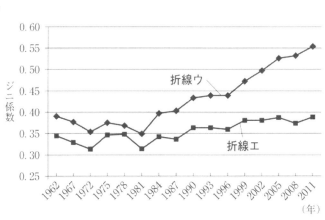

　　右のグラフは日本の当
初所得と再分配所得のジ
ニ係数の推移を示したも
のである。当初所得のジ
ニ係数の推移は C
であり，再分配所得のジ
ニ係数の推移は D
である。

（厚生労働省「所得再分配調査報告書」により作成）

|   | A | B | C | D |
|---|---|---|---|---|
| ① | 曲線ア | 曲線イ | 折線ウ | 折線エ |
| ② | 曲線イ | 曲線ア | 折線エ | 折線ウ |
| ③ | 曲線ア | 曲線イ | 折線エ | 折線ウ |
| ④ | 曲線イ | 曲線ア | 折線ウ | 折線エ |

問4　下線部分高齢化の問題に関連して，国民医療費に関する次のグラフ1とグラフ2について
(d)
の説明文として適切なものを，次のページの①～④のうちから一つ選べ。

解答番号は　16　。

グラフ1　国民医療費の推移

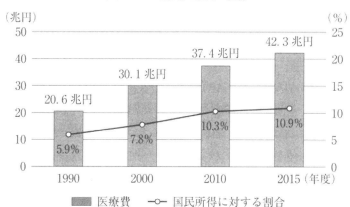

（『日本国勢図会 2020/21 年版』により作成）

グラフ2　医療費の性・年齢別構成と人口構成（2015 年）

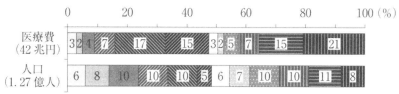

□男性0～14歳　□男性15～29歳　■男性30～44歳　■男性45～59歳　■男性60～74歳　■男性75歳～

□女性0～14歳　■女性15～29歳　■女性30～44歳　■女性45～59歳　■女性60～74歳　■女性75歳～

（注）　数値は四捨五入しているため，合計値が 100 にならない場合がある。

（ニッセイ基礎研究所「医療費支出の概要～男女差に着目して」により作成）

① グラフ1をみると，医療費は，1990年度には20.6兆円であったが，2015年度には2倍以上の42.3兆円となっている。グラフ2をみると，全人口の34％を占める60歳以上が，医療費総額の68％を使っていることが分かる。

② グラフ1をみると，医療費の国民所得に対する割合は，2015年度では1990年度の2倍以上になっている。グラフ2をみると，年齢別構成が上がるにつれ，男性と女性の医療費の割合は増加傾向にあることが分かる。

③ グラフ1をみると，医療費と医療費の国民所得に対する割合はともに，1990年度から増加傾向にある。グラフ2をみると，男性も女性もともに年齢別構成での医療費の割合は75歳以上が一番多いことが分かる。

④ グラフ1をみると，医療費と医療費の国民所得に対する割合はともに，2015年度では1990年度の2倍以上になっている。グラフ2をみると，男性と女性の医療費の年齢別構成を比べると，すべての年齢で女性の医療費が多いことが分かる。

問5 下線部分消費者に関連して，消費者問題に対応するために定められてきた法律についての説明文として適切なものを，次の①～④のうちから一つ選べ。解答番号は 17 。

① 消費者契約法は，業者の虚偽の情報にもとづく契約を取り消したり，消費者に不当に不利な契約条項を無効にしたりするなど，不当な契約から消費者を保護することを目的としている。

② 特定商取引法は，訪問販売などで商品を購入した場合にも，購入者が契約を一方的に解除することを禁止したものである。

③ 製造物責任法は，製造者に対して損害賠償の請求をする際に，製品の欠陥と製造者の過失を証明しなければならない。

④ 消費者保護基本法を改正して成立した消費者基本法は，従来の消費者の権利尊重と自立支援をめざす政策から消費者の保護に重点を置く政策へと目的を変化させている。

6 次の文章を読んで，問1～問5に答えよ。

　日本が 2018 年に実施した政府開発援助(ODA：Official Development Assistance)の支出総額
は，約 1 兆 9,051 億円となりました。財政状況が厳しく，少子高齢化対策や自然災害の復旧・対
策など，日本国内で様々な課題が山積する中で，なぜ日本は ODA で開発途上国を支援するので
しょうか。

　現在，世界の人口は約 70 億人ですが，世界銀行によれば，このうち 7 億人以上の人が，1 日
の生活費が 1.9 ドル(200 円)にも満たない水準で暮らしています。こうした人々は，食べるもの
や飲み水がなかったり，学校に行きたくても行けなかったり，病気の時に病院に行けなかったり
と，ギリギリの暮らしをしています。困っている人がいる時は，助け合わなければならない，そ
れは国としても同じことです。

　また，そもそも日本も，第二次世界大戦後，戦後の荒廃の中から復興しました。そうした苦境
から復興し，経済成長を成し遂げ，先進国の仲間入りを果たすにあたり，日本の復興・経済成長
を支えた柱の一つとして，戦後間もない時期から開始された，米国などの先進国や世界銀行をは
じめとする国際機関などからの支援の存在がありました。東海道新幹線や東名高速道路，黒部ダ
ム，そして愛知用水など，日本の再建と発展のため必要不可欠であった基礎的なインフラは，こ
れらの支援によって整備されました。したがって，日本は，その「恩返し」として，途上国の経済
発展を後押しするため，ODA を活用して支援を進めてきました。実際，日本に対して世界各国
から寄せられる期待は非常に大きなものです。

　さらに，広く世界を見渡せば，気候変動，自然災害，環境問題，感染症，難民問題など，一国
では解決が難しい地球規模課題が山積し，深刻化しており，その影響も一国内にとどまらず，世
界中に広がっています。2015 年には，国連において持続可能な開発目標(SDGs)が採択され，
2030 年までに「誰一人取り残さない」社会を構築すべく，国際社会が取組を進めています。その
ような状況の中では，誰かのために行う善意は，巡り巡って自分に戻ってくるものです。たとえ
ば，どこかの国で温暖化ガスの排出や海洋プラスチックごみの削減に協力することは，巡り巡っ
て日本を取り巻く環境を良くすることにつながります。日本が産業化を支援した結果，途上国か
らタコやサーモンが日本に輸出され，私たちの食卓に並べられています。一方で，自然災害や気
候変動に伴う影響，国境を越えるテロや感染症などの脅威にさらされていることも事実です。私
たちは，世界中の様々な主体と協力してこれらの課題に取り組まなければなりません。

　日本が ODA を開始して，65 年以上が経ちました。これまでの日本の ODA を通じた途上国へ
の様々な分野での支援や人材育成は，今の日本に対する信頼につながっています。こうした信頼
は，たとえば，2020 年東京オリンピック・パラリンピック競技大会の招致や 2025 年大阪・関西
万博の誘致の際，日本が各国から多くの支持を集めたことにも少なからずつながったと言えるで
しょう。ODA は貴重な税金により実施していますので適切に活用し，途上国のために役立てて

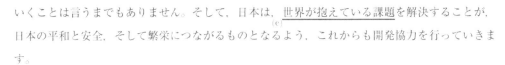

いくことは言うまでもありません。そして，日本は，世界が抱えている課題を解決することが，
日本の平和と安全，そして繁栄につながるものとなるよう，これからも開発協力を行っていきます。

（「2019 年版開発協力白書」により作成）

問 1　下線部分政府開発援助に関連して，**資料1**，**資料2**をみて，文章中の　　Ａ　　，　　Ｂ　　，
　　Ｃ　　にあてはまるものの組合せとして適切なものを，次のページの①～④のうちから一
つ選べ。解答番号は　　18　　。

資料1　主要 DAC 加盟国の政府開発援助の比較（2016 年）

|  | 日本 | 米国 | 英国 | フランス | ドイツ | イタリア | カナダ | DAC 計 |
|---|---|---|---|---|---|---|---|---|
| 政府開発援助実績総額（億ドル） | 104.2 | 344.1 | 180.5 | 96.2 | 247.4 | 50.9 | 39.3 | 1,449.6 |
| 対 GNI 比（%） | 0.20 | 0.19 | 0.70 | 0.38 | 0.70 | 0.28 | 0.26 | 0.32 |
| DAC 諸国全体に占める割合（%） | 7.2 | 23.7 | 12.5 | 6.6 | 17.1 | 3.5 | 2.7 | 100.0 |

資料2　主要国の二国間政府開発援助の分野別配分（2016 年）

（単位：%）

| 分野 ＼ 国名 | 日本 | 米国 | 英国 | フランス | ドイツ | イタリア | カナダ | DAC 平均 |
|---|---|---|---|---|---|---|---|---|
| 社会インフラ（教育，保健，上下水道等） | 17.1 | 51.1 | 46.0 | 38.3 | 24.3 | 14.6 | 37.5 | 33.9 |
| 経済インフラ（輸送，通信，電力等） | 51.1 | 4.6 | 8.2 | 20.2 | 20.1 | 1.3 | 5.5 | 17.7 |
| 農林水産分野（農業，林業，漁業等） | 3.3 | 4.0 | 2.4 | 7.0 | 3.1 | 1.5 | 5.3 | 3.7 |
| 工業等その他生産分野（鉱業，環境等） | 16.0 | 6.0 | 20.3 | 11.9 | 11.2 | 1.2 | 9.3 | 10.9 |
| 緊急援助（人道支援等），食糧援助 | 4.8 | 25.4 | 14.1 | 2.3 | 11.9 | 8.2 | 29.1 | 13.4 |
| プログラム援助等（債務救済，行政経費等） | 7.8 | 8.9 | 9.0 | 20.3 | 29.5 | 73.1 | 13.2 | 20.5 |
| 合計 | 100.0 | 100.0 | 100.0 | 100.0 | 100.0 | 100.0 | 100.0 | 100.0 |

（注1）　DAC とは，OECD（経済協力開発機構）の下部組織にあたる開発援助委員会のことである。
（注2）　**資料2**について，四捨五入の関係上，各分野の合計が 100 % とならないことがある。

（「2017 年版開発協力白書」により作成）

文章

> 資料１をみると，　A　ことが分かる。一方で資料２からは，各国がどの分野に重点を置いて援助しているかという点に着目すると，　B　ことが分かる。また資料２からは　C　ということも分かる。

A　にあてはまる選択肢

ア　日本の「政府開発援助実績総額」は，イタリアの２倍を超えているが，「対GNI比」ではイタリアと比べて小さい

イ　米国の「政府開発援助実績総額」は，主要DAC加盟国の中で最も大きく，「対GNI比」でも最も大きい

B　にあてはまる選択肢

ウ　日本は「経済インフラ」の割合が最も高く，米国，英国，フランス，ドイツ，カナダは「社会インフラ」の割合が最も高い

エ　日本は「経済インフラ」の割合が最も高く，イタリア，ドイツは「プログラム援助等」の割合が最も高い

C　にあてはまる選択肢

オ　DAC平均では「社会インフラ」の割合が最も高いが，カナダは「緊急援助，食糧援助」の割合が最も高い

カ　DAC平均では「社会インフラ」の割合が最も高いが，ドイツは「プログラム援助等」の割合が最も高い

| | A | B | C |
|---|---|---|---|
| ① | ア | ウ | オ |
| ② | ア | エ | カ |
| ③ | イ | ウ | カ |
| ④ | イ | エ | オ |

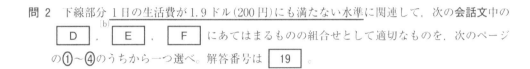

問2　下線部分 1日の生活費が1.9ドル（200円）にも満たない水準 に関連して，次の**会話文**中の
(b)
　　　D　，　E　，　F　にあてはまるものの組合せとして適切なものを，次のページ
の①〜④のうちから一つ選べ。解答番号は　19　。

**会話文**

先　　生：世界には，1日の生活費が1.9ドル（200円）にも満たない水準で暮らしている国が
　　　　　あります。このような経済格差やその是正について考えてみましょう。

直　　也：ガーナでは，19世紀にイギリスの植民地経営が始まると，チョコレートの原料であ
　　　　　るカカオ栽培をおしつけられました。独立後の現在も，輸出品の多くをカカオに
　　　　　頼っています。このようにアフリカには，特定の一次産品を生産する偏った経済構
　　　　　造であるモノカルチャー経済の傾向が残っているのです。現在もこの経済構造から
　　　　　抜け出すことができず，貧困に喘いでいます。　D　のです。

先　　生：つまり，経済構造に原因があるということですね。

加奈子：はい。モノカルチャー経済から脱却し，国内産業を育成するということからやはり
　　　　　「　E　」という考え方が大切だと思います。

先　　生：国連貿易開発会議（UNCTAD）の初代事務局長プレビッシュの提出したプレビッシュ
　　　　　報告のスローガンですね。

和　　人：先進国や国際機関，民間銀行などから多額の資金を借り入れたものの，その返済が
　　　　　難しくなったり，返すことができなくなったりする　F　問題に悩まされている
　　　　　国もあります。

先　　生：貧困の悪循環に陥らないためにはどんな取組みが必要か，話し合ってみるといいで
　　　　　すね。

　　　D　にあてはまる選択肢

ア　輸出品の価格が国際市場によって変動し，経済が安定しない

イ　気候・風土の特性や輸入数量制限により，経済が安定しない

　　　E　にあてはまる選択肢

ウ　貿易より援助を

エ　援助より貿易を

　　　F　にあてはまる選択肢

オ　累積債務

カ　不良債権

|   | D | E | F |
|---|---|---|---|
| ① | ア | ウ | カ |
| ② | ア | エ | オ |
| ③ | イ | ウ | オ |
| ④ | イ | エ | カ |

問3 下線部分国連に関連して，専門機関の**名称**と**目的**の組合せとして適切なものを，下の①～
④のうちから一つ選べ。解答番号は　20　。

名称

Ⅰ　FAO

Ⅱ　UNESCO

Ⅲ　WHO

Ⅳ　ILO

目的

ア　農村開発を促進し，農民の生活・労働環境を改善する。

イ　世界中の人々の健康を最高水準に保つ。

ウ　教育・科学・文化を通じた国際協力を促進し，世界平和を図る。

エ　労働条件の改善を国際的に実現する。

① Ⅰ－ア　　　Ⅱ－ウ

② Ⅰ－エ　　　Ⅲ－ウ

③ Ⅲ－ア　　　Ⅳ－イ

④ Ⅱ－イ　　　Ⅳ－エ

問4 下線部分世界中の様々な主体に関連して，NGO（非政府組織）について述べた文として適切
(d)
なものを，次の①〜④のうちから一つ選べ。解答番号は　21　。

① 途上国の生活に密着したきめ細かい援助を実施するために派遣される青年海外協力隊
は，NGOの代表から構成される。

② NGOとは，国際協力を行う団体のうち，政府の認証を受けたものをさし，日本では約
500の団体が認証を受けている。

③ NGOは営利を目的としないため，事務局スタッフは無給で働く必要があり，専従スタッ
フとして活躍する者はほとんどいない。

④ NGOとは，貧困，飢餓，環境など，世界的な問題に対して，政府や国際機関とは違う
民間の立場から，利益を目的とせずに取り組む団体をさす。

問5 下線部分世界が抱えている課題に関連して，次の文章は，ガーナでカカオを収穫している
(e)
「そのこ」と，日本にいる「ぼく」との日常を描いた詩である。この詩に関する生徒の発言の中
で，児童労働を解決するための視点として**適切でないもの**を，次のページの①〜④のうちか
ら一つ選べ。解答番号は　22　。

---

そのこ

谷川俊太郎

そのこはとおくにいる
そのこはぼくのともだちじゃない
でもぼくはしってる
ぼくがともだちとあそんでいるとき
そのこがひとりではたらいているのを

ぼくがっこうできょうかしょをよんでいるとき
そのこはしゃがんでじめんをみつめている
ぼくがおふろからでてふとんにもぐりこむとき
そのこはゆかにごろんとよこになる
ぼくのうえにもそのこのうえにもおなじそら

ぼくはこどもだからはたらかなくていい
おかねはおとながかせいでくれる
そのおかねでぼくはげーむをかう
そのこはこどもなのにおかねをかせいでいる
そのおかねでおとなはたべものをかう

ちきゅうのうえにはりめぐらされた
おかねのくものすにとらえられて
ちょうちょのようにそのこはもがいている
そのこのみらいのためになにができるか
だれかぼくにおしえてほしい

---

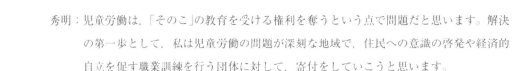

秀明：児童労働は，「そのこ」の教育を受ける権利を奪うという点で問題だと思います。解決の第一歩として，私は児童労働の問題が深刻な地域で，住民への意識の啓発や経済的自立を促す職業訓練を行う団体に対して，寄付をしていこうと思います。

瑠夏：児童労働は，「そのこ」の健康的な発達を妨げるという点で問題だと思います。解決の第一歩として，私は児童労働の解決に向けた取組みを行う団体が主催する講演会やワークショップに参加して学び，多くの人に伝えていくための活動をしたいと思います。

真菜：児童労働は，「そのこ」を労働に従事させているという点で問題だと思います。解決の第一歩として，私は児童労働の撤廃に取り組んでいる企業の商品をできるだけ購入するようにしたいと思います。

将一：児童労働は，「そのこ」をはじめ，一部の児童だけにしか働く権利が保障されていないという点で問題だと思います。解決の第一歩として，私はすべての児童に働く権利が与えられるよう署名活動を行いたいと思います。

① 秀明　　② 瑠夏　　③ 真菜　　④ 将一

7　次の会話文を読んで，問1〜問2に答えよ。

先　生：皆さん，2週間後の「現代社会」の授業の研究発表のテーマは決まりましたか。

真　実：まだ決まっていません。みんなで介護施設にボランティアに行ってきたからです。しかしそのおかげで，介護の問題を身近に考えられるようになりました。ボランティアも終わったので，これから，研究発表のテーマを決めたいと思います。

先　生：介護は，高齢者を対象としたものだけではなく，障がい者や病人の方を対象としたものもあります。今回は，高齢者に対する介護について，実際に体験して様々なことを知ることができてよかったですね。よければそれを「現代社会」の研究発表のテーマにしてみてはいかがでしょうか。

紗矢香：賛成です。実際ボランティアに行って，介護現場の人手不足など，解決すべき様々な課題を見出していたところです。さっそく，調査する内容を分担しましょう。
　　　　　　　　　　　(a)

真　実：私は，要介護者を抱える家庭だけではなく，社会全体で介護，ひいては高齢化の問題に取り組むべきだと考えます。公的な介護保険等を将来的にさらに充実させることはできないのでしょうか。将来の社会保障給付は増える見込みなのか，またその給付は介護のために充てられる見込みなのか，見通しを調べてみます。

紗矢香：私は，公的な介護保険の充実のために，より直接的な支援をするべきだと考えます。私はボランティアに行って，介護職員の方から，賃金に関することが人手不足の理由の一つだと聞きました。介護職員の給与を充実させられないでしょうか。まずは，介護職員の賃金について，他の業種と比較しながら調べてみます。

哲　也：私は，介護職員の給与を充実させるだけでは，人手不足の問題は解消しないと考えます。私は介護労働の現状として，男女別に，正規・非正規どちらの働き方が多いのか一度調べてみます。人手不足等の様々な問題があるのならば，介護の現場で柔軟な働き方を広げていくことも，選択肢としてあり得ると考えます。

悠　人：私は，介護サービスを政府や事業者に求めるだけではなく，各家族で行えるように，社会の仕組みを整えるべきだと考えます。そのためにどんな課題を解決する必要があるのでしょうか。家族による介護の現状について知るべく，まずは，家族による介護は一般的には家族の構成員のうちのどんな人が主に担っているのかについて調べます。

先　生：発表のテーマとそれぞれが調べる内容が決められて良かったですね。労働問題や家族の問題にまで視野を広げて，持続可能な介護はどのように実現できるのか，さらに将来世代と現役世代の関係にも着目して，しっかり考えてみて下さい。皆さんの発表を楽しみにしています。

問 1 会話文に関連して，真実，紗矢香，哲也，悠人の 4 人が，この先，調査を進める際に利用すると考えられる資料の組合せとして最も適切なものを，238ページの①〜④のうちから一つ選べ。解答番号は 23 。

**資料 1　男女別就業形態**

| | 正規職員 | | 非正規職員 | |
|---|---|---|---|---|
| 介護職員（施設等） | 男性 | 33.9 % | 男性 | 12.7 % |
| | 女性 | 66.1 % | 女性 | 87.3 % |
| 訪問介護員 | 男性 | 26.4 % | 男性 | 5.0 % |
| | 女性 | 73.6 % | 女性 | 95.0 % |

(注)　正規職員：雇用している労働者で雇用期間の定めのない者。非正規職員：正規職員以外の労働者（契約職員，嘱託職員，パートタイム労働者等）。

(公益財団法人　介護労働安定センター「平成29年度介護労働実態調査」により作成)

**資料 2　所定内給与額**

| 産業計 | ホームヘルパー | 福祉施設介護員 |
|---|---|---|
| 304,300 円 | 220,400 円 | 219,900 円 |

(注1)　「所定内給与額」は，労働契約などであらかじめ定められている支給条件，算定方法により支給された現金給与額を指す。
(注2)　「産業計」は，全産業を合計した所定内給与額を指す。

(厚生労働省「平成29年賃金構造基本統計調査」により作成)

**資料 3　将来の社会保障給付費の見通し（単位：兆円）**

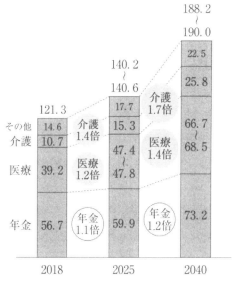

(注)　（　）内の % 表示は GDP 比。
(内閣官房・内閣府・財務省・厚生労働省
「2040 年を見据えた社会保障の将来見通し」により作成)

資料4　現在の仕事の満足度（介護労働）

| | 満足 | やや満足 | 普通 | やや不満足 | 不満足 | 無回答 |
|---|---|---|---|---|---|---|
| ①仕事の内容・やりがい | 16.9 | 36.4 | 37.0 | 5.8 | 2.4 | 1.5 |
| ②キャリアアップの機会 | 6.7 | 18.3 | 54.9 | 11.8 | 5.9 | 2.3 |
| ③賃金 | 6.5 | 14.8 | 37.6 | 25.8 | 13.8 | 1.6 |
| ④労働時間・休日等の労働条件 | 15.5 | 19.3 | 38.5 | 17.4 | 7.9 | 1.4 |
| ⑤勤務体制 | 12.7 | 17.6 | 43.2 | 17.5 | 7.6 | 1.5 |

（％）

（公益財団法人　介護労働安定センター「平成29年度介護労働実態調査」により作成）

資料5　1人当たり医療費・介護費

| | 医療（2017年） | | 介護（2017年） | |
|---|---|---|---|---|
| | 1人当たり国民医療費 | 1人当たり国庫負担 | 1人当たり介護費 | 1人当たり国庫負担 |
| 65〜74歳 | 55.7万円 | 8.1万円 | 4.9万円 | 1.4万円 |
| 75歳以上 | 92.2万円 | 33.5万円 | 46.7万円 | 13.7万円 |

（財務省『これからの日本のために財政を考える』により作成）

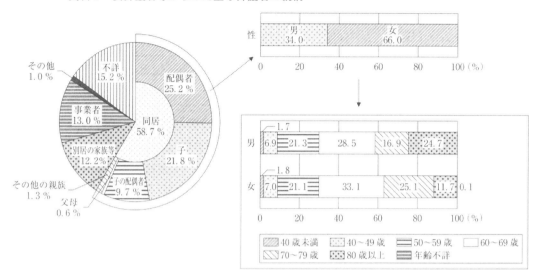

資料6　要介護者等からみた主な介護者の続柄

(注)　熊本県を除いたものである.

(厚生労働省「国民生活基礎調査（平成28年）」により作成)

|    | 真実 | 紗矢香 | 哲也 | 悠人 |
|----|------|--------|------|------|
| ① | 資料3 | 資料2 | 資料1 | 資料6 |
| ② | 資料3 | 資料4 | 資料6 | 資料1 |
| ③ | 資料5 | 資料2 | 資料6 | 資料1 |
| ④ | 資料5 | 資料4 | 資料1 | 資料6 |

問2 下線部分介護現場の人手不足に関連して，次の**レポート**中の　A　，　B　にあては
まるものの組合せとして適切なものを，241ページの①～④のうちから一つ選べ。
解答番号は　24　。

**レポート**

┌─────────────────────────────────────────────────────────────┐

　私は，介護関係の職種，ホームヘルパーや介護支援専門員等の求人について，年度や地域
等で分けて，より具体的に調べてみました。

　まずは年度ごとの介護関係の職種の求人についてです。**グラフ1**は介護関係職種の有効求
人倍率の推移です。これを活用すれば，介護関係職種の人手不足についての，現在に至るま
での経緯や慢性的な課題を，確認することができます。例えば，**グラフ1**では，　A　と
いえるかもしれません。

　また平成29年度の介護関係の職種の有効求人倍率が4を超えている月もありますが，そ
れは他の職種と比較してどの程度の水準なのか，特定の地域の問題か日本全体の問題なのか
も含めて確認する必要があると考えます。**グラフ2**を見てください。この**グラフ2**から，
　B　ことが分かります。

　この調査を通じて，様々な立場の人々とともに生きていく社会を目指して，私たちは多面
的・多角的に問題を捉えて，その解決方法を探究しなければならないのだと感じました。

└─────────────────────────────────────────────────────────────┘

**グラフ1　介護関係職種の有効求人倍率の推移**

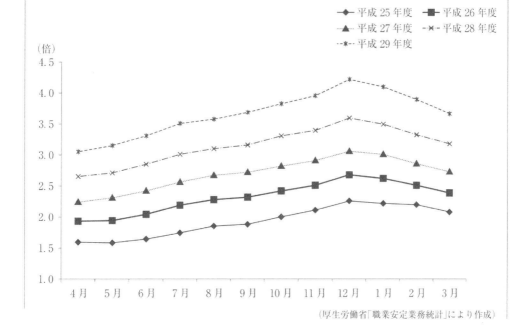

（厚生労働省「職業安定業務統計」により作成）

2回試験

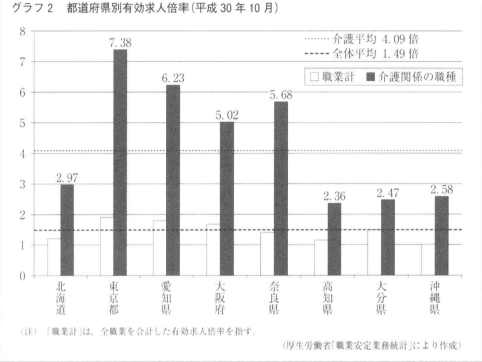

グラフ2　都道府県別有効求人倍率（平成30年10月）

（注）　「職業計」は，全職業を合計した有効求人倍率を指す。

（厚生労働省「職業安定業務統計」により作成）

　　A　　にあてはまる選択肢

ア　介護関係職種は，年々求人倍率が高まっているので，介護関係職種の人手不足の状況は
　　改善している

イ　介護関係職種の人材に対する需要は年々高まっており，月別に見ると，特に12月に最
　　も高くなる傾向がある

　　B　　にあてはまる選択肢

ウ　介護関係の職種の有効求人倍率は都道府県ごとに大きな差異があり，最も高い都道府県
　　の倍率は，最も低い都道府県の倍率の，3倍以上になっている

エ　介護関係の職種が他の職種に比べて，特に人手不足であるということはいえず，地域に
　　よっては，職業計の有効求人倍率が，介護関係の職種の有効求人倍率を，上回っている

| | A | B |
|---|---|---|
| ① | ア | ウ |
| ② | ア | エ |
| ③ | イ | ウ |
| ④ | イ | エ |

# 令和３年度　第２回

# 解答・解説

【重要度の表記】

Ａ：重要度が高く確実に正答したい設問。しっかり
　　復習する必要のある問題です。

Ｂ：重要度はＡレベルよりすこし下で、やや難易度
　　が高い設問または内容を読み取る設問。高得点
　　を狙う人は復習しましょう！

Ｃ：重要度が低い、または難解な設問。軽く復習す
　　る程度でよいでしょう！

令和3年度 第2回 高卒認定試験

【 解 答 】

| 1 | 解答番号 | 正答 | 配点 | 2 | 解答番号 | 正答 | 配点 | 3 | 解答番号 | 正答 | 配点 | 4 | 解答番号 | 正答 | 配点 |
|---|---|---|---|---|---|---|---|---|---|---|---|---|---|---|---|
| 問1 | 1 | ③ | 4 | 問1 | 4 | ③ | 4 | 問1 | 7 | ② | 4 | 問1 | 10 | ④ | 4 |
| 問2 | 2 | ② | 5 | 問2 | 5 | ③ | 4 | 問2 | 8 | ② | 5 | 問2 | 11 | ③ | 4 |
| 問3 | 3 | ④ | 4 | 問3 | 6 | ④ | 4 | 問3 | 9 | ① | 4 | 問3 | 12 | ④ | 4 |

| 5 | 解答番号 | 正答 | 配点 | 6 | 解答番号 | 正答 | 配点 | 7 | 解答番号 | 正答 | 配点 |
|---|---|---|---|---|---|---|---|---|---|---|---|
| 問1 | 13 | ② | 4 | 問1 | 18 | ② | 4 | 問1 | 23 | ① | 4 |
| 問2 | 14 | ③ | 4 | 問2 | 19 | ② | 4 | 問2 | 24 | ③ | 4 |
| 問3 | 15 | ④ | 5 | 問3 | 20 | ① | 4 | - | - | | |
| 問4 | 16 | ① | 4 | 問4 | 21 | ④ | 5 | - | - | | |
| 問5 | 17 | ① | 4 | 問5 | 22 | ④ | 4 | - | - | | |

【 解 説 】

## 1

問1 ①には、2018年のインド、中国、パキスタンの遺伝子組換え農作物の栽培面積は、2013年と比べて拡大しているとありますが、表1を見ると、中国の2013年は4.2、2018年は2.8と縮小しています。よって、①は誤りです。②には、トウモロコシの総栽培面積に対する遺伝子組換え農作物の占める割合は58.9%とありますが、グラフ1を見ると30%です。よって、②は誤りです。④には、2018年のアルゼンチン、パラグアイ、ウルグアイの遺伝子組換え農作物の栽培面積は、2013年と比べて縮小しているとありますが、表1を見ると、パラグアイの2013年は3.6、2018年は3.8と拡大しています。よって、④は誤りです。したがって、正解は③です。

**解答番号【1】：3** ⇒ **重要度A**

問2 空欄Aについて、メモ3行目を見ると、日本では「安全性の審査は不要」とあります。よって、空欄Aには「不要」が当てはまります。空欄Bについて、メモ11～12行目を見ると、EUでは「ゲノム編集食品には安全性審査も表示義務も課すべきだ」とあります。よって、空欄Bには「必要」が当てはまります。空欄C・Dについて、メモ12～13行目を見ると、アメリカでは「植物に由来する食品では安全性審査も表示も不要」「動物に由来する食品については必要」とあります。よって、空欄Cには「不要」、空欄Dには「必要」が当てはまります。したがって、正解は②です。

解答番号【2】：2 ⇒ 重要度A

問3　会話文での発言から、正解を考えていきましょう。りくさんは17～18行目で「この技術を活用すれば、食糧不足が解決するかもしれません」「どういう作物が研究されているのか調べてみたくなりました」と発言しています。よって、遺伝子組換え食品の研究に関する「資料3」を利用すると考えられます。つばきさんは19～20行目で、「ゲノム編集の仕組みを知りたくなりました」と発言しています。よって、ゲノム編集の仕組みについて書かれている「資料2」を利用すると考えられます。あかりさんは25行目で「ゲノム編集食品についての人々の考えについて調べてみたい」と発言しています。よって、ゲノム編集食品に関するアンケートである「資料1」を利用すると考えられます。したがって、正解は④です。

解答番号【3】：4 ⇒ 重要度A

2

問1　①はヘーゲルの思想です。②はカントの思想です。④はフロムの思想です。哲学者とその説明の組み合わせが正しいのは③となります。したがって、正解は③です。

解答番号【4】：3 ⇒ 重要度C

問2　①には、グラフ2（今の自分を変えたいと思う）について、「あてはまらない」と「どちらかといえばあてはまらない」と答えた割合の合計が3割を超えているのは「15～19歳」以上の年代すべてであるとありますが、「20～24歳」は「あてはまらない」が9.3％、「どちらかといえばあてはまらない」が20％で、合計は29.3％であり、3割を超えていません。よって、①は誤りです。②には、グラフ3（自分らしさを強調するより、他人と同じことをしていると安心だ）について、「25～29歳」では「どちらかといえばあてはまらない」が最も高いとありますが、最も高いのは「どちらかといえばあてはまる」です。よって、②は誤りです。④には、グラフ3（自分らしさを強調するより、他人と同じことをしていると安心だ）について、「あてはまらない」と答えた割合は「20～24歳」が最も高いとありますが、最も高いのは「25～29歳」です。よって、④は誤りです。したがって、正解は③です。

解答番号【5】：3 ⇒ 重要度A

問3　空欄Aには、個人の特性を意味する「パーソナリティ」が当てはまります。パーソナリティの形成には、「遺伝と環境の両方」が影響すると考えられています。したがって、正解は④です。なお、「コンフリクト」とは異なる欲求が対立している葛藤状態のことです。

解答番号【6】：4 ⇒ 重要度A

3

問1　空欄Aには、内閣の決定や議員の要求により必要に応じて開かれる「臨時会」が当てはまります。空欄Bの直後にある住民投票は地方公共団体が定める「条例」により規定され

ています。したがって、正解は②です。なお、「特別会」とは衆議院選挙後に招集される、内閣総理大臣を指名するための国会です。「法律」とは、国が定める規範です。

**解答番号【7】：2**　⇒ 重要度A

問2　オンブズマン制度とは、市民の苦情に基づいて行政機関を外部から不正等を監視し、これを是正することを目的とする制度です。民主化や民主主義とは、国民が政治に参加することを指します。したがって、正解は②です。

**解答番号【8】：2**　⇒ 重要度B

問3　空欄Cについて、グラフ１を見ると、「感じていない」と「どちらかといえば感じていない」と答えた人の割合の合計は、50歳代では42.8％、60歳代では39.7％です。「イ」は50歳代と60歳代について、50％を上回っているとありますので、誤りです。空欄Dについて、グラフ２を見ると、「感じていない」と「どちらかといえば感じていない」と答えた人の割合の合計は、20歳代は29.3％、30歳代は36.4％、40歳代は35.5％です。「エ」は、いずれにおいても20％を下回っているとありますので、誤りです。したがって、正解は①です。

**解答番号【9】：1**　⇒ 重要度A

# 4

問1　空欄Aについて、日本国憲法が公布されたのは1946年ですので、2021年で「75」年になります。空欄Bには、マスメディアの報道によって名誉を傷つけられた者などが反論する機会を求める権利である「アクセス」権が当てはまります。したがって、正解は④です。なお、「自己決定」権とは、自分の事は自分で決める権利です。

**解答番号【10】：4**　⇒ 重要度A

問2　①について、日本国憲法の改正には厳しい取り決めがあり、改正しにくい特徴があることから、硬性憲法と呼ばれています。よって、①は誤りです。②について、憲法改正の発議には参議院・衆議院の両議院で、総議員の３分の２以上の賛成が必要となります。よって、②は誤りです。④について、国民投票を行う有権者は満18歳以上の日本国民であり、投票については代理投票を行うことはできません。よって、④は誤りです。したがって、正解は③です。

**解答番号【11】：3**　⇒ 重要度A

問3　法の支配とは、民主的手続きで作られた法によって統治者が国民を統治する仕組みのことで、その法は内容が公正であることが求められます。したがって、正解は④です。なお、①と②は人の支配の説明であるため誤りです。③は「法の形式さえ整っていれば、どのような法でも統治者と国民は守るべき」とあり、法の公正さが欠如しているため誤りです。

**解答番号【12】：4**　⇒ 重要度B

# 5

問1　①について、ある企業の株式を購入した者は、その企業が倒産したとき、自らが出資した範囲内で責任を負います。よって、①は誤りです。③について、株式を発行した企業は、得た利潤に応じて、その一部を株主に配当します。よって、③は誤りです。④について、株主総会の議決権を持つのは株式を購入した株主であり、社債購入者は対象となりません。よって、④は誤りです。したがって、正解は②です。

　　　　**解答番号【13】：2**　　　⇒ 重要度A

問2　適切でないものを選びます。寡占市場では少数企業が市場を占有しており競争が少ないため、市場占有率第一位の企業は頻繁に変わらない傾向があります。したがって、正解は③です。

　　　　**解答番号【14】：3**　　　⇒ 重要度A

問3　空欄AとBについて、資料5～9行目にあるとおり、「すべての世帯の所得が同額であるならば、ローレンツ曲線は45度線と一致」し、「所得や富の分布に偏りがある限り、ローレンツ曲線は下方に膨らんだ形」になります。資料11行目にあるように、累進課税制度によって高所得者からより多くの税金を集め、税金を用いて社会保障の給付を行うことにより、社会の所得格差が小さくなります。所得格差が小さくなると、曲線は45度線に近づくと考えることができます。よって、格差が小さくなる前の当初所得を示す曲線は45度線から離れている「曲線イ」、所得を再分配して格差が小さくなった後の再分配所得を示す曲線は45度線から近い「曲線ア」となります。よって、空欄Aには「曲線イ」、空欄Bには「曲線ア」が当てはまります。空欄CとDについて、資料19～20行目にあるとおり、ジニ係数は「1に近づくほど格差が大きい」ことを示します。当初所得のジニ係数は格差が広がっている状態であるため、グラフの数値が1に近い「折線ウ」、再配分所得のジニ係数の推移は1より離れた「折線エ」であると考えることができます。よって、空欄Cには「折線ウ」、空欄Dには「折線エ」が当てはまります。したがって、正解は④です。

　　　　**解答番号【15】：4**　　　⇒ 重要度C

問4　②と④には、グラフ1について医療費の国民所得に対する割合は、2015年度では1990年度の2倍以上になっているとありますが、1990年度は5.9％、2015年度は10.9％であり、2倍以上になっていません。よって、②と④は誤りです。③には、グラフ2について、男性も女性もともに年齢別構成での医療費の割合は75歳以上が一番多いことが分かるとありますが、男性で最も多いのは60～74歳です。よって、③は誤りです。したがって、正解は①です。

　　　　**解答番号【16】：1**　　　⇒ 重要度A

問5　②の特定商取引法では、訪問販売や電話勧誘販売などの特定商品について、購入者が契約を一方的に解除できるクーリング・オフ制度を定めています。よって、②は誤りです。③の製造物責任法は、製造者の過失を証明する必要なく、製品の欠陥によって被った損害賠償を請求することができることを定めています。よって、③は誤りです。④について、消費者基本法は、消費者の保護に重点を置く政策から、消費者の権利尊重と自立支援を目

令和 3 年度　第 2 回／現代社会

指す政策へと目的を変化させています。よって、④は誤りです。したがって、正解は①です。

**解答番号【17】：1**　　⇒ 重要度Ａ

## 6

問1　空欄Aについて、資料1を見ると、米国の「対 GNI 比」は 0.19 であり、資料1の国々の中で最も低くなっています。よって、「イ」は誤りです。空欄Bについて、資料2を見ると、ドイツは各分野のうち「プログラム援助等」の割合が最も高くなっています。よって、「ウ」は誤りです。空欄Cについて、資料2を見ると、カナダは各分野のうち「社会インフラ」の割合が最も高くなっています。よって、「オ」は誤りです。したがって、正解は②です。

**解答番号【18】：2**　　⇒ 重要度Ａ

問2　空欄Dについて、一次産品は価格の変動が大きいため、一次産品の生産や輸出に依存する国は、経済が安定しないという特徴があります。よって、空欄Dには「ア」が当てはまります。空欄Eには、プレビッシュ報告のスローガンである「エ」が当てはまります。空欄Fについて、発展途上国の中には、債務の返済が難しくなり、累積債務問題を抱えている国があります。よって、空欄Fには「オ」が当てはまります。したがって、正解は②です。

**解答番号【19】：2**　　⇒ 重要度Ｂ

問3　それぞれの正しい組み合わせは、Ⅰはア、Ⅱはウ、Ⅲはイ、Ⅳはエです。したがって、正解は①です。

**解答番号【20】：1**　　⇒ 重要度Ａ

問4　①について、青年海外協力隊は独立行政法人国際協力機構（JICA）が行っています。よって、①は誤りです。②について、NGO を設立する際には政府の認証は必要ありません。よって、②は誤りです。③について、NGO は営利を目的としない団体ですが、そこで働くスタッフは無給ではなく給与が支払われます。よって、③は誤りです。したがって、正解は④です。

**解答番号【21】：4**　　⇒ 重要度Ｃ

問5　適切でないものを選びます。問5の問題文にあるとおり、この詩は児童労働問題について書かれています。将一さんは「一部の児童だけにしか働く権利が保障されていない」と、児童労働を認めていくべきとする逆の説明をしています。よって、将一さんの説明が誤りです。したがって、正解は④です。

**解答番号【22】：4**　　⇒ 重要度Ａ

7

問1　真美さんは会話文13〜14行目で「将来の社会保障給付は増える見込みなのか〜調べ
てみます」と発言しています。よって、真美さんは「資料3」を利用すると考えられます。
紗矢香さんは会話文17〜18行目で「介護職員の賃金について〜調べてみます」と発言
しています。よって、紗矢香さんは給与額が分かる「資料2」を利用すると考えられます。
哲也さんは会話文20〜21行目で「男女別に、正規・非正規どちらの働き方が多いのか
一度調べてみます」と発言しています。よって、就業形態が分かる「資料1」を利用する
と考えられます。悠人さんは会話文25〜26行目で「家族による介護は〜どんな人が主
に担っているのかについて調べます」と発言しています。よって、介護者の続柄が分かる
「資料6」を利用すると考えられます。したがって、正解は①です。

**解答番号【23】：1**　　⇒ **重要度A**

問2　空欄Aについて、求人倍率とは、求職者1人に対して何件の求人があるかを示す指標で
す。よって、求人倍率が高いほど、人手不足であると考えることができます。よって、「ア」
は誤りです。空欄Bについて、グラフ2を見ると、求人倍率の全体平均1.49に対し、介
護平均は4.09倍ですので、介護関係の職種は人手不足であることが分かります。よって、
「エ」は誤りです。したがって、正解は③です。

**解答番号【24】：3**　　⇒ **重要度A**

# 令和3年度 第1回
# 高卒認定試験

# 現代社会

# 解答時間　50分

# 現　代　社　会

$$\left(解答番号\ \boxed{1}\ \sim\ \boxed{24}\right)$$

**1** 次の会話文を読んで，問1～問3に答えよ。

香　織：今日の授業で先生が，様々な野生生物が絶滅の危機にあると話をしていましたね。

宏　樹：私たちの身近に生息しているメダカも，絶滅の危機にあると聞いて驚きました。

智　之：動物園で人気のジャイアントパンダやアジアゾウなども絶滅の危機にあるらしいですね。

美由紀：どうすれば，絶滅の危機にある野生生物を守っていくことができるのでしょうか。

智　之：こうした絶滅の恐れのある野生動植物とその製品の国際取引は　　　A　　　によって禁止されていると，先生が授業で説明していました。

香　織：その他にも，野生動植物の保護のうえで特に重要な湿地を保護するための　　　B　　　や，各国に生物多様性の維持に努めるよう求める生物多様性条約を定めるなど，国際社会では様々な方策が実施されています。

宏　樹：2010年には生物多様性条約に関する締約国会議が日本で開催され，　　　C　　　が採択されました。日本は，国際社会の中で重要な役割を果たしているのですね。

智　之：そういえば，マツタケも絶滅危惧種に指定されているそうですね。

美由紀：絶滅危惧種については，国際的な自然保護団体である国際自然保護連合(IUCN)が，絶滅の恐れのある野生生物種について調査しレッドリストを作成していて，そのリストにマツタケが登録されています。

宏　樹：(a)ウナギも指定されているそうです。

香　織：登録されているのはニホンウナギですね。

智　之：ニホンウナギは，2014年に絶滅のリスクが2番目に高い絶滅危惧ⅠB類に登録され，2020年にはマツタケが，絶滅のリスクが3番目に高い絶滅危惧Ⅱ類に登録されたそうです。

美由紀：絶滅危惧種に指定されると，食べられなくなるのでしょうか。

宏　樹：すぐに食べられなくなるようなことはないようだけれど，私たち一人一人が，自分たちの生活をもう一度ふりかえり，(b)生物多様性の保全や野生生物種の保護について真剣に考えていく必要があるのではないでしょうか。

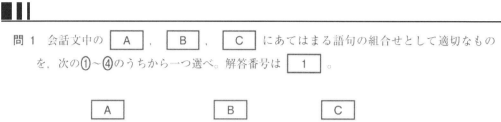

問 1　会話文中の　A　，　B　，　C　にあてはまる語句の組合せとして適切なもの
　　　を，次の①~④のうちから一つ選べ。解答番号は　1　。

|  | A | B | C |
|---|---|---|---|
| ① | アムステルダム条約 | バーゼル条約 | 名古屋議定書 |
| ② | アムステルダム条約 | ラムサール条約 | 京都議定書 |
| ③ | ワシントン条約 | バーゼル条約 | 京都議定書 |
| ④ | ワシントン条約 | ラムサール条約 | 名古屋議定書 |

問 2 下線部分(a)ウナギに関連して，日本国内のウナギの漁業生産量と養殖生産量，輸入量に関する次のグラフ1，グラフ2，グラフ3から読み取れる内容として適切なものを，次のページの①～④のうちから一つ選べ。解答番号は　2　。

グラフ1　漁業生産量

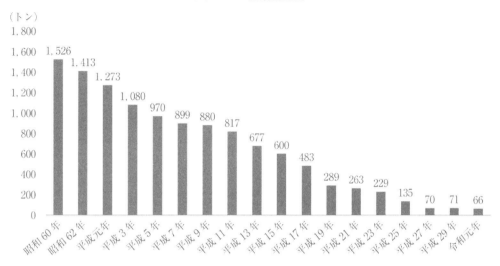

グラフ2　養殖生産量

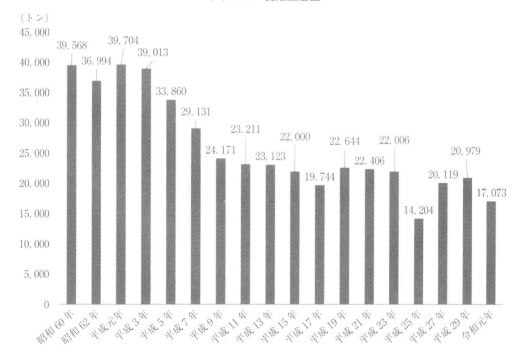

グラフ３　輸入量

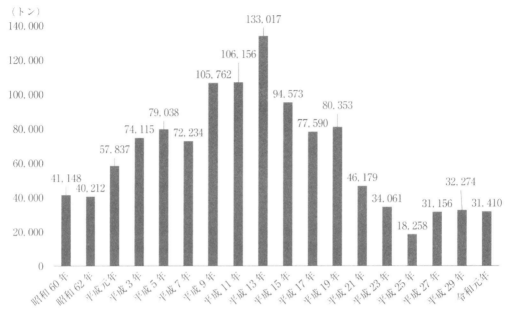

（水産庁ホームページにより作成）

① 　グラフ１の漁業生産量は，昭和60年以降平成27年まで減少が続き，平成29年に僅かに増えたものの，令和元年には66トンまで減少している。**グラフ１**の漁業生産量と**グラフ２**の養殖生産量を合わせた値であるウナギの国内生産量が，一番少ないのは平成25年で，二番目に少ないのが令和元年となっている。

② 　グラフ１の漁業生産量，グラフ２の養殖生産量はどちらも，平成元年が最も多くなっている。**グラフ１**の漁業生産量と**グラフ２**の養殖生産量を合わせた値であるウナギの国内生産量も，平成元年が最も多くなっている。

③ 　グラフ２の養殖生産量は，平成元年が最も多くなっている。**グラフ１**の漁業生産量と**グラフ２**の養殖生産量，**グラフ３**の輸入量を合わせた値であるウナギの国内供給量も，平成元年が最も多くなっている。

④ 　グラフ３の輸入量は，平成13年が最も多く10万トンを超える値となっている。輸入量が10万トンを超えたのは，平成13年だけである。平成13年の輸入量は，**グラフ１**の漁業生産量と**グラフ２**の養殖生産量を合わせた値であるウナギの国内生産量の，10倍以上となっている。

問 3 下線部分(b)生物多様性の保全に関連して，次の**グラフ 4**，**グラフ 5** について述べた次の
ページの 4 人の発言のうち，適切なものの組合せを次のページの①～④のうちから一つ選
べ。解答番号は　3　。

### グラフ 4　生物多様性の言葉の認知度

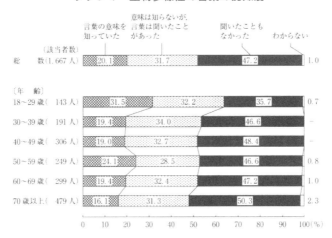

### グラフ 5　生物多様性保全の取組みについて，既に取り組んでいる
### または今後取り組んでみたいと思う取組み

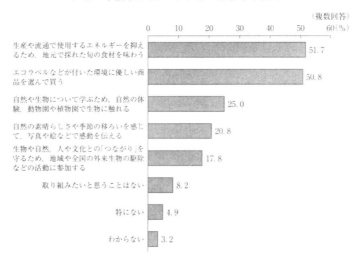

(内閣府「環境に関する世論調査(令和元年 8 月調査)」より)

香　織：グラフ４については，総数をみると，「言葉の意味を知っていた」人は約２割となっており，「聞いたこともなかった」人が５割弱で，「聞いたこともなかった」人の方が，３倍以上高い割合となっている。年齢別にみると，「聞いたこともなかった」人の割合は，18〜29歳が最も高く，70歳以上が最も低くなっている。

美由紀：グラフ４については，総数をみると，「言葉の意味を知っていた」人は約２割となっており，「意味は知らないが，言葉を聞いたことがあった」人は約３割となっている。年齢別にみると，「言葉の意味を知っていた」人の割合は，18〜29歳が最も高く，70歳以上が最も低くなっている。

宏　樹：グラフ５を見ると，既に取り組んでいるまたは今後取り組んでみたいと思う取組みとして，「生産や流通で使用するエネルギーを抑えるため，地元で採れた旬の食材を味わう」や「エコラベルなどが付いた環境に優しい商品を選んで買う」は，５割以上の人が既に取り組んでいるまたは今後取り組んでみたいと回答している。

智　之：グラフ５を見ると，既に取り組んでいるまたは今後取り組んでみたいと思う取組みとして，「自然や生物について学ぶため，自然の体験，動物園や植物園で生物に触れる」は，５割以上の人が既に取り組んでいるまたは今後取り組んでみたいと回答している。しかし，「取り組みたいと思うことはない」という人も２割弱いる。

① 香　織　と　宏　樹
② 香　織　と　智　之
③ 美由紀　と　宏　樹
④ 美由紀　と　智　之

2 次の文章を読んで，問1～問3に答えよ。

2019年9月，Twitter（注1）上に突如「餓鬼（がき）」が出現した。「丁寧な暮らしをする餓鬼」というユーザー名で，骨と皮だけのやせ細った手足に，ぽっこり突き出たお腹，ぎょろりとした目つきの餓鬼，愛称・ガッキーが，梅干しを干したり，(a)七草がゆを食べて万病予防を願ったりする。ユーザー名の通り，彼の暮らしは丁寧だ。食べ物や住まいを大切にする彼からの学びは多い。それも飢えに苦しんだ経験のある餓鬼ゆえのことだろう。

令和3年度第1回試験

そもそも「餓鬼」とは，仏教の教えに登場する，生前の悪業の報いで餓鬼道に落ちた亡者のこと。本来餓鬼は食べ物を食べられないが，ガッキーは日々善行を積んでいるので，好きなものを食べられるようだ。

作者の塵芥居士（ちりあくた・こじ）さんは，「ガッキーは『餓鬼草紙（餓鬼道世界を主題とした平安時代末期～鎌倉初期に描かれた日本の絵巻）』に登場する餓鬼をモデルにしています。ちょうど(b)お彼岸シーズンにツイートを始めると，お坊さん方が供養のために真言を引用リツイート（注2）して唱えてくるようになりました。」と話している。

ガッキーは丁寧に暮らしながら，たびたびトレンドに乗った生活をみせる。人気コーヒー店の行列に並んでみたり，ラーメンやスイーツの実物写真を載せることもある。もしかしたら彼は，食べ物に飢えている餓鬼ではなく，現代人が潜在的に持つ(c)自己顕示欲を渇望している餓鬼なのかもしれない。そんな彼の夢は「トモダチガ……ホシイ……」。今後彼の自己顕示欲が満たされ，真の(d)友達ができるのか。見守りつつ，これからの暮らしぶりを楽しみにしたい。

（注1）　Twitter：ツイッター。ユーザーが「ツイート（つぶやき）」と呼ばれる短い記事を書き込み，ほかのユーザーがそれを読んで「いいね」という評価をしたり，返信をすることでコミュニケーションが生まれるインターネット上のサービス。

（注2）　引用リツイート：Twitterにおいて，他者のツイートにコメントを付けて共用する機能のこと。

（朝日新聞デジタル「好書好日」，「オリコンニュース」により作成）

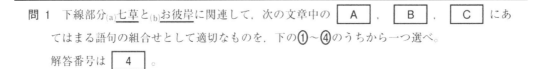

問1 下線部分(a)七草と(b)お彼岸に関連して，次の文章中の A ， B ， C にあてはまる語句の組合せとして適切なものを，下の①～④のうちから一つ選べ。解答番号は 4 。

　私たちの暮らしはお正月や七草，五節供（せっく）のような A に彩られています。 A には貴族や武家の儀式からきているものや，節分やお彼岸のように暮らしに深くかかわるものなどがあります。これらを行う日を「 B 」(非日常)と呼び「 C 」(日常)と区別しますが，「 B 」の日を過ごすことで心身に潤いを与えて，明日への活力にしてきたのです。

|  | A | B | C |
|---|---|---|---|
| ① | 冠婚葬祭 | ハレ | ケ |
| ② | 冠婚葬祭 | ケ | ハレ |
| ③ | 年中行事 | ケ | ハレ |
| ④ | 年中行事 | ハレ | ケ |

問2 下線部分(c)自己顕示欲に関連して，次の文章を読み，マズローの欲求階層説における承認欲求を表現する具体例として適切なものを，下の①～④のうちから一つ選べ。解答番号は 5 。

　「自己顕示欲」は，「承認欲求」の一種です。承認欲求とは，他者から自分を価値ある存在として認められたいとする欲求です。アメリカの心理学者マズローは，人間は自己実現に向かって成長すると仮定し，成長に伴って変化する人間の基本的欲求を5段階で示しました(図1)。最高位の欲求が自己実現欲求で，その一つ下の4段階目が承認欲求です。承認欲求は，他者から尊敬されたり，名声や注目を得ることで満たされます。それが表面に現れるのが自己顕示欲です。

(TRANS.Biz ホームページにより作成)

図1

① 今日は忙しくて昼食がとれず空腹なので，早く何か食べたい。
② Twitterでたくさん「いいね」という評価をもらいたい。
③ 好きな人と結婚して，幸せな家庭をつくりたい。
④ 旅先で野宿をするのは怖いので，ちゃんとした宿に泊まりたい。

260

問 3　下線部分(d)友達に関連して，次の**グラフ 1**，**グラフ 2** は「身近な友人や知人とのコミュニ
　　　ケーション手段」に関する質問への回答をまとめたものである。これらから読み取れる内容
　　　として適切なものを，次のページの①〜④のうちから一つ選べ。解答番号は　6　。

グラフ 1　身近な友人や知人とのコミュニケーション手段（目的別）

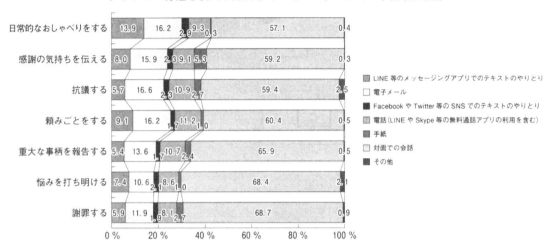

グラフ 2　身近な友人や知人との，対面での会話を除いたコミュニケーション手段（年代別）

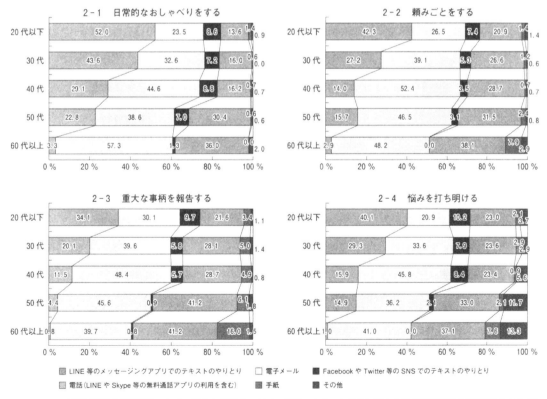

（総務省「社会課題解決のための新たな ICT サービス・技術への人々の意識に関する調査研究」（平成 27 年）により作成）

① グラフ1を見ると，いずれの場面についても最も多かったコミュニケーション手段は「電子メール」であり，グラフ2を見ると「対面での会話」を除いた場合の「日常的なおしゃべりをする」手段も，全年代とも「電子メール」が最も多い。

② グラフ1を見ると，いずれの場面についても最も多かったコミュニケーション手段は「電子メール」だが，グラフ2を見ると「対面での会話」を除いた場合の「頼みごとをする」手段は，60代以上では「手紙」が最も多い。

③ グラフ1を見ると，いずれの場面についても最も多かったコミュニケーション手段は「対面での会話」だが，グラフ2を見ると「対面での会話」を除いた場合の「重大な事柄を報告する」手段は，全年代とも「電話（LINEやSkype等の無料通話アプリの利用を含む）」が最も多い。

④ グラフ1を見ると，いずれの場面についても最も多かったコミュニケーション手段は「対面での会話」だが，グラフ2を見ると「対面での会話」を除いた場合の「悩みを打ち明ける」手段は，20代以下では「LINE等のメッセージングアプリでのテキストのやりとり」が最も多い。

**3** 次の会話文を読んで，問1〜問3に答えよ。

駿祐：昨日見た夢に，「現代社会」の授業で学習した17〜18世紀に社会契約説を主張して活躍した3人の人たちが出てきて，会話をしていたんだ。目が覚めた後に授業の復習をしながら夢の内容を思い出して，メモに書いてみたんだ。

メモ

> **A** ：仮に，政府や王といった国家権力がない状態であったら，本来自由で平等な人々は，自分の欲求を追求しあってぶつかり合い戦争状態になるだろう。そうすると，自分の命や財産の確保も難しくなるだろう。だから政府や王が必要なのだ。その政府や王に，自分の自由や平等といった権利を全面的に譲渡し，その支配に服するべきなのだ。そうすれば，戦争状態の悲惨から逃れられるからだ。
>
> **B** ：そうだろうか。私はそのような考えには反対だ。なぜなら，人間は平和に共存できるからだ。人々が国家を必要とするのは，自分の生命・自由・財産の維持を確実にするために，個人の力だけでは足りない部分を国家に補ってもらうよう信託する契約をして統治してもらうためだ。国家に信託するということは，(a)選挙で自分たちの代表を選び，選ばれた代表者が政府となって自分たちの代わりに国家権力を用いて統治するということだ。
>
> **C** ：もし **B** の意見に従えば，人々は選挙の間は自由だが，いったん選挙が終わればその自由が終わるということになる。なぜなら，自分の主権は代表も分割もできないものだからだ。そのため，自分が政治に直接参加し自分たちの政治について決定するという力を行使すべきだ。人々は集合体（社会）に自分の自由や平等といった権利を譲り渡し，そのかわりに集合体の運営に参加する権利を持つのである。

由美：夢に出てきた17〜18世紀のこの人たちは，より良い社会をつくるしくみについてそれぞれの考えを主張していたんだね。彼らの考えに表れた，「人間は誰もが生まれつき自由で平等な存在であり，国家はそれを守るための契約のもとに成立している」ということは，21世紀においても社会をつくる基盤となるものだね。

駿祐：そうだね。その考え方は現在の日本にも引き継がれ，(b)人種や性別等の違いを超えた普遍的なものになっているね。

問 1 メモの文中の A , B , C にあてはまる人物の組合せとして適切なもの
を, 次の①~④のうちから一つ選べ。解答番号は 7 。

|  | A | B | C |
|---|---|---|---|
| ① | ロック | ホッブズ | ルソー |
| ② | ホッブズ | ルソー | ロック |
| ③ | ルソー | ロック | ホッブズ |
| ④ | ホッブズ | ロック | ルソー |

令和3年度第1回試験

問 2  下線部分(a)選挙に関連して，次の会話文を読み，会話文中の   D  ，  E  ，  F

にあてはまる国名の組合せとして適切なものを，下の①〜④のうちから一つ選べ。

解答番号は   8  。

愛花：普通選挙の実現の歴史について調べ，**グラフ1**にまとめてみました。作成した**グラフ
　　　1**を見てください。普通選挙の実現の時期は国によって様々ですね。

グラフ1　各国の普通選挙の実現の歴史について

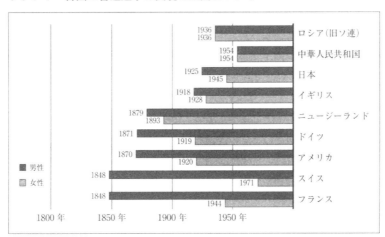

颯太：  D  とスイスは男性普通選挙の実現は同年ですが，女性普通選挙の実現は
　　　  D  の方が早いです。

真央：  E  は  D  よりも早く市民革命を達成したけれど，男性普通選挙の実現は
　　　  D  よりも遅いのですね。また，  E  はドイツよりも1年早く男性普通選挙
　　　を実現させたのに，女性普通選挙の実現はドイツよりも1年遅いです。

大地：イギリスは**グラフ1**中の国々の中でもかなり早い段階で議会制度を整えましたが，普
　　　通選挙の実現は男女とも20世紀に入ってからなので決して早くはありませんでした。

愛花：**グラフ1**中の国々の中で19世紀中に男女の普通選挙を実現させたのは  F  だけ
　　　です。

大地：時期は様々ですが，各国が普通選挙実現に向けて歩みを進めてきたことがわかりまし
　　　た。次は日本の様子を見てみようと思います。

|  |  D  |  E  |  F  |
|---|---|---|---|
| ① | アメリカ | フランス | ニュージーランド |
| ② | アメリカ | ニュージーランド | フランス |
| ③ | フランス | ニュージーランド | アメリカ |
| ④ | フランス | アメリカ | ニュージーランド |

問3　下線部分₍ᵦ₎人種や性別等の違いを超えた普遍的なものに関連して，次のグラフ2から読み取れる内容として適切なものを，下の①～④のうちから一つ選べ。解答番号は　9　。

グラフ2　衆議院議員総選挙における候補者，当選者に占める女性の割合の推移

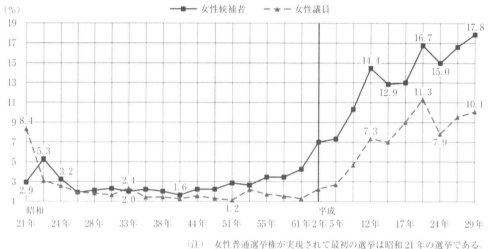

（注）　女性普通選挙権が実現されて最初の選挙は昭和21年の選挙である。
（総務省「衆議院議員総選挙・最高裁判所裁判官国民審査結果調」により作成）

① 女性普通選挙が実現して以来，女性議員の割合は一貫して増加している。

② 昭和のときには女性議員の割合は一度も10％に達していないが，平成に入ってから，二度10％に達した。

③ 女性候補者割合は，女性普通選挙が実現して最初の選挙のときが最も高い。

④ 前回の総選挙と比べて女性候補者割合が増えたときは，女性議員割合も必ず増えている。

**4** 次の文章を読んで，問1〜問3に答えよ。

　現代の社会では，法に基づいて秩序が維持されています。法について分類すると，まず法は　A　と実定法に分けることができます。　A　とは，人間の理性に基づいた，時代や場所を越えて存在する普遍の法のことです。それに対して実定法とは，人間によってつくられた法のことです。実定法は，文章化されているか否かによって成文法と不文法に分けることができます。また実定法は，国家間の関係を規律する国際法と，国内で効力をもつ国内法に分けることができますが，国内法のうち，国家の基本構造を定めた法が憲法です。

　憲法の役割は国家権力を制限することであり，国民の(a)基本的人権を守るために，憲法に基づいて政治を行い国家権力の専横を防ぐという考え方を立憲主義といいます。したがって，立憲主義に基づく憲法には，「人権としてどのような権利を保障するのか」ということと，「どのようにして国家権力を抑制するのか」ということが示される必要があり，保障される人権を定めておくことと，国家権力をその機能と組織に応じて分割し配分することを定めておくことが求められます。フランス人権宣言第16条の「　B　」という言葉は，このことを表しています。

　近代以降，このような立憲主義に基づく憲法が各国で制定されました。一方，近代化が比較的遅かった国では，プロイセン憲法や(b)大日本帝国憲法など，君主権が強く，国家権力の制限が徹底されていない憲法もつくられました。これらの憲法には基本的人権は盛り込まれず，君主が国民に対して，恩恵として権利を与えるという形式がとられ，人権保障としては不十分なものでした。基本的人権の保障が確保されるためには，国家権力を制限する立憲主義の考え方はとても重要なものなのです。

問1 文章中の A ， B にあてはまるものの組合せとして適切なものを，下の①～④
のうちから一つ選べ。解答番号は 10 。

 A にあてはまる選択肢

ア 判例法

イ 自然法

 B にあてはまる選択肢

ウ すべて権力は人民に存し，したがって人民に由来するものである

エ 権利の保障が確保されず，権力の分立が規定されないすべての社会は，憲法をもつもの
  ではない

| | A | B |
|---|---|---|
| ① | ア | ウ |
| ② | ア | エ |
| ③ | イ | ウ |
| ④ | イ | エ |

問 2  下線部分(a)基本的人権に関連して，次の**生徒のレポート**中の　C　，　D　，　E　にあてはまる語句の組合せとして適切なものを，下の①～④のうちから一つ選べ。解答番号は　11　。

**生徒のレポート**

日本国憲法は第 20 条で信教の自由を保障しています。また，「国及びその機関は，宗教教育その他いかなる宗教的活動もしてはならない」として，　C　の原則を定めています。この原則をめぐっては，これまでに裁判も起こされています。

　C　にかかわる裁判について，最高裁判所は，判断基準として目的効果基準という考え方を採用しました。目的効果基準では，その行為が宗教的な目的をもち，特定の宗教に対する援助や圧迫になるかどうかが，憲法の禁じる宗教的活動にあたるか否かの判断基準とされました。

例えば，津地鎮祭訴訟では，津市が市立体育館の建設にあたって神道式の地鎮祭を行ったことが，宗教的活動にあたるかどうかが争われました。この訴訟で，最高裁判所は目的効果基準に基づいて，地鎮祭は一般的に行われている世俗的な慣習であって宗教的意義はなく，また特定の宗教を援助したり圧力を加えたりするものではないので，津市が地鎮祭を行ったことは　D　であると判断しました。

また，愛媛玉串料訴訟では，愛媛県が靖国神社の例大祭などに「玉串料」などとして公金を支出したことが，宗教的活動にあたるかどうかが争われました。最高裁判所は，目的効果基準によって，靖国神社の例大祭などは宗教的意義をもち，県がその儀式に公金を支出することは特定の宗教的儀式とかかわることになるため，　E　であると判断しました。

| | C | D | E |
|---|---|---|---|
| ① | 政教一致 | 合憲 | 違憲 |
| ② | 政教一致 | 違憲 | 合憲 |
| ③ | 政教分離 | 合憲 | 違憲 |
| ④ | 政教分離 | 違憲 | 合憲 |

問3　下線部分(b)大日本帝国憲法に関連して，次の**会話文**中の　F　，　G　，　H　，
　　I　にあてはまるものの組合せとして適切なものを，次のページの①〜④のうちから一
　　つ選べ。解答番号は　12　。

**会話文**

理子：大日本帝国憲法は，外見的立憲主義の憲法だといわれます。外見的立憲主義とはどう
　　　いうことですか。

先生：外見的立憲主義とは，表向きは立憲主義の形態をとっているが，実際には立憲主義に
　　　なっていないということです。**資料1**は大日本帝国憲法の章の構成を示しています。こ
　　　の章立てを見て，大日本帝国憲法は立憲主義の憲法になっているといえるでしょうか。

伸也：**資料1**を見ると，第2章が「臣民権利義務」と
　　　なっており，臣民の権利の規定があります。ま
　　　た，第3章の「帝国議会」，第4章の「国務大臣
　　　及枢密顧問」，第5章の「司法」で三権分立が定
　　　められており，権力の分立もとられているので
　　　立憲主義の憲法になっているということができ
　　　るのではないでしょうか。

**資料1**

| 第1章 | 天皇 |
|---|---|
| 第2章 | 臣民権利義務 |
| 第3章 | 帝国議会 |
| 第4章 | 国務大臣及枢密顧問 |
| 第5章 | 司法 |
| 第6章 | 会計 |
| 第7章 | 補則 |

先生：そうですね。章の構成は立憲主義の形をとっています。では，もう少し詳しく見てい
　　　きましょう。**資料2**は大日本帝国憲法の条文を抜粋したものです。大日本帝国憲法で
　　　は，どのような臣民の権利が保障されているでしょうか。

**資料2**

第1章
　　第3条　天皇ハ神聖ニシテ侵スヘカラス
　　第4条　天皇ハ国ノ元首ニシテ統治権ヲ総攬シ此ノ憲法ノ条規ニ依リ之ヲ行フ
　　第5条　天皇ハ帝国議会ノ協賛ヲ以テ立法権ヲ行フ
第2章
　　第22条　日本臣民ハ法律ノ範囲内ニ於テ居住及移転ノ自由ヲ有ス
　　第23条　日本臣民ハ法律ニ依ルニ非スシテ逮捕監禁審問処罰ヲ受クルコトナシ
　　第25条　日本臣民ハ法律ニ定メタル場合ヲ除ク外其ノ許諾ナクシテ住所ニ侵入セラレ
　　　　　　及捜索セラルルコトナシ
　　第26条　日本臣民ハ法律ニ定メタル場合ヲ除ク外信書ノ秘密ヲ侵サルルコトナシ
　　第27条①　日本臣民ハ其ノ所有権ヲ侵サルルコトナシ
　　第28条　日本臣民ハ安寧秩序ヲ妨ケス及臣民タルノ義務ニ背カサル限ニ於テ信教ノ
　　　　　　自由ヲ有ス
　　第29条　日本臣民ハ法律ノ範囲内ニ於テ言論著作印行集会及結社ノ自由ヲ有ス
第3章
　　第37条　凡テ法律ハ帝国議会ノ協賛ヲ経ルヲ要ス
第4章
　　第55条①　国務各大臣ハ天皇ヲ輔弼シ其ノ責ニ任ス
第5章
　　第57条①　司法権ハ天皇ノ名ニ於テ法律ニ依リ裁判所之ヲ行フ

信介：**資料2**の臣民の権利についての条文を見ると，　F　の規定があることがわかります。

先生：そうですね。しかしこれらの権利は，臣民の権利として法律の範囲内でしか保障されず，人権の保障としては不十分であったといえます。では，権力の分立についてはどうでしょうか。帝国議会についてはどのように規定されていますか。

真美：第5条と第37条にはともに「帝国議会ノ　G　」という文言があります。これはどういうことですか。

先生：　G　とは「同意の意思表示をすること」で，帝国議会は天皇が立法権を行使する上で必要な意思表示をする　G　機関だったのです。次に，行政についてはどうですか。

理子：第55条を見ると，「国務各大臣ハ天皇ヲ　H　シ」とあります。　H　とは，「助言をして助けること」ですね。

先生：そのとおりです。国務各大臣は天皇が政治を行うのを助ける　H　機関でした。司法についてはどうですか。

伸也：司法権にも天皇の影響が見られますね。第57条には，司法権は「天皇ノ名ニ於テ」裁判所が行うと定められています。

信介：第3条を見ると，天皇は「神聖ニシテ侵スヘカラス」と規定されています。また第4条を見ると，天皇は「統治権ヲ総攬シ」となっています。総攬とは「一手に握ること」という意味ですね。これらは，日本国憲法の第4条が，天皇は「　I　のみを行ひ」と規定しているのと対比的であるように思えます。

先生：そうですね。日本国憲法とは異なり，大日本帝国憲法は，構成上は三権分立をとっていましたが，統治権は最終的に天皇に属するものだったのです。

真美：国の政治のあり方を最終的に決める力は天皇が持っていたということですね。大日本帝国憲法は，外見上は立憲主義の形をとっているけれど，実際には人権の保障と権力の分立が不徹底で君主権が強いことから，外見的立憲主義といわれるのですね。

| | F | G | H | I |
|---|---|---|---|---|
| ① | 自由権 | 輔弼 | 協賛 | 軍の統帥 |
| ② | 自由権 | 協賛 | 輔弼 | 国事に関する行為 |
| ③ | 自由権と社会権 | 輔弼 | 協賛 | 国事に関する行為 |
| ④ | 自由権と社会権 | 協賛 | 輔弼 | 軍の統帥 |

5 次の文章を読んで，問1〜問5に答えよ。

　モノを売ったり買ったりするとき，職業を選ぶとき，お金を稼ぐとき，または(a)お金を蓄える
ときなど，私たちが経済活動を営む際に何を選択するかは基本的に自由である。資本主義経済は
自由を基本とする経済体制であり，私有財産制，利潤追求の自由，契約の自由などがその基本原
理とされている。

　18世紀後半のイギリスで成立した資本主義経済は，アダム＝スミスによってその特徴が理論
的に明らかにされた。彼は人々が経済活動を営む際，それぞれの利己心に基づいて自由な市場で
行動すれば，「見えざる手」に導かれるように商品の過不足が調整され，結果的に社会の富が増え
ると考え，自由放任主義を唱えたのである。

　19世紀，産業革命を経た資本主義経済は，フランスやドイツ，アメリカにも広がった。これ
らの国々では，工業化の急速な進展と生産力の飛躍的な拡大がみられ，(b)産業の中心は農業から
工業へ，その担い手は農民から資本家・労働者へと転換した。そのような中，資本主義経済のマ
イナス面がはっきりとあらわれるようになってきた。生産規模の拡大とともに景気変動が激しく
なり，その結果深刻な不況がたびたび起こって多くの失業者が発生した。また，少数の大企業が
市場を支配する　　A　　があらわれ，価格調整のしくみが十分に機能しなくなってきた。

　20世紀に入ると資本主義経済はさらに拡大したが，景気変動はより激しさを増し，1929年に
アメリカで起こった大恐慌はその後各国に波及し，大量の失業者を出した。そこでアメリカの大
統領ルーズベルトは，ニューディール政策によって景気回復を試みた。政府が積極的に市場に介
入して財政支出を増やすことなどで，有効需要が拡大して景気回復と完全雇用が実現されること
を理論で裏付けたのは，イギリスの経済学者ケインズである。このように20世紀には，自由放
任主義にかわって政府が市場介入して問題を解決する修正資本主義が成立した。

　第二次世界大戦後の資本主義諸国は，裁量的な財政金融政策や(c)社会保障支出等によって景気
の波をコントロールしながら，高度経済成長を達成した。しかし，1970年代の石油危機によっ
て各国は不況とインフレーションの併存に苦しめられ，またその後の度重なる財政政策の発動
や，社会保障支出の増大によって財政赤字が増大する国もあった。アメリカの経済学者フリード
マンは，ケインズの理論を批判し，政府による経済への介入は必要最小限にするべきだと主張し
た。さらに1980年代にはイギリスのサッチャー政権のように，規制緩和や　　B　　，社会保障
支出の削減を通じて国家の役割を縮小する新自由主義が世界の潮流となった。(d)市場の役割を重
視する新自由主義によって経済活動は活性化されたが，一方で貧富の差の拡大や貧困率の上昇な
どの弊害をもたらしたと指摘されている。それらの対策を行う政府の役割をどう見直すべきか，
市場と政府の関係についての模索が続いている。

問 1　文章中の　A　,　B　にあてはまる語句の組合せとして適切なものを，次の①~④
のうちから一つ選べ。解答番号は　13　。

|  | A | B |
|---|---|---|
| ① | 完全競争市場 | 民営化 |
| ② | 寡占市場 | 民営化 |
| ③ | 完全競争市場 | 国営化 |
| ④ | 寡占市場 | 国営化 |

問 2　下線部分(a)お金を蓄えるに関連して，ある生徒が作成した次のレポートを読んで，下の図１，図２中の　C　，　D　，　E　，　F　にあてはまる語句の組合せとして適切なものを，下の①〜④のうちから一つ選べ。解答番号は　14　。

※文部科学省の訂正に基づき，問題として成立するよう文章中の言葉を修正のうえ掲載しています。

レポート

私はこのレポートで，金融資産についてまとめました。

金融資産とは，将来に備えるなどの理由で蓄えているお金などのことをいいます。金融資産には，貯めることを重視した「貯蓄」と増やすことを重視した「投資」があり，「貯蓄」の具体的なものには預金・貯金，「投資」の具体的なものには株式，債券，投資信託などがあります。これらについて調べていたら，次のようなことがわかりました。

まず金融資産のリターンとリスクについてです。リターンとは金融資産が運用されることによって得られる利益のことです。一方，リスクとはリターンがどうなるか不確実であることを指し，「損をする可能性」ともいえます。このリスクとリターンは密接に関わっており，一般に，リスクを小さくしようとすればリターンは小さくなり（ローリスク・ローリターン），大きなリターンを得ようとすればリスクは大きくなる（ハイリスク・ハイリターン）という関係にあります。図１は，一般的な金融資産のリスクとリターンの関係を示したものですが，この図によれば，株式がハイリスク・ハイリターンで，逆に預金・貯金がローリスク・ローリターンだといえます。

次に，日米の家計の金融資産構成を調べてみました。すると，国によってその割合が違うことがわかりました。図２をみると，日本では現金・預金の割合が半数を超えているのに対して，アメリカでは20％にも満たないことがわかります。一方，アメリカでは株式等の割合が２番目に高いのに対して，日本では10％であることがわかります。

図１　リスクとリターンの関係

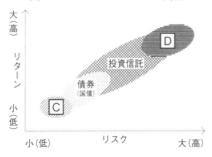

（日本証券業協会「資産運用と証券投資・スタートブック」により作成）

図２　家計の金融資産構成

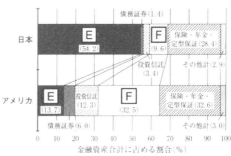

（注）「その他計」は，金融資産合計から，「現金・預金」，「債務証券」，「投資信託」，「株式等」，「保険・年金・定型保証」を控除した残差

（日本銀行調査統計局「資金循環の日米欧比較」2020 年 8 月により作成）

| | C | D | E | F |
|---|---|---|---|---|
| ① | 預金・貯金 | 株式 | 現金・預金 | 株式等 |
| ② | 預金・貯金 | 株式 | 株式等 | 現金・預金 |
| ③ | 株式 | 預金・貯金 | 現金・預金 | 株式等 |
| ④ | 株式 | 預金・貯金 | 株式等 | 現金・預金 |

問3　下線部分(b)産業の中心は農業から工業へに関連して，次の表1，グラフ1，グラフ2，グラフ3から読み取れる内容として適切なものを，下の①～④のうちから一つ選べ。

解答番号は　15　。

表1　日本の経済指標3項目の推移

| 項目　　　　　　年 | 1950 | 1970 | 1990 | 2018 |
|---|---|---|---|---|
| 国内総生産（兆円） | 4.0 | 73.2 | 424.5 | 547.1 |
| 総人口（千人） | 83,200 | 103,720 | 123,611 | 126,443 |
| 就業者人口（千人） | 35,720 | 52,042 | 62,490 | 66,640 |

（注1）　1950年と1970年の国内総生産は国民総生産を表す。

グラフ1　年齢別人口構成比

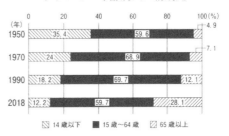

グラフ2　経済活動別就業者人口の構成比

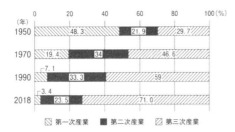

（注2）　就業者人口とは，労働力人口のうち就業している者の人口のことである。

グラフ3　経済活動別国内総生産の構成比

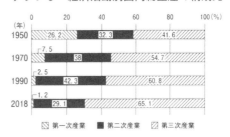

（注3）　統計上の不突合を含む。

（『読売年鑑』，『日本国勢図会』などにより作成）

①　表1中の総人口と就業者人口をみると，1950年から2018年まで一貫して増加しており，2018年の総人口と就業者人口は，いずれも1950年の総人口と就業者人口の2倍を超えていることがわかる。

②　表1中の国内総生産をみると，1950年から2018年まで一貫して拡大しており，グラフ3における第二次産業の構成比も，1950年から2018年まで一貫して拡大していることがわかる。

③　グラフ1の1950年と2018年を比較すると，15歳～64歳が全体に占める割合は59.6％と59.7％であるが，14歳以下が全体に占める割合は5倍以上に拡大し，65歳以上が全体に占める割合は半分以下に縮小していることがわかる。

④　グラフ2とグラフ3の第一次産業を同じ年どうしで比較してみると，いずれの年においても，グラフ2の就業者人口に占める第一次産業の構成比の方が，グラフ3の国内総生産に占める第一次産業の構成比よりも大きいことがわかる。

問 4　下線部分(c)社会保障に関連して，次の**表2**は，ある高校生が日本の社会保障制度のうち社会保険と公的扶助についてまとめたものであるが，**表2**中の　G　，　H　，　I　，　J　にあてはまる**選択肢**の組合せとして適切なものを，下の①〜④のうちから一つ選べ。解答番号は　16　。

表 2

| 社会保険 |  |
| --- | --- |
| 将来の危険性に備えてあらかじめ加入し，その条件が発生したときに給付を受ける制度である。原則として国民一般または特定の業種の人たちが強制加入する。現在，次の5種類がある。 |  |
| G | 病気・けが・出産などで必要となる支出や損失分に対して一定の給付を行うもの。 |
| H | 高齢になったり障がいをもったりしたときに，その生活を保障するもの。 |
| I | 失業したときに，以前の賃金の一定割合を支給することなどを目的とするもの。 |
| 介護保険 | 寝たきりや認知症などで要介護認定や要支援認定を受けた人への介護支援サービスを目的とするもの。 |
| 労災保険 | 労働者の業務上の傷病や死亡に対して保障給付をするもの。 |

| 公的扶助 |  |
| --- | --- |
| 生活困窮者に対して，一定水準の生活を保障するものである。費用は　J　で負担する。その中心となるのが，生活保護である。 |  |

**選択肢**

ア　雇用保険

イ　医療保険

ウ　年金保険

エ　全額を国と地方公共団体の租税

オ　満20歳から支払っている保険料と国と地方公共団体の租税

|  | G | H | I | J |
| --- | --- | --- | --- | --- |
| ① | ア | イ | ウ | エ |
| ② | イ | ウ | ア | エ |
| ③ | ア | イ | ウ | オ |
| ④ | イ | ウ | ア | オ |

問5　下線部分(d)市場の役割に関連して，次のレポート中の　K　，　L　にあてはまるものを下のア，イ，ウ，エから選び，その組合せとして適切なものを，次のページの①〜④のうちから一つ選べ。解答番号は　17　。

**レポート**

> 　市場で取引される財やサービスの価格は，需要と供給の数量が一致したところで決定すると考えられています。もし需要と供給が一致しないときは，価格が上昇または下落して両者を一致させます。このしくみを価格の自動調整作用といいます。そしてこのように決定された価格のことを均衡価格といい，それが導き出される過程は需要曲線または供給曲線のシフト（移動）によって表すことができます。
>
> 　例として，日本の原油輸入先の国が政治情勢不安定になり，原油輸入量が減少して日本における石油関連商品の価格が上昇したときのことを考えてみましょう。これを図示（説明）すると，　K　のパターンとなります。
>
> 　もう一つの例として，ある野菜が健康に良いという情報が消費者の間に広がり，その野菜の販売量が増加して価格が上昇したときのことを考えてみましょう。これを図示（説明）すると，　L　のパターンになります。

ア　供給曲線が右にシフト（移動）する

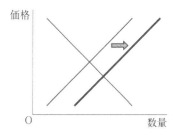

イ　供給曲線が左にシフト（移動）する

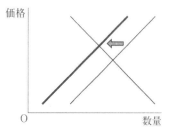

ウ　需要曲線が右にシフト（移動）する

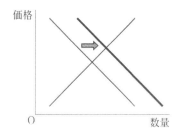

エ　需要曲線が左にシフト（移動）する

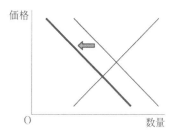

|   | K | L |
|---|---|---|
| ① | ア | ウ |
| ② | ア | エ |
| ③ | イ | ウ |
| ④ | イ | エ |

6 次の生徒が書いたレポート1を読んで，問1〜問5に答えよ。

レポート1

(ザイール（現コンゴ）東部の町ブカブにある難民キャンプで，
ルワンダ難民の歓迎を受ける緒方貞子国連難民高等弁務官。)

　私は上の写真をみて，左側の女性がなぜ多くの人に慕われているのかを調べてみようと思いました。

　女性の名前は緒方貞子さんです。彼女は大学で(a)政治学を教えていましたが，1975年の国際女性年（国際婦人年）に日本ではじめての女性の国連公使として国際連合に派遣されました。

　その後，国連児童基金（UNICEF），国連人権委員会日本政府代表を経て，日本人としても，女性としてもはじめての国連難民高等弁務官に1991年に就任しました。弁務官は難民の地位に関する条約等に基づいて難民などの保護や諸問題の解決を任務にしています。その弁務官を補佐する組織が国連難民高等弁務官事務所（UNHCR）です。

　彼女が弁務官になった年に起きたのが湾岸戦争です。この時に発生したイラク北部のクルド人の避難民は，イラクの隣国トルコに入国を拒否されたため，イラク国内にとどまることになりました。それまでの国連難民高等弁務官事務所は，住んでいた国から国境を越えて逃げた避難民のみを難民として支援していましたが，彼女は国内避難民も支援対象にする決断を下し，クルド人避難民に支援を開始します。

　彼女が弁務官を務めた(b)1991年から2000年は，東西対立の時代が終了し，(c)EUが発足するなど国際社会が大きく変化した時代でした。同時に宗教や民族などを原因とする(d)戦争や地域紛争が多発するようになった時代でもありました。

　彼女はルワンダの大量虐殺にはじまる第一次コンゴ戦争や，旧ユーゴスラビアのコソボ紛争などの現場を飛び回ることになります。「いろいろ違いがあっても，社会に(e)不平等さえなければ人はなんとかやっていくのではないか」と言って問題に取り組んだ緒方さんの姿勢には胸が熱くなりました。

問1 下線部分(a)政治に関連して，次の文章中の　A　，　B　，　C　にあてはまる語句の組合せとして適切なものを，下の①～④のうちから一つ選べ。解答番号は　18　。

　　国の政治のあり方を最終的に決める力を　A　という。それを持つ国に対する内政干渉はゆるされない。しかし，国際化が進行する現代の社会では各国が協力して問題に取り組むことが必要である。そのため条約などを結び，それをまもるために自ら国の法律や政治を変えることがある。このようにして国際社会は各国の　A　を尊重しながら国際協調を進めている。

　　例えば1975年の国際女性年や同年に開かれた第1回世界女性会議などをきっかけに　B　が1979年に国連で採択され，1981年に発効した。この条約は，法的な平等だけでなく，経済的・社会的・文化的にも性による優位性が発生しないようにすることを加盟国に求めている。

　　この条約に署名した日本は，1985年に男女雇用機会均等法を制定し，女性の社会進出が加速した。日本でも女性の社会進出や権利獲得のための運動は脈々と続けられてきたが，この条約が後押しをしたのである。

　　しかし国連で決まった条約であっても，条約に参加しない国が存在する場合がある。例えば1996年に採択された，宇宙を含むすべての空間での核爆発の実験を禁止する　C　は，発効の条件とされる核保有国等が条約に署名していないため，現在でも発効していない。

|  | A | B | C |
|---|---|---|---|
| ① | 立法権 | 女子差別撤廃条約 | 第二次戦略兵器削減条約(START Ⅱ) |
| ② | 立法権 | 国際労働条約 | 包括的核実験禁止条約(CTBT) |
| ③ | 主権 | 女子差別撤廃条約 | 包括的核実験禁止条約(CTBT) |
| ④ | 主権 | 国際労働条約 | 第二次戦略兵器削減条約(START Ⅱ) |

問2 下線部分(b)<u>1991年から2000年</u>に関連して，次の**年表**は生徒がこの間に起こった国際的な出来事をまとめたものである。**年表**内の出来事についての説明として適切な文章を下の①～④のうちから一つ選べ。解答番号は　19　。

**年表**

| 1991年 | ○湾岸戦争 |
| --- | --- |
| | ○南アフリカでアパルトヘイト撤廃 |
| | ○ソビエト連邦解体 |
| 1992年 | ○ユーゴスラビア連邦分裂 |
| | ○カンボジアPKOに自衛隊派遣 |
| 1993年 | ○EU発足 |
| 1995年 | ○WTO設立 |
| 1997年 | ○香港が中国に返還 |
| 1999年 | ○NATO軍によるユーゴ空爆 |

① ソビエト連邦の解体をきっかけに社会主義の東側諸国で民主化運動が起こり，ドイツではベルリンの壁が破壊され，東西ドイツは一つに統合された。

② 南アフリカでアパルトヘイト（人種隔離政策）が撤廃されたことをきっかけにアジア・アフリカ会議が開かれ，南アフリカのネルソン＝マンデラ大統領の唱えた平和十原則が決定された。

③ 多角的貿易交渉であるGATTウルグアイ・ラウンドが終結したことを受けて翌年WTO（世界貿易機関）が設立され，GATTの役割を引き継ぐことになった。

④ 香港が中国に返還された。第二次世界大戦まで香港はイギリスの植民地であったが，これを引き継いでいたアメリカから中国に香港が返還され，これをきっかけにアジア通貨危機が起こった。

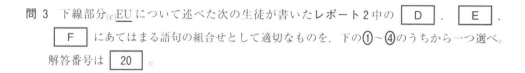

問 3　下線部分(c)EU について述べた次の生徒が書いたレポート 2 中の　D　，　E　，
　　　F　にあてはまる語句の組合せとして適切なものを，下の①～④のうちから一つ選べ。
　　解答番号は　20　。

レポート 2

　　　2020 年，イギリスが EU を離脱しました。イギリスは EU 共通通貨の　D　では
なく，ポンドを自国通貨として使用しています。そのため，中央銀行が国債などの有価
証券を売り買いする公開市場操作のような　E　を一国独自で行えます。その一方で
EU の巨大な市場に自由に参加できたのです。
　　　しかし EU がすすめる難民や移民の受け入れにより，人々の仕事がなくなる，治安が
悪化する，などの声がイギリスや他の EU 加盟国の中で大きくなってきました。
　　　このような状況の下，イギリスでは 2016 年に行った　F　で離脱賛成が過半数を
上回り，EU 離脱に向けて動き始めました。投票前の予測では，EU 残留派が勝つと思
われていましたが，離脱派のキャンペーンが，EU 残留のメリットを見失わせてしまっ
たのです。

|  | D | E | F |
|---|---|---|---|
| ① | ユーロ | 金融政策 | 国民投票 |
| ② | ユーロ | 財政政策 | 総選挙 |
| ③ | SDR | 財政政策 | 総選挙 |
| ④ | SDR | 金融政策 | 国民投票 |

問 4 下線部分(d)戦争や地域紛争に関連して，次の生徒が書いたレポート3を読んで文章中の
　　　　G ， H ， I にあてはまる語句の組合せとして適切なものを，次のページ
の①～④のうちから一つ選べ。解答番号は 21 。

レポート3

　　第一次世界大戦後，ドイツの独裁者となったヒトラーは，支配地域の G 人の財
産を没収し，写真1にあるようなゲットーとよばれる狭い地域に押し込め，やがてアウ
シュヴィッツをはじめとする強制収容所で大量虐殺を行いました。
　　第二次世界大戦後， G 人は中東にイスラエルを建国し，移住を開始します。し
かし以前からその地域に住んでいたムスリム(イスラーム教徒)の H 人を圧迫した
ために，周辺のアラブ諸国と四次にわたる中東戦争を引き起こしました。その後，イス
ラエルは H 人が住む自治区を囲むように写真2のような壁を建設します。現在で
も H 側によるテロと，イスラエルによる報復攻撃が続き，双方に子どもを含む多
くの死者が出ています。

写真1
ゲットーに建設された壁を
内側から撮影したもの。

写真2
イスラエルが建設した壁を
外側から撮影したもの。

　私は，この問題を考える時に，桃太郎を題材にした下の新聞広告がヒントになると思いました。桃太郎は日本のおとぎ話の一つで，イヌ・サル・キジと鬼ヶ島まで悪い鬼を退治に行きます。桃太郎は，鬼に勝利し英雄となり，鬼は残酷でひどい人たちにされます。

　しかし負けた鬼の側では下の新聞広告のようなことが起こっているかもしれません。

　だから私たちは世界の戦争や紛争に関するニュースを見るときに　　I　　考えてみなければいけないのだと思いました。

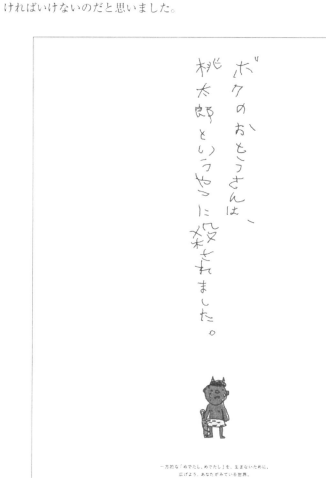

ボクのおとうさんは、桃太郎というやつに殺されました。

一方的な「めでたし、めでたし」を、生まないために、
広げよう、あなたがみている世界。

（日本新聞協会　新聞広告「めでたし、めでたし？」より）

| | G | H | I |
|---|---|---|---|
| ① | ユダヤ | パレスチナ | 両者の立場に立って |
| ② | ユダヤ | チェチェン | いずれか一方の立場で |
| ③ | チェチェン | ユダヤ | 両者の立場に立って |
| ④ | チェチェン | パレスチナ | いずれか一方の立場で |

問 5　下線部分(e)不平等に関連して，次のグラフとグラフの説明について述べた文章として適切なものを，下の①～④のうちから一つ選べ。解答番号は　22　。

グラフ　世界各国の一人あたり国民総所得（単位：ドル）

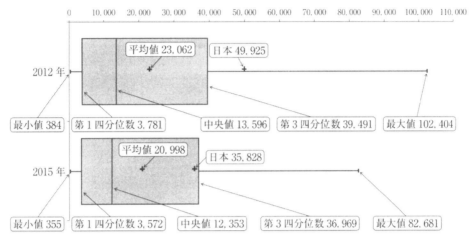

（注）　79 の国や地域のドル建て一人あたり国民総所得から作成した。

（統計局ホームページにより作成）

### グラフの説明

　　上の太線で描かれた図は「箱ひげ図」とよばれるグラフである。一人あたり国民総所得の最も低い国から（最小値，左側の直線の端）から最も高い国（最大値，右側の直線の端）までを順番にならべ，それをデータの中央値（第 2 四分位数，長方形の中ほど）で 2 分割し，さらにそれぞれのブロックを第 1 四分位数，第 3 四分位数でそれぞれ 2 分割（長方形のそれぞれ左側と右側）したものである。これらの各数値の間に挟まれる国の数はほぼ同数であり，このグラフでは一人あたり国民総所得の分布が把握できる。

　　なおグラフ内に平均値を示したが，所得の高い国の影響を受けて中央値より大きくなっている。また各年の日本の数値も示してある。

①　グラフの 2012 年・2015 年のいずれの年も一人当たり国民総所得の平均値は，常に最小値の 100 倍以上の値になっている。また一人あたり国民総所得の第 1 四分位数は，3,000 ドルを超えていない。

②　グラフの 2012 年と 2015 年を比較すると，一人当たり国民総所得の最大値と第 3 四分位数の差は拡大したことがわかる。そのため，中央値と平均値も 2015 年の方が増加している。

③　日本の一人当たり国民総所得は，グラフの 2012 年・2015 年のいずれの年も第 3 四分位数を超えている。またいずれの年も最大値は日本の数値の 2 倍を超えている。

④　グラフの 2012 年と 2015 年のいずれの年も日本の一人当たり国民総所得は，中央値の 2 倍以上である。またいずれの年も最小値は平均値よりも二桁小さい。

7 次の会話文を読んで，問1～問2に答えよ。

先生："100年後の皆さんへ"という手紙を書くという課題が出ていました。書けましたか。

まり：はい。私の書いた手紙を紹介してもいいですか。

先生：どのような手紙を書いたのかが楽しみですね。発表してください。

まり：はい。私の書いた手紙を読み上げます。

手紙

資料2　メディアへの接触状況

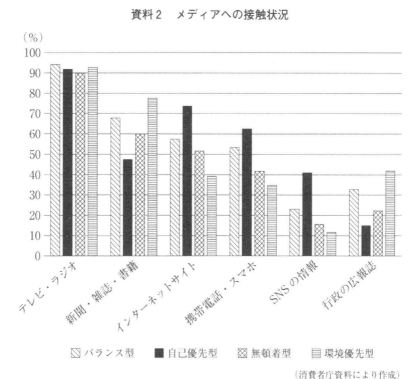

（消費者庁資料により作成）

　この**資料2**から，すべての類型の人が共通してテレビ・ラジオと高い比率で接触していることが読み取れます。このことから，持続可能な社会を形成するためには，テレビやラジオを通してメッセージを発信することが有効だと思いました。その上で，さらに効果的なメッセージの発信方法があるのではないかと考えました。それは持続可能な社会を形成するためには「環境を重視する程度が低い」人に向けての対策がより必要になると思うからです。そこで**資料1**の「環境を重視する程度が低い」かつ「自分の利益への意識が高い」という「　A 　型」の人々の傾向を**資料2**で見ると，「テレビ・ラジオ」をのぞくと　B 　ことが読み取れます。「環境を重視する程度が低い」人のうち「自分の利益への意識が低い」「　C 　型」の人々は，**資料2**では「テレビ・ラジオ」への接触状況が最も高く，　D 　が高くなっています。このように消費者意識を細かく分析することで，どのようなメディアで持続可能な社会の形成に向けたメッセージを発信していけばよいのかというヒントを得られると思うのです。(a)人の意識は複雑ですが，適切にデータを分析して発信方法を工夫するといった小さな積み重ねを100年続けることで，よりよい社会が形成されていくと思うのです。2121年に生きている皆さんがこの手紙を見てどのような感想をもつのか興味があります。

先生：環境問題と消費者とを関連させた資料をもとに興味深い手紙をつくりましたね。100年後の未来がよりよい社会となるにはどのような工夫が必要なのかを考えていきましょう。

問1 手紙の中にある A ． B ． C ． D にあてはまるものの組合せとして適切なものを，下の①～④のうちから一つ選べ。解答番号は 23 。

A にあてはまる選択肢

ア　自己優先

イ　バランス

B にあてはまる選択肢

ウ　「インターネットサイト」，「携帯電話・スマホ」，「SNSの情報」に接触する割合が他の2つよりも高い

エ　「新聞・雑誌・書籍」や「行政の広報誌」といった紙による情報に接触する割合が他の3つよりも高い

C にあてはまる選択肢

オ　環境優先

カ　無頓着

D にあてはまる選択肢

キ　二番目は「新聞・雑誌・書籍」，三番目は「インターネットサイト」に接触する割合

ク　二番目は「インターネットサイト」，三番目は「携帯電話・スマホ」に接触する割合

| | A | B | C | D |
|---|---|---|---|---|
| ① | ア | ウ | カ | キ |
| ② | イ | ウ | オ | キ |
| ③ | ア | エ | オ | ク |
| ④ | イ | エ | カ | ク |

問2 下線部分(a)人の意識に関連して，次の生徒の会話文中の E ． F にあてはまるものの組合せとして適切なものを，194ページの①～④のうちから一つ選べ。
解答番号は 24 。

生徒の会話文

吾郎：地球環境問題が話題になっていましたね。

直美：とても大切な問題なのですが，なかなか解決しませんね。

弘司：日常生活で危機感を持ち続けることが難しいということが原因の一つだと思うのですが。

令和3年度第1回試験

288

照子：私は次の授業で発表するのですが，扱うテーマが地球環境問題に関する危機感なんです。

吾郎：危機感をどのように扱うのですか？

照子：次の**資料3**を見てください。これは「環境危機時計」といわれているものです。

**資料3　世界の政府関係者や研究者による環境危機時計**

左の環境危機時計は2020年のもので9時47分を示している。

下の表は，1992年から2020年までの環境危機時計が毎年何時何分を指しているのかを示したものである。

| 年 | 1992 | 1993 | 1994 | 1995 | 1996 | 1997 | 1998 | 1999 | 2000 |
|---|---|---|---|---|---|---|---|---|---|
| 時刻 | 7:49 | 8:19 | 8:47 | 8:49 | 9:13 | 9:04 | 9:05 | 9:08 | 8:56 |
| 年 | 2001 | 2002 | 2003 | 2004 | 2005 | 2006 | 2007 | 2008 | 2009 |
| 時刻 | 9:08 | 9:05 | 9:15 | 9:08 | 9:08 | 9:17 | 9:31 | 9:33 | 9:22 |
| 年 | 2010 | 2011 | 2012 | 2013 | 2014 | 2015 | 2016 | 2017 | 2018 |
| 時刻 | 9:19 | 9:01 | 9:23 | 9:19 | 9:23 | 9:27 | 9:31 | 9:33 | 9:47 |
| 年 | 2019 | 2020 | | | | | | | |
| 時刻 | 9:46 | 9:47 | | | | | | | |

（「朝日新聞」2020年10月8日，公益財団法人旭硝子財団により作成）

直美：何を表しているのですか？

照子：地球環境の悪化による人類存続への危機感を時計の針で表したものなのです。世界の政府関係者や研究者にアンケートに答えてもらった結果です。具体的には危機感の程度を0時01分から12時の範囲で答えてもらったものです。

弘司：どのように読み取るのですか。

照子：0時01分から3時が「ほとんど不安はない」，3時01分から6時が「少し不安」，6時01分から9時が「かなり不安」，9時01分から12時が「極めて不安」を表しているのです。

吾郎：12時に近づくほど危機感が強いということなのですね。

直美：世界の政府関係者や研究者の回答は「　　E　　」という結果でした。

照子：そうなのです。このような中，2020年にはじめて日本国内の一般生活者が感じている環境危機時計の時刻も調べたのです。

弘司：どのような結果になったのですか？

照子：結果は**資料4**のとおりです。

資料4　日本国内の一般生活者による環境危機時計（2020年）

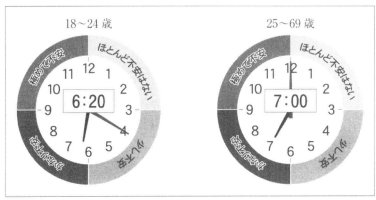

（公益財団法人旭硝子財団により作成）

吾郎：資料3と資料4を見ると2020年では　F　ということが読み取れますね。

直美：どうしてこのような違いがでてくるのかを調べてみたいですね。この違いを調べる中で持続可能な社会を形成するためのヒントが見つかりそうな気がします。

**E** にあてはまる選択肢

ケ　2001年から2020年まで連続で極めて不安

コ　1992年から2020年まで連続で極めて不安

**F** にあてはまる選択肢

サ　世界の政府関係者や研究者よりも日本国内の一般生活者の方が危機意識が低い。さらに一般生活者の中でも25〜69歳世代よりも18〜24歳世代の方が危機意識が低い

シ　世界の政府関係者や研究者よりも日本国内の一般生活者の方が危機意識が高い。さらに一般生活者の中でも25〜69歳世代よりも18〜24歳世代の方が危機意識が高い

|  | E | F |
|---|---|---|
| ① | ケ | サ |
| ② | ケ | シ |
| ③ | コ | サ |
| ④ | コ | シ |

# 令和３年度　第１回

# 解答・解説

**【重要度の表記】**

Ａ：重要度が高く確実に正答したい設問。しっかり
　　復習する必要のある問題です。

Ｂ：重要度はＡレベルよりすこし下で、やや難易度
　　が高い設問または内容を読み取る設問。高得点
　　を狙う人は復習しましょう！

Ｃ：重要度が低い、または難解な設問。軽く復習す
　　る程度でよいでしょう！

# 令和３年度　第１回　高卒認定試験

───── 【　解　答　】─────

| 1 | 解答番号 | 正答 | 配点 | 2 | 解答番号 | 正答 | 配点 | 3 | 解答番号 | 正答 | 配点 | 4 | 解答番号 | 正答 | 配点 |
|---|---|---|---|---|---|---|---|---|---|---|---|---|---|---|---|
| 問1 | 1 | ④ | 4 | 問1 | 4 | ④ | 4 | 問1 | 7 | ④ | 4 | 問1 | 10 | ④ | 4 |
| 問2 | 2 | ① | 4 | 問2 | 5 | ② | 4 | 問2 | 8 | ④ | 4 | 問2 | 11 | ③ | 4 |
| 問3 | 3 | ③ | 4 | 問3 | 6 | ④ | 5 | 問3 | 9 | ② | 5 | 問3 | 12 | ② | 4 |

| 5 | 解答番号 | 正答 | 配点 | 6 | 解答番号 | 正答 | 配点 | 7 | 解答番号 | 正答 | 配点 |
|---|---|---|---|---|---|---|---|---|---|---|---|
| 問1 | 13 | ② | 4 | 問1 | 18 | ③ | 4 | 問1 | 23 | ① | 4 |
| 問2 | 14 | ① | 4 | 問2 | 19 | ④ | 4 | 問2 | 24 | ① | 4 |
| 問3 | 15 | ④ | 5 | 問3 | 20 | ① | 4 | - | - | - | - |
| 問4 | 16 | ② | 4 | 問4 | 21 | ① | 5 | - | - | - | - |
| 問5 | 17 | ③ | 4 | 問5 | 22 | ④ | 4 | - | - | - | - |

───── 【　解　説　】─────

 1

問1　空欄Aには、絶滅の恐れがある野生動植物とその製品の国際取引について定めた「ワシントン条約」が当てはまります。空欄Bには、野生動植物の保護のうえでとくに重要な湿地の保護について定めた「ラムサール条約」が当てはまります。空欄Cには、2010年に名古屋で行われた生物保全の国際会議で生物多様性に関して長期的な目標を定めた「名古屋議定書」が当てはまります。したがって、正解は④です。なお、「アムステルダム条約」とはEUの政治的・社会的・経済的統合をより進めることを目指した条約です。「バーゼル条約」は、廃棄物の越境汚染の規制に関する条約です。「京都議定書」は、温室効果ガスについて先進国の削減目標を定めた取り決めです。

**解答番号【1】: 4　　⇒ 重要度A**

問2　②について、グラフ1の漁業生産量は平成元年が最も多くなっているとありますが、グラフ1を見ると、最も多いのは昭和60年です。よって、②は誤りです。③について、ウナギの国内供給量は平成元年が最も多くなっているとありますが、平成元年の国内供給量は98,814トンで（漁業生産量1,273＋養殖生産量39,704＋輸入量57,837＝98,814トン）、グラフ3の平成13年を見ると、これを上回る133,017トンがありますので、③は誤りです。④について、輸入量が10万トンを超えたのは平成13年だけであるとありま

すが、平成9年と平成11年も10万トンを超えています。よって、④は誤りです。したがっ
て、正解は①です。

**解答番号【2】：1**　　⇒ 重要度A

問3　グラフ4の総数を見ると、「言葉の意味を知っていた」人は20.1％、「聞いたこともなかっ
た」人は47.2％です。香織さんは「聞いたこともなかった」人の方が3倍以上高い割合
となっていると発言していますが、3倍未満となっています。よって、香織さんの発言は
誤りです。グラフ5の「自然や生物について学ぶため、自然の体験、動物園や植物園で生
物に触れる」は25.0％ですが、智之さんは5割以上と発言しています。よって、智之さ
んの発言は誤りです。したがって、正解は③です。

**解答番号【3】：3**　　⇒ 重要度A

## 2

問1　お正月や七草など、毎年特定の時期に繰り返し行われる行事を「年中行事」といいます。
古くより日本では、特別な日を「ハレ」、日常を「ケ」と呼んでいました。したがって、
正解は④です。なお、「冠婚葬祭」とは慶弔の儀式の総称で、成人式、結婚式、葬式など
があります。

**解答番号【4】：4**　　⇒ 重要度B

問2　承認欲求とは、他者から認められたいとする欲求です。②のTwitterでたくさん「いいね」
という評価をもらうことは、自身の発言を他者に認めてもらえることで承認欲求が満たさ
れる例と考えることができます。したがって、正解は②です。なお、①は生理的欲求の例、
③は所属と愛の欲求の例、④は安全欲求の例です。

**解答番号【5】：2**　　⇒ 重要度A

問3　①②には、グラフ1について、いずれの場面についても最も多かったコミュニケーショ
ン手段は「電子メール」とありますが、最も多いのは「対面での会話」です。よって、①
②は誤りです。③には、グラフ2について、「対面での会話」を除いた場合の「重大な事
柄を報告する」手段は、全年代とも「電話（LINEやSkype等の無料通話アプリの利用
を含む）」が最も多いとありますが、グラフ2を見ると、最も多いのは20代以下のみです。
よって、③は誤りです。したがって、正解は④です。

**解答番号【6】：4**　　⇒ 重要度A

## 3

問1　社会契約説について、各人の特徴を確認しておきましょう。ホッブズは、人々は自然状
態では自らの利益を優先し、「万人の万人に対する闘い」になると考えました。そこで、
政府や王に全面的に自然権を譲渡し服従することで、平和が保たれると主張しました。ロッ
クは自然権の一部を選挙によって選ばれた代表者による政府に信託し（間接民主主義）、
もし政府が権利を濫用したときには革命権・抵抗権をもって政府を交換できると説きまし

た。ルソーは自然権を共同体に譲り渡し、人々は政治に直接参加するべきだと説きました（直接民主主義）。空欄Aには「政府や王に、権利を全面的に譲渡」とありますので、ホッブズの主張と判断できます。空欄Bには自然権について「国家に信託」とありますので、ロックの主張と判断できます。空欄Cには「政治に直接参加し」とありますので、ルソーの主張と判断できます。したがって、正解は④です。

**解答番号【7】：4**　　⇒ 重要度A

問2　空欄Dには、男性普通選挙の実現がスイスと同年の国が当てはまります。グラフ１を見ると、スイスの男性普通選挙の実現は 1848 年で、フランスも同じく 1848 年です。よって、空欄Dには「フランス」が当てはまります。空欄Eには、フランスよりも早く市民革命を達成した国が当てはまります。フランス革命は 1789 年、アメリカ独立革命は 1776 年に起こりました。よって、空欄Eには「アメリカ」が当てはまります。空欄Fには、19 世紀中に男女の普通選挙を実現させた国が当てはまります。グラフ１を見ると、ニュージーランドは男性は 1879 年、女性は 1893 年に普通選挙を実現しています。よって、空欄Fには「ニュージーランド」が当てはまります。したがって、正解は④です。

**解答番号【8】：4**　　⇒ 重要度A

問3　①について、女性議員の割合は一貫して増加しているとありますが、グラフ２を見ると、前回の調査よりも低い割合の年が散見され、とくに平成 24 年は前回の調査の割合を大きく下回っています。よって、一貫して増加しているとはいえないため、①は誤りです。③について、女性候補者割合は、女性普通選挙が実現して最初の選挙のときが最も高いとありますが、グラフ２を見ると、最も高いのは平成 29 年です。よって、③は誤りです。④について、前回の総選挙と比べて女性候補者割合が増えたときは、女性議員割合も必ず増えているとありますが、グラフ２を見ると、そうとはいえない年が散見されます。例えば昭和 51 年は女性候補者割合が前回より増えているにもかかわらず、女性議員割合は減っています。よって、④は誤りです。したがって、正解は②です。

**解答番号【9】：2**　　⇒ 重要度A

# 4

問1　空欄Aには、人間の理性に基づいた、時代や場所を越えて存在する普遍の法である「自然法」が当てはまります。空欄Bについて、11 行目を見ると、「国家権力をその機能と組織に応じて分割し」とあります。よって、空欄Bには権力分立について述べられている「エ」が当てはまります。したがって、正解は④です。なお、「判例法」とは裁判所が過去に下した判決の積み重ねにより、法として認められたものです。「ウ」は 1776 年に起草されたアメリカのバージニア権利章典の内容です。

**解答番号【10】：4**　　⇒ 重要度A

問2　空欄Cには、政治と宗教を切り離すべきとする憲法原則の「政教分離」が当てはまります。空欄DとEには、政教分離に関する判決が当てはまり、レポート５～６行目にある「その行為が宗教的な目的をもち、特定の宗教に対する援助や圧迫になるかどうか」がヒントとなります。空欄Dの津地鎮祭訴訟について、レポート 11 行目を見ると、「特定の宗

教を援助したり圧力を加えたりするものではない」とあります。よって、空欄Dには「合憲」が当てはまります。空欄Eの愛媛玉串料訴訟について、レポート15〜16行目を見ると、「公金を支出することは特定の宗教的儀式とかかわることになる」とあります。よって、空欄Eには「違憲」が当てはまります。したがって、正解は③です。

**解答番号【11】：3** ⇒ **重要度A**

問3　空欄Fについて、「自由権」とは国家権力の介入・干渉から自由になる権利で、「社会権」とは国民の権利を守るために国家に対して積極的な介入を求める権利です。資料2の第2章第22条〜29条を見ると、「居住及移転ノ自由」「信教ノ自由」など自由権に関する規定はありますが、社会権については規定されていません。よって、空欄Fには「自由権」が当てはまります。空欄Gについて、第5条と第37条を見ると「協賛」という文言があります。よって、空欄Gには「協賛」が当てはまります。空欄Hについて、第55条を見ると、「輔弼」という文言があります。よって、空欄Hには「輔弼」が当てはまります。空欄Iには、日本国憲法の内容が当てはまりますので、「国事に関する行為」が当てはまります。したがって、正解は②です。なお、「軍の統帥」は大日本帝国憲法下での天皇に関する規定です。

**解答番号【12】：2** ⇒ **重要度A**

## 5

問1　空欄Aには、少数の大企業が市場を支配する「寡占市場」が当てはまります。空欄Bには、文章27行目にあるように「国家の役割を縮小する新自由主義」の内容が当てはまります。その方法のひとつが、これまで国が運営してきた国営企業を民営化することです。よって、空欄Bには「民営化」が当てはまります。したがって、正解は②です。なお、「完全競争市場」とは、多くの企業による供給、多くの消費者による需要によってモノやサービスの価格が決まる市場です。

**解答番号【13】：2** ⇒ **重要度A**

問2　空欄CとDについて、レポート12〜13行目を見ると、「株式がハイリスク・ハイリターン」「預金・貯金がローリスク・ローリターン」とあります。よって、図1におけるリスクもリターンもともに小さい空欄Cには「預金・貯金」、リスクもリターンも大きい空欄Dには「株式」が当てはまります。空欄Eについて、レポート15〜16行目を見ると、「日本では現金・預金の割合が半数を超えている」とあります。よって、図2の日本を示すグラフで54.2％を占めている空欄Eに「現金・預金」が当てはまります。空欄Fについて、16〜17行目を見ると、「アメリカでは株式等の割合が2番目に高い」とあります。図2のアメリカを示すグラフで2番目に高い値は32.5％ですので、空欄Fには「株式等」が当てはまります。したがって、正解は①です。

**解答番号【14】：1** ⇒ **重要度A**

問3　①には、2018年の総人口と就業者人口は、いずれも1950年の総人口と就業者人口の2倍を超えているとありますが、表1の総人口を見ると、1950年は83,200千人、2018年は126,443千人です。1950年と比較して2018年は2倍を超えていないため、①は誤

りです。②には、第二次産業の構成比も、1950年から2018年まで一貫して拡大しているとありますが、グラフ3を見ると、1990年の42.3％までは拡大していますが、2018年には29.1％に縮小しています。一貫して拡大はしていないため、②は誤りです。③には、グラフ1について、1950年と2018年を比較すると、14歳以下が全体に占める割合は5倍以上に拡大とありますが、1950年は35.4％、2018年は12.2％と半分以下に縮小しています。よって、③は誤りです。したがって、正解は④です。

**解答番号【15】：4**　⇒ **重要度A**

問4　正解は②です。各社会保障の名称とその内容を確認しておきましょう。

**解答番号【16】：2**　⇒ **重要度A**

問5　空欄Kには、レポート6～7行目のとおり、「原油輸入量が減少して～価格が上昇したとき」のパターンが当てはまります。「原油輸入量の減少」＝「供給の減少」ですので、供給曲線のシフトに関わる「ア」と「イ」に絞ることができます。次に「価格が上昇」とありますので、均衡価格が上昇している「イ」と判断できます。空欄Lには、レポート10行目のとおり、「野菜の販売量が増加して価格が上昇したとき」のパターンが当てはまります。「野菜の販売量が増加」＝「需要の増加」ですので、需要曲線のシフトに関わる「ウ」と「エ」に絞ることができます。次に「価格が上昇」とありますので、均衡価格が上昇している「ウ」と判断できます。したがって、正解は③です。

**解答番号【17】：3**　⇒ **重要度A**

# 6

問1　空欄Aには、国の政治のあり方を最終的に決める力である「主権」が当てはまります。空欄Bには、6行目のとおり、国際女性年や世界女性会議がきっかけで採択された条約が当てはまります。よって、空欄Bには「女子差別撤廃条約」が当てはまります。空欄Cには、宇宙を含むすべての空間での核爆発の実験を禁止する「包括的核実験禁止条約（CTBT）」が当てはまります。したがって、正解は③です。なお、「立法権」とは法律を制定する権限です。「国際労働条約」とは国際労働機関が採択する労働環境に関する国際条約です。「第二次戦略兵器削減条約（START Ⅱ）」は、1993年にアメリカとロシアで調印された核兵器の軍縮条約です。

**解答番号【18】：3**　⇒ **重要度A**

問2　①について、東側諸国の民主化運動やベルリンの壁崩壊は、1985年に就任したソ連のゴルバチョフ大統領による一連の改革がきっかけとなって起こった出来事で、その後の1991年にソ連が崩壊しています。よって、①は誤りです。②について、アジア・アフリカ会議は1955年に開かれたもので、冷戦下で東西陣営に属さない非同盟諸国として、平和十原則を採択しました。よって、②は誤りです。④について、アジア通貨危機はタイの通貨下落がきっかけで起こりました。よって、④は誤りです。したがって、正解は③です。

**解答番号【19】：3**　⇒ **重要度C**

問3　空欄Dには、EUの共通通貨である「ユーロ」が当てはまります。空欄Eには、中央銀

行が行う経済政策である「金融政策」が当てはまります。空欄Fについて、イギリスは
EU離脱の可否について、2016年に「国民投票」を行いました。したがって、正解は①です。
なお、「SDR」とは国際通貨基金の加盟国が持つ特別引き出し権のことで、加盟国が外貨
不足に陥ったときなどに、SDRと引き換えに外貨を受け取ることができます。「財政政策」
とは、政府が行う経済政策です。「総選挙」とは、衆議院議員全員を選ぶために行われる
選挙です。

**解答番号【20】：1**　　⇒ 重要度B

問4　空欄Gについて、ヒトラーはユダヤ人に対して弾圧や大量虐殺を行った人物です。よっ
　　て、空欄Gには「ユダヤ」が当てはまります。空欄Hについて、現在イスラエルがある地
　　域には、以前からパレスチナ人が住んでいました。よって、空欄Hには「パレスチナ」が
　　当てはまります。空欄Ⅰについて、レポート12行目を見ると、「桃太郎は、鬼に勝利し
　　英雄となり、鬼は残酷でひどい人たちにされます」とあり、13行目には「新聞広告のよ
　　うなことが起こっているかもしれません」と続いています。この広告は、悪い鬼として退
　　治された鬼の子ども目線から描かれたものです。これらのことから、空欄Ⅰには、英雄と
　　される桃太郎の立場だけでなく、悪者とされる鬼の立場も考えるべきとする「両者の立場
　　に立って」が当てはまると考えられます。したがって、正解は①です。なお、「チェチェン」
　　とはロシア連邦内の共和国で、ムスリムが多く、ロシアからの独立を求めて度々衝突が起
　　こっています。

**解答番号【21】：1**　　⇒ 重要度A

問5　①には、グラフの2012年・2015年のいずれの年も一人当たり国民総所得の平均値は、
　　常に最小値の100倍以上の値になっているとありますが、2012年の最小値は384ドル、
　　平均値は23,062ドルですので、100倍以上になっていません。よって、①は誤りです。
　　②には、グラフの2012年と2015年を比較すると、一人当たり国民総所得の最大値と第
　　3四分位数の差は拡大したとありますが、2012年の差は62,913ドル（最大値102,404
　　－第3四分位数39,491 ＝ 62,913ドル）2015年の差は45,712ドル（最大値82,681 －
　　第3四分位数36,969 ＝ 45,712ドル）です。2012年と比べて、2015年は縮小してい
　　ます。よって、②は誤りです。③には、日本の一人当たり国民総所得は、グラフの2012
　　年・2015年のいずれの年も第3四分位数を超えているとありますが、2015年の日本は
　　35,828ドル、第3四分位数は36,969ドルです。日本の数値は第3四分位数を下回って
　　います。よって、③は誤りです。したがって、正解は④です。

**解答番号【22】：4**　　⇒ 重要度A

## 7

問1　空欄Aには、資料1での「環境を重視する程度が低い」（横軸の左）かつ「自分の利益
　　への意識が高い」（縦軸の上）型が当てはまります。よって、空欄Aには「自己優先」が
　　当てはまります。空欄Bについて、自己優先型の人々の傾向を資料2で見ると、「テレビ・
　　ラジオ」を除くと、上から「インターネットサイト」「携帯電話・スマホ」「SNSの情報」
　　の順番で数値が高くなっています。よって、空欄Bには「ウ」が当てはまります。空欄C
　　には、「環境を重視する程度が低い」（横軸の左）かつ「自分への利益の意識が低い」（縦

軸の下）の型が当てはまります。よって、空欄Cには「無頓着」が当てはまります。空欄Dについて、無頓着型の人々は、資料2では「テレビ・ラジオ」への接触状況が最も高く、次いで「新聞・雑誌・書籍」「インターネットサイト」の順で高くなっています。よって、空欄Dには「キ」が当てはまります。したがって、正解は①です。

**解答番号【23】：1**　　⇒ 重要度A

問2　空欄Eについて、資料3を見ると、2001年から2020年まではすべて9時を超えており、連続で極めて不安であることが読み取れます。よって、空欄Eには「ケ」が当てはまります。一方、「コ」については、1992年から2020年まで連続で極めて不安とありますが、「かなり不安」に該当する7時台、8時台が散見されますので、連続して「極めて不安」ではありません。空欄Fには、世界の政府関係者や研究者と日本国内の一般生活者の危機意識に関する2020年の比較内容が当てはまります。資料3の2020年を見ると、政府関係者や研究者の危機意識は9:47で「極めて不安」となっています。一方、資料4の日本国内の一般生活者は18〜24歳が6:20、25〜69歳は7:00でともに「かなり不安」であることが分かり、時間が進んでいない18歳〜24歳のほうが、25歳〜69歳よりも危機意識が低いことが分かります。よって、空欄Fには「サ」が当てはまります。したがって、正解は①です。

**解答番号【24】：1**　　⇒ 重要度A

# 第　回　高等学校卒業程度認定試験

# 公共　解答用紙

氏　名

## 受験地

| | | | |
|---|---|---|---|
| 北海道 ○ | 滋賀 ○ | | |
| 青森 ○ | 京都 ○ | | |
| 岩手 ○ | 大阪 ○ | | |
| 宮城 ○ | 兵庫 ○ | | |
| 秋田 ○ | 奈良 ○ | | |
| 山形 ○ | 和歌山 ○ | | |
| 福島 ○ | 鳥取 ○ | | |
| 茨城 ○ | 島根 ○ | | |
| 栃木 ○ | 岡山 ○ | | |
| 群馬 ○ | 広島 ○ | | |
| 埼玉 ○ | 山口 ○ | | |
| 千葉 ○ | 徳島 ○ | | |
| 東京 ○ | 香川 ○ | | |
| 神奈川 ○ | 愛媛 ○ | | |
| 新潟 ○ | 高知 ○ | | |
| 富山 ○ | 福岡 ○ | | |
| 石川 ○ | 佐賀 ○ | | |
| 福井 ○ | 長崎 ○ | | |
| 山梨 ○ | 熊本 ○ | | |
| 長野 ○ | 大分 ○ | | |
| 岐阜 ○ | 宮崎 ○ | | |
| 静岡 ○ | 鹿児島 ○ | | |
| 愛知 ○ | 沖縄 ○ | | |
| 三重 ○ | | | |

（注意事項）

1. 記入はすべてHBまたはHBの黒色鉛筆を使用してください。
2. 訂正するときは、プラスチックの消しゴムで丁寧に消し、消しくずを残さないでください。
3. 所定の記入欄以外には何も記入しないでください。
4. 解答用紙を汚したり、折り曲げたりしないでください。
5. マーク例　良い例　●　悪い例　◐ ◖ ◗ ◍ ⊘ ◓ ◑ ⊙

## 生年月日 ⇒

| 年号 | | |
|---|---|---|
| 明治 | ㋔ | ⓪①②③④⑤⑥⑦⑧⑨ |
| 大正 | ㋓ | ⓪①②③ |
| 昭和 | ㋒ | ⓪①②③④⑤⑥⑦⑧⑨ |
| 平成 | ㋑ | ⓪①─ |
| | | ⓪①②③④⑤⑥⑦⑧⑨ |
| | | ⓪①②③④⑤⑥⑦⑧⑨ |

## 受験番号 ⇒

| |
|---|
| ⓪①②③④④⑤⑥⑦⑧⑨ |
| ⓪①②③④④⑤⑥⑦⑧⑨ |
| ⓪①②③④④⑤⑥⑦⑧⑨ |
| ⓪①②③④④⑤⑥⑦⑧⑨ |
| ① |

## 解答欄

| 解答番号 | 解答欄　1 2 3 4 5 6 7 8 9 0 |
|---|---|
| 1 | ①②③④⑤⑥⑦⑧⑨⓪ |
| 2 | ①②③④⑤⑥⑦⑧⑨⓪ |
| 3 | ①②③④⑤⑥⑦⑧⑨⓪ |
| 4 | ①②③④⑤⑥⑦⑧⑨⓪ |
| 5 | ①②③④⑤⑥⑦⑧⑨⓪ |
| 6 | ①②③④⑤⑥⑦⑧⑨⓪ |
| 7 | ①②③④⑤⑥⑦⑧⑨⓪ |
| 8 | ①②③④⑤⑥⑦⑧⑨⓪ |
| 9 | ①②③④⑤⑥⑦⑧⑨⓪ |
| 10 | ①②③④⑤⑥⑦⑧⑨⓪ |
| 11 | ①②③④⑤⑥⑦⑧⑨⓪ |
| 12 | ①②③④⑤⑥⑦⑧⑨⓪ |
| 13 | ①②③④⑤⑥⑦⑧⑨⓪ |
| 14 | ①②③④⑤⑥⑦⑧⑨⓪ |
| 15 | ①②③④⑤⑥⑦⑧⑨⓪ |

| 解答番号 | 解答欄　1 2 3 4 5 6 7 8 9 0 |
|---|---|
| 16 | ①②③④⑤⑥⑦⑧⑨⓪ |
| 17 | ①②③④⑤⑥⑦⑧⑨⓪ |
| 18 | ①②③④⑤⑥⑦⑧⑨⓪ |
| 19 | ①②③④⑤⑥⑦⑧⑨⓪ |
| 20 | ①②③④⑤⑥⑦⑧⑨⓪ |
| 21 | ①②③④⑤⑥⑦⑧⑨⓪ |
| 22 | ①②③④⑤⑥⑦⑧⑨⓪ |
| 23 | ①②③④⑤⑥⑦⑧⑨⓪ |
| 24 | ①②③④⑤⑥⑦⑧⑨⓪ |
| 25 | ①②③④⑤⑥⑦⑧⑨⓪ |
| 26 | ①②③④⑤⑥⑦⑧⑨⓪ |
| 27 | ①②③④⑤⑥⑦⑧⑨⓪ |
| 28 | ①②③④⑤⑥⑦⑧⑨⓪ |
| 29 | ①②③④⑤⑥⑦⑧⑨⓪ |
| 30 | ①②③④⑤⑥⑦⑧⑨⓪ |

－－－－－　キ　リ　ト　リ　線　－－－－－

# 第 回 高等学校卒業程度認定試験

## 公共 解答用紙

氏名

受験番号 ⇒

| 受験地 | | | |
|---|---|---|---|
| 北海道 ○ | 滋賀 ○ | | |
| 青森 ○ | 京都 ○ | | |
| 岩手 ○ | 大阪 ○ | | |
| 宮城 ○ | 兵庫 ○ | | |
| 秋田 ○ | 奈良 ○ | | |
| 山形 ○ | 和歌山 ○ | | |
| 福島 ○ | 鳥取 ○ | | |
| 茨城 ○ | 島根 ○ | | |
| 栃木 ○ | 岡山 ○ | | |
| 群馬 ○ | 広島 ○ | | |
| 埼玉 ○ | 山口 ○ | | |
| 千葉 ○ | 徳島 ○ | | |
| 東京 ○ | 香川 ○ | | |
| 神奈川 ○ | 愛媛 ○ | | |
| 新潟 ○ | 高知 ○ | | |
| 富山 ○ | 福岡 ○ | | |
| 石川 ○ | 佐賀 ○ | | |
| 福井 ○ | 長崎 ○ | | |
| 山梨 ○ | 熊本 ○ | | |
| 長野 ○ | 大分 ○ | | |
| 岐阜 ○ | 宮崎 ○ | | |
| 静岡 ○ | 鹿児島 ○ | | |
| 愛知 ○ | 沖縄 ○ | | |
| 三重 ○ | | | |

生年月日 ⇒

| 年号 | | | |
|---|---|---|---|
| 明治（M）大正（T）昭和（S）平成（H） | | | |

| 解答番号 | 解答欄 1 2 3 4 5 6 7 8 9 0 |
|---|---|
| 1 | ① ② ③ ④ ⑤ ⑥ ⑦ ⑧ ⑨ ⑩ |
| 2 | ① ② ③ ④ ⑤ ⑥ ⑦ ⑧ ⑨ ⑩ |
| 3 | ① ② ③ ④ ⑤ ⑥ ⑦ ⑧ ⑨ ⑩ |
| 4 | ① ② ③ ④ ⑤ ⑥ ⑦ ⑧ ⑨ ⑩ |
| 5 | ① ② ③ ④ ⑤ ⑥ ⑦ ⑧ ⑨ ⑩ |
| 6 | ① ② ③ ④ ⑤ ⑥ ⑦ ⑧ ⑨ ⑩ |
| 7 | ① ② ③ ④ ⑤ ⑥ ⑦ ⑧ ⑨ ⑩ |
| 8 | ① ② ③ ④ ⑤ ⑥ ⑦ ⑧ ⑨ ⑩ |
| 9 | ① ② ③ ④ ⑤ ⑥ ⑦ ⑧ ⑨ ⑩ |
| 10 | ① ② ③ ④ ⑤ ⑥ ⑦ ⑧ ⑨ ⑩ |
| 11 | ① ② ③ ④ ⑤ ⑥ ⑦ ⑧ ⑨ ⑩ |
| 12 | ① ② ③ ④ ⑤ ⑥ ⑦ ⑧ ⑨ ⑩ |
| 13 | ① ② ③ ④ ⑤ ⑥ ⑦ ⑧ ⑨ ⑩ |
| 14 | ① ② ③ ④ ⑤ ⑥ ⑦ ⑧ ⑨ ⑩ |
| 15 | ① ② ③ ④ ⑤ ⑥ ⑦ ⑧ ⑨ ⑩ |

| 解答番号 | 解答欄 1 2 3 4 5 6 7 8 9 0 |
|---|---|
| 16 | ① ② ③ ④ ⑤ ⑥ ⑦ ⑧ ⑨ ⑩ |
| 17 | ① ② ③ ④ ⑤ ⑥ ⑦ ⑧ ⑨ ⑩ |
| 18 | ① ② ③ ④ ⑤ ⑥ ⑦ ⑧ ⑨ ⑩ |
| 19 | ① ② ③ ④ ⑤ ⑥ ⑦ ⑧ ⑨ ⑩ |
| 20 | ① ② ③ ④ ⑤ ⑥ ⑦ ⑧ ⑨ ⑩ |
| 21 | ① ② ③ ④ ⑤ ⑥ ⑦ ⑧ ⑨ ⑩ |
| 22 | ① ② ③ ④ ⑤ ⑥ ⑦ ⑧ ⑨ ⑩ |
| 23 | ① ② ③ ④ ⑤ ⑥ ⑦ ⑧ ⑨ ⑩ |
| 24 | ① ② ③ ④ ⑤ ⑥ ⑦ ⑧ ⑨ ⑩ |
| 25 | ① ② ③ ④ ⑤ ⑥ ⑦ ⑧ ⑨ ⑩ |
| 26 | ① ② ③ ④ ⑤ ⑥ ⑦ ⑧ ⑨ ⑩ |
| 27 | ① ② ③ ④ ⑤ ⑥ ⑦ ⑧ ⑨ ⑩ |
| 28 | ① ② ③ ④ ⑤ ⑥ ⑦ ⑧ ⑨ ⑩ |
| 29 | ① ② ③ ④ ⑤ ⑥ ⑦ ⑧ ⑨ ⑩ |
| 30 | ① ② ③ ④ ⑤ ⑥ ⑦ ⑧ ⑨ ⑩ |

# 第　回　高等学校卒業程度認定試験

# 公共　解答用紙

氏名　[　　　　]

生年月日 ⇒

| 年号 | 明治 Ⓜ 大正 Ⓣ 昭和 Ⓢ 平成 Ⓗ |

受験番号 ⇒

受験地

| 北海道 ○ | 滋賀 ○ |
| 青森 ○ | 京都 ○ |
| 岩手 ○ | 大阪 ○ |
| 宮城 ○ | 兵庫 ○ |
| 秋田 ○ | 奈良 ○ |
| 山形 ○ | 和歌山 ○ |
| 福島 ○ | 鳥取 ○ |
| 茨城 ○ | 島根 ○ |
| 栃木 ○ | 岡山 ○ |
| 群馬 ○ | 広島 ○ |
| 埼玉 ○ | 山口 ○ |
| 千葉 ○ | 徳島 ○ |
| 東京 ○ | 香川 ○ |
| 神奈川 ○ | 愛媛 ○ |
| 新潟 ○ | 高知 ○ |
| 富山 ○ | 福岡 ○ |
| 石川 ○ | 佐賀 ○ |
| 福井 ○ | 長崎 ○ |
| 山梨 ○ | 熊本 ○ |
| 長野 ○ | 大分 ○ |
| 岐阜 ○ | 宮崎 ○ |
| 静岡 ○ | 鹿児島 ○ |
| 愛知 ○ | 沖縄 ○ |
| 三重 ○ | |

| 解答番号 | 解答欄 1 2 3 4 5 6 7 8 9 0 |
|---|---|
| 1 | ① ② ③ ④ ⑤ ⑥ ⑦ ⑧ ⑨ ⑩ |
| 2 | ① ② ③ ④ ⑤ ⑥ ⑦ ⑧ ⑨ ⑩ |
| 3 | ① ② ③ ④ ⑤ ⑥ ⑦ ⑧ ⑨ ⑩ |
| 4 | ① ② ③ ④ ⑤ ⑥ ⑦ ⑧ ⑨ ⑩ |
| 5 | ① ② ③ ④ ⑤ ⑥ ⑦ ⑧ ⑨ ⑩ |
| 6 | ① ② ③ ④ ⑤ ⑥ ⑦ ⑧ ⑨ ⑩ |
| 7 | ① ② ③ ④ ⑤ ⑥ ⑦ ⑧ ⑨ ⑩ |
| 8 | ① ② ③ ④ ⑤ ⑥ ⑦ ⑧ ⑨ ⑩ |
| 9 | ① ② ③ ④ ⑤ ⑥ ⑦ ⑧ ⑨ ⑩ |
| 10 | ① ② ③ ④ ⑤ ⑥ ⑦ ⑧ ⑨ ⑩ |
| 11 | ① ② ③ ④ ⑤ ⑥ ⑦ ⑧ ⑨ ⑩ |
| 12 | ① ② ③ ④ ⑤ ⑥ ⑦ ⑧ ⑨ ⑩ |
| 13 | ① ② ③ ④ ⑤ ⑥ ⑦ ⑧ ⑨ ⑩ |
| 14 | ① ② ③ ④ ⑤ ⑥ ⑦ ⑧ ⑨ ⑩ |
| 15 | ① ② ③ ④ ⑤ ⑥ ⑦ ⑧ ⑨ ⑩ |

| 解答番号 | 解答欄 1 2 3 4 5 6 7 8 9 0 |
|---|---|
| 16 | ① ② ③ ④ ⑤ ⑥ ⑦ ⑧ ⑨ ⑩ |
| 17 | ① ② ③ ④ ⑤ ⑥ ⑦ ⑧ ⑨ ⑩ |
| 18 | ① ② ③ ④ ⑤ ⑥ ⑦ ⑧ ⑨ ⑩ |
| 19 | ① ② ③ ④ ⑤ ⑥ ⑦ ⑧ ⑨ ⑩ |
| 20 | ① ② ③ ④ ⑤ ⑥ ⑦ ⑧ ⑨ ⑩ |
| 21 | ① ② ③ ④ ⑤ ⑥ ⑦ ⑧ ⑨ ⑩ |
| 22 | ① ② ③ ④ ⑤ ⑥ ⑦ ⑧ ⑨ ⑩ |
| 23 | ① ② ③ ④ ⑤ ⑥ ⑦ ⑧ ⑨ ⑩ |
| 24 | ① ② ③ ④ ⑤ ⑥ ⑦ ⑧ ⑨ ⑩ |
| 25 | ① ② ③ ④ ⑤ ⑥ ⑦ ⑧ ⑨ ⑩ |
| 26 | ① ② ③ ④ ⑤ ⑥ ⑦ ⑧ ⑨ ⑩ |
| 27 | ① ② ③ ④ ⑤ ⑥ ⑦ ⑧ ⑨ ⑩ |
| 28 | ① ② ③ ④ ⑤ ⑥ ⑦ ⑧ ⑨ ⑩ |
| 29 | ① ② ③ ④ ⑤ ⑥ ⑦ ⑧ ⑨ ⑩ |
| 30 | ① ② ③ ④ ⑤ ⑥ ⑦ ⑧ ⑨ ⑩ |

キリトリ線

# 第　回　高等学校卒業程度認定試験

# 公共　解答用紙

氏名

受験番号 ⇒

| 年号 | 生年月日 ⇒ |
|---|---|
| 明治(M) 大正(T) 昭和(S) 平成(H) | 年 月 日 |

## 受験地

| 受験地 | | 受験地 | |
|---|---|---|---|
| 北海道 | ○ | 滋賀 | ○ |
| 青森 | ○ | 京都 | ○ |
| 岩手 | ○ | 大阪 | ○ |
| 宮城 | ○ | 兵庫 | ○ |
| 秋田 | ○ | 奈良 | ○ |
| 山形 | ○ | 和歌山 | ○ |
| 福島 | ○ | 鳥取 | ○ |
| 茨城 | ○ | 島根 | ○ |
| 栃木 | ○ | 岡山 | ○ |
| 群馬 | ○ | 広島 | ○ |
| 埼玉 | ○ | 山口 | ○ |
| 千葉 | ○ | 徳島 | ○ |
| 東京 | ○ | 香川 | ○ |
| 神奈川 | ○ | 愛媛 | ○ |
| 新潟 | ○ | 高知 | ○ |
| 富山 | ○ | 福岡 | ○ |
| 石川 | ○ | 佐賀 | ○ |
| 福井 | ○ | 長崎 | ○ |
| 山梨 | ○ | 熊本 | ○ |
| 長野 | ○ | 大分 | ○ |
| 岐阜 | ○ | 宮崎 | ○ |
| 静岡 | ○ | 鹿児島 | ○ |
| 愛知 | ○ | 沖縄 | ○ |
| 三重 | ○ | | |

## 解答欄

| 解答番号 | 解答欄 1 2 3 4 5 6 7 8 9 0 |
|---|---|
| 1 | ① ② ③ ④ ⑤ ⑥ ⑦ ⑧ ⑨ ⑩ |
| 2 | ① ② ③ ④ ⑤ ⑥ ⑦ ⑧ ⑨ ⑩ |
| 3 | ① ② ③ ④ ⑤ ⑥ ⑦ ⑧ ⑨ ⑩ |
| 4 | ① ② ③ ④ ⑤ ⑥ ⑦ ⑧ ⑨ ⑩ |
| 5 | ① ② ③ ④ ⑤ ⑥ ⑦ ⑧ ⑨ ⑩ |
| 6 | ① ② ③ ④ ⑤ ⑥ ⑦ ⑧ ⑨ ⑩ |
| 7 | ① ② ③ ④ ⑤ ⑥ ⑦ ⑧ ⑨ ⑩ |
| 8 | ① ② ③ ④ ⑤ ⑥ ⑦ ⑧ ⑨ ⑩ |
| 9 | ① ② ③ ④ ⑤ ⑥ ⑦ ⑧ ⑨ ⑩ |
| 10 | ① ② ③ ④ ⑤ ⑥ ⑦ ⑧ ⑨ ⑩ |
| 11 | ① ② ③ ④ ⑤ ⑥ ⑦ ⑧ ⑨ ⑩ |
| 12 | ① ② ③ ④ ⑤ ⑥ ⑦ ⑧ ⑨ ⑩ |
| 13 | ① ② ③ ④ ⑤ ⑥ ⑦ ⑧ ⑨ ⑩ |
| 14 | ① ② ③ ④ ⑤ ⑥ ⑦ ⑧ ⑨ ⑩ |
| 15 | ① ② ③ ④ ⑤ ⑥ ⑦ ⑧ ⑨ ⑩ |

| 解答番号 | 解答欄 1 2 3 4 5 6 7 8 9 0 |
|---|---|
| 16 | ① ② ③ ④ ⑤ ⑥ ⑦ ⑧ ⑨ ⑩ |
| 17 | ① ② ③ ④ ⑤ ⑥ ⑦ ⑧ ⑨ ⑩ |
| 18 | ① ② ③ ④ ⑤ ⑥ ⑦ ⑧ ⑨ ⑩ |
| 19 | ① ② ③ ④ ⑤ ⑥ ⑦ ⑧ ⑨ ⑩ |
| 20 | ① ② ③ ④ ⑤ ⑥ ⑦ ⑧ ⑨ ⑩ |
| 21 | ① ② ③ ④ ⑤ ⑥ ⑦ ⑧ ⑨ ⑩ |
| 22 | ① ② ③ ④ ⑤ ⑥ ⑦ ⑧ ⑨ ⑩ |
| 23 | ① ② ③ ④ ⑤ ⑥ ⑦ ⑧ ⑨ ⑩ |
| 24 | ① ② ③ ④ ⑤ ⑥ ⑦ ⑧ ⑨ ⑩ |
| 25 | ① ② ③ ④ ⑤ ⑥ ⑦ ⑧ ⑨ ⑩ |
| 26 | ① ② ③ ④ ⑤ ⑥ ⑦ ⑧ ⑨ ⑩ |
| 27 | ① ② ③ ④ ⑤ ⑥ ⑦ ⑧ ⑨ ⑩ |
| 28 | ① ② ③ ④ ⑤ ⑥ ⑦ ⑧ ⑨ ⑩ |
| 29 | ① ② ③ ④ ⑤ ⑥ ⑦ ⑧ ⑨ ⑩ |
| 30 | ① ② ③ ④ ⑤ ⑥ ⑦ ⑧ ⑨ ⑩ |

キリトリ線

第　回　高等学校卒業程度認定試験

# 公共　解答用紙

氏　名

生年月日 ⇒

| 年号 | | |
|---|---|---|
| 明治 | Ⓜ | |
| 大正 | Ⓣ | |
| 昭和 | Ⓢ | |
| 平成 | Ⓗ | |

受験番号 ⇒

（注意事項）

1. 記入はすべてHBまたはHBの黒色鉛筆を使用してください。
2. 訂正するときは、プラスチックの消しゴムで丁寧に消し、消しくずを残さないでください。
3. 所定の記入欄以外には何も記入しないでください。
4. 解答用紙を汚したり、折り曲げたりしないでください。
5. マーク例　良い例　●　悪い例　◑ ◐ ◖ ● ◓ ◔

**解答欄（解答番号 1〜15）**

| 解答番号 | 解答欄 1234567890 |
|---|---|
| 1 | ①②③④⑤⑥⑦⑧⑨⓪ |
| 2 | ①②③④⑤⑥⑦⑧⑨⓪ |
| 3 | ①②③④⑤⑥⑦⑧⑨⓪ |
| 4 | ①②③④⑤⑥⑦⑧⑨⓪ |
| 5 | ①②③④⑤⑥⑦⑧⑨⓪ |
| 6 | ①②③④⑤⑥⑦⑧⑨⓪ |
| 7 | ①②③④⑤⑥⑦⑧⑨⓪ |
| 8 | ①②③④⑤⑥⑦⑧⑨⓪ |
| 9 | ①②③④⑤⑥⑦⑧⑨⓪ |
| 10 | ①②③④⑤⑥⑦⑧⑨⓪ |
| 11 | ①②③④⑤⑥⑦⑧⑨⓪ |
| 12 | ①②③④⑤⑥⑦⑧⑨⓪ |
| 13 | ①②③④⑤⑥⑦⑧⑨⓪ |
| 14 | ①②③④⑤⑥⑦⑧⑨⓪ |
| 15 | ①②③④⑤⑥⑦⑧⑨⓪ |

**解答欄（解答番号 16〜30）**

| 解答番号 | 解答欄 1234567890 |
|---|---|
| 16 | ①②③④⑤⑥⑦⑧⑨⓪ |
| 17 | ①②③④⑤⑥⑦⑧⑨⓪ |
| 18 | ①②③④⑤⑥⑦⑧⑨⓪ |
| 19 | ①②③④⑤⑥⑦⑧⑨⓪ |
| 20 | ①②③④⑤⑥⑦⑧⑨⓪ |
| 21 | ①②③④⑤⑥⑦⑧⑨⓪ |
| 22 | ①②③④⑤⑥⑦⑧⑨⓪ |
| 23 | ①②③④⑤⑥⑦⑧⑨⓪ |
| 24 | ①②③④⑤⑥⑦⑧⑨⓪ |
| 25 | ①②③④⑤⑥⑦⑧⑨⓪ |
| 26 | ①②③④⑤⑥⑦⑧⑨⓪ |
| 27 | ①②③④⑤⑥⑦⑧⑨⓪ |
| 28 | ①②③④⑤⑥⑦⑧⑨⓪ |
| 29 | ①②③④⑤⑥⑦⑧⑨⓪ |
| 30 | ①②③④⑤⑥⑦⑧⑨⓪ |

受験地

北海道○　青森○　岩手○　宮城○　秋田○　山形○　福島○　茨城○　栃木○　群馬○　埼玉○　千葉○　東京○　神奈川○　新潟○　富山○　石川○　福井○　山梨○　長野○　岐阜○　静岡○　愛知○　三重○

滋賀○　京都○　大阪○　兵庫○　奈良○　和歌山○　鳥取○　島根○　岡山○　広島○　山口○　徳島○　香川○　愛媛○　高知○　福岡○　佐賀○　長崎○　熊本○　大分○　宮崎○　鹿児島○　沖縄○

キ リ ト リ 線

# 第　回　高等学校卒業程度認定試験

# 公共　解答用紙

氏名

受験番号 ⇒

| 年号 | 生年月日 ⇒ |
|---|---|
| 明治 (M) 大正 (T) 昭和 (S) 平成 (H) | 年 月 日 |

## 受験地

| 受験地 | | 受験地 | |
|---|---|---|---|
| 北海道 | ○ | 滋賀 | ○ |
| 青森 | ○ | 京都 | ○ |
| 岩手 | ○ | 大阪 | ○ |
| 宮城 | ○ | 兵庫 | ○ |
| 秋田 | ○ | 奈良 | ○ |
| 山形 | ○ | 和歌山 | ○ |
| 福島 | ○ | 鳥取 | ○ |
| 茨城 | ○ | 島根 | ○ |
| 栃木 | ○ | 岡山 | ○ |
| 群馬 | ○ | 広島 | ○ |
| 埼玉 | ○ | 山口 | ○ |
| 千葉 | ○ | 徳島 | ○ |
| 東京 | ○ | 香川 | ○ |
| 神奈川 | ○ | 愛媛 | ○ |
| 新潟 | ○ | 高知 | ○ |
| 富山 | ○ | 福岡 | ○ |
| 石川 | ○ | 佐賀 | ○ |
| 福井 | ○ | 長崎 | ○ |
| 山梨 | ○ | 熊本 | ○ |
| 長野 | ○ | 大分 | ○ |
| 岐阜 | ○ | 宮崎 | ○ |
| 静岡 | ○ | 鹿児島 | ○ |
| 愛知 | ○ | 沖縄 | ○ |
| 三重 | ○ | | |

（注意事項）
1. 記入はすべてHBまたはHBの黒色鉛筆を使用してください。
2. 訂正するときは、プラスチックの消しゴムで丁寧に消し、消しくずを残さないでください。
3. 所定の記入欄以外には何も記入しないでください。
4. 解答用紙を汚したり、折り曲げたりしないでください。
5. マーク例

良い例　●

悪い例　◑ ⬟ ◉ ◖ ⊘

| 解答番号 | 解答欄 |
|---|---|
| 1 | 1 2 3 4 5 6 7 8 9 0 |
| 2 | 1 2 3 4 5 6 7 8 9 0 |
| 3 | 1 2 3 4 5 6 7 8 9 0 |
| 4 | 1 2 3 4 5 6 7 8 9 0 |
| 5 | 1 2 3 4 5 6 7 8 9 0 |
| 6 | 1 2 3 4 5 6 7 8 9 0 |
| 7 | 1 2 3 4 5 6 7 8 9 0 |
| 8 | 1 2 3 4 5 6 7 8 9 0 |
| 9 | 1 2 3 4 5 6 7 8 9 0 |
| 10 | 1 2 3 4 5 6 7 8 9 0 |
| 11 | 1 2 3 4 5 6 7 8 9 0 |
| 12 | 1 2 3 4 5 6 7 8 9 0 |
| 13 | 1 2 3 4 5 6 7 8 9 0 |
| 14 | 1 2 3 4 5 6 7 8 9 0 |
| 15 | 1 2 3 4 5 6 7 8 9 0 |

| 解答番号 | 解答欄 |
|---|---|
| 16 | 1 2 3 4 5 6 7 8 9 0 |
| 17 | 1 2 3 4 5 6 7 8 9 0 |
| 18 | 1 2 3 4 5 6 7 8 9 0 |
| 19 | 1 2 3 4 5 6 7 8 9 0 |
| 20 | 1 2 3 4 5 6 7 8 9 0 |
| 21 | 1 2 3 4 5 6 7 8 9 0 |
| 22 | 1 2 3 4 5 6 7 8 9 0 |
| 23 | 1 2 3 4 5 6 7 8 9 0 |
| 24 | 1 2 3 4 5 6 7 8 9 0 |
| 25 | 1 2 3 4 5 6 7 8 9 0 |
| 26 | 1 2 3 4 5 6 7 8 9 0 |
| 27 | 1 2 3 4 5 6 7 8 9 0 |
| 28 | 1 2 3 4 5 6 7 8 9 0 |
| 29 | 1 2 3 4 5 6 7 8 9 0 |
| 30 | 1 2 3 4 5 6 7 8 9 0 |

キリトリ線

# 2024　高卒認定スーパー実戦過去問題集
# 公共

2024 年　3 月 5 日　初版　第 1 刷発行

編集：J-出版編集部
制作：J-Web School
発行：J-出版
　〒112-0002 東京都文京区小石川2-3-4 第一川田ビル TEL 03-5800-0552
　J-出版.Net　http://www.j-publish.net/

ISBN978-4-909326-93-5 C7300 Printed in Japan